신문 읽기의 혁명 2
경제를 읽어야 정치가 보인다

2009년 11월 10일 초판 1쇄
2017년　1월 18일 초판 6쇄

지은이 ｜ 손석춘

편　집 ｜ 문해순, 박대우

종　이 ｜ 세종페이퍼
인　쇄 ｜ 영신사
제　본 ｜ 영신사

펴낸이 ｜ 장의덕
펴낸곳 ｜ 도서출판 개마고원
등　록 ｜ 1989년 9월 4일 제2-877호
주　소 ｜ 경기도 고양시 일산동구 호수로662 삼성라끄빌 1018호
전　화 ｜ (031) 907-1012, 1018
팩　스 ｜ (031) 907-1044
이메일 ｜ webmaster@kaema.co.kr

ISBN 978-89-5769-109-0 03300
ⓒ손석춘, 2009. Printed in Korea.

*책값은 뒤표지에 표기되어 있습니다.
*파본은 구입하신 서점에서 교환해 드립니다.

www.kaema.co.kr

*이 도서의 국립중앙도서관 출판시도서목록(CIP)은 e-CIP 홈페이지(http://www.nl.go.kr/ecip)
에서 이용하실 수 있습니다. (CIP제어번호: CIP2009003452)

신문 읽기의 혁명2

경제를 읽어야 정치가 보인다

손석춘 지음

개마고원

"『신문 읽기의 혁명』을 쓸 때보다 지금 신문은 나아졌다고 생각하십니까?"

한국언론재단이 주관하는 '수습기자 연수'에서 '기자 정신과 언론윤리'를 강의한 직후였다. 한 신문사의 수습기자가 머뭇머뭇 다가와 조심스레 물었다. 그는 자신이 대학 시절에 『신문 읽기의 혁명』(이하 1권)을 읽고 충격을 받았으며, 이른바 '언론고시'를 준비하는 대학생 가운데 그 책을 읽지 않은 사람은 없다고 은근히 띄우기도 했다.

"신문은 나아지지 않았지만 신문 읽기의 수준은 훨씬 높아지지 않았나요?"

반문으로 답했다. 하지만 어딘가 궁색했다. 신문 읽기의 수준이 높아졌다면, 당연히 신문의 수준은 물론, 한국 민주주의의 수준도 올라갔어야 마땅하기 때문이다. 그렇지 않다면, 무엇이 문제일까? 마침 개마고원에서도 '후속판'을 제안해왔다. 1권이 판을 거듭하며 '고전'으로 정착했지만, 그 책을 읽은 독자들이 다음 단계에 갈증을 느낀다고 했다.

돌이켜보니 어느새 12년 전이다. 1권의 초판이 첫선을 보인 1997년 2월 13일은 신문이 '언론권력' 또는 '밤의 대통령'으로 행세하던 시점이었다. 독자들의 과분한 사랑을 받아 1권은 광범위하게 읽혔다. 옹근 6년 뒤다. 2003년 2월 13일 개정판을 냈다. 개정판 머리말에 『신문 읽기의 혁명』의 혁명'이라는 제목을 달았다. 2002년 한 해 미군 장갑차에 깔려 죽은 두 여중생 추모 촛불시위와 노무현 후보의 대통령 당선을 거치면서 우리 사회의 신문 읽기 수준은 크게 높아졌고, 결국 1권이 어느 정도 열매를 맺은 것으로 감히 자부하고 싶다고 민망스러움을 감수하며 썼다.

다시 6년이 지났다. 그 사이에 이명박 정부가 들어섰다. 2008년 여름을 뜨겁게 달군 촛불은 신문시장을 독과점한 세 신문과 정면으로 충돌했다. 이명박 정부는 세 신문을 두남두는 차원을 넘어서서, 광고주 불매운동을 벌인 민주시민을 연행해 법정에 세웠다. 2009년 5월에는 퇴임 뒤 고향으로 간 노무현 전 대통령이 신문의 조롱을 받으며, 비극으로 삶을 마감했다.

그래서일까, 2009년 10월 현재 신문의 위세는 되레 커진 듯하다. 신문 읽기 혁명의 시대적 과제도 더 무거워졌다. 기실 개정판을 낸 뒤 독자들과 진솔하게 나누고 싶은 이야기가 가슴에 맴돌았다. 노무현 정부 5년 내내 신문과 대통령 사이에 갈등이 불거지는 과정에서 '신문개혁'이 정쟁 차원으로 오도되고 독자들 또한 신문을 '정파의 대변지' 차원으로 읽는 데 익숙해지면서 민주주의 성숙의 조건인 공론장이 뒤틀릴 대로 뒤틀렸기 때문이다.

하지만 비관할 이유는 전혀 없다. 1권을 쓸 때와 달리 정보기술 혁명이 독자들의 신문 읽기 환경을 근본적으로 바꾸면서 새로운 지평을 열었기 때문이다. 문제의 핵심은 '정파적 신문 읽기'가 그 새로운 가능성을 시나브로 억압하는 데 있다. 바로 그래서다. 한 단계 더 나아간 신문 읽기가 절실한 시대적 과제라는 판단으로 『신문 읽기의 혁명 2』를 쓰기로 결심했다.

1권이 독자에게 편집된 신문지면을 해체해서 재구성해 읽기를 권했다면, 이 책 『신문 읽기의 혁명 2』는 정파적 신문 읽기를 벗어나 독자가 자신의 실제 삶이기도 한 경제생활과 정치를 연관 지어 신문을 읽어가기를 제안한다. 경제를 읽어야 정치가 온전히 보이기 때문이다. 경제와 정치를 함께 읽어야 새로운 정치적 상상력이, 정치경제의 새로운 지평이 열린다.

기실 모든 사람이 평생 경제생활을 하면서도 자신의 경제생활과 정치현상을 전혀 별개의 문제로 생각하며 일상을 살아간다. 그것을 당연하게 여기기 십상이지만 찬찬히 짚어보면 참으로 황당한 일이다. 그 이유가 신문 읽기의 '관습'에 있다는 사실을 인식한다면, 앞으로 자신의 경제생활과 정치생활을 새롭게 재구성할 수 있지 않을까. 바로 이 책의 문제의식이다.

그래서다. 『신문 읽기의 혁명 2』는 독자가 자신의 한 번뿐인 삶을 누군가가 만들어놓은 정치경제적 틀에 갇힌 채 살아갈 게 아니라 창조적 주권자로 살아가는 신문 읽기를 제안한다. 정치와 경제의 모든 권력이 국민으로부터 나오는 나라, 헌법 제1조를 실제로 구현한 나라를 세워가는 데 신문 읽기의 고갱이가 있다는 진실을, 우리 시대를 더불어 살아가는 모든 이와 나누고 싶다.

2009년 10월 13일

손석춘

차 례

정파적 신문 읽기의 함정

노무현, 2009년 5월 23일 그의 비극적 자살은 대다수 국민에게 충격을 주었다. 대통령 후보 시절 "제가 생각하는 이상적인 사회는 더불어 사는 사람, 모두가 먹는 것, 입는 것 이런 걱정 좀 안 하고, 적어도 살기가 힘이 들어서, 아니면 분하고 서러워서 스스로 목숨을 끊는 일은 좀 없는 세상"이라고 공약한 대통령이 퇴임 뒤 "스스로 목숨을 끊는 일"이 벌어졌다.

대통령 당선부터 자살이라는 삶의 마지막 순간까지 그가 걸어온 정치적 역정의 중심에는 언제나 '신문 읽기의 문제'가 놓여 있었다. 그의 가족과 친인척이 돈을 받은 사실이 퇴임 후에 드러나자, 거의 모든 신문들은 아무런 증거도 없이 "대통령 노무현이 직접 돈을 받았다"고 예단하며 그를 조롱하고 '인격 살인'에 나섰다.

어느새 빛바랜 흑백사진처럼 다가오지만, 2002년 봄부터 솔솔

불던 '노무현 바람'은 당시 한국 정치의 희망이었다. 민주당 후보로 부산에서 거듭 낙선한 노무현은 한국 정치의 발전을 가로막고 있던 '지역정당 체제'에 정면으로 도전하고 있었고, 『조선일보』를 비롯한 '유력 신문'과 각을 세우는 데 조금도 망설이지 않았다. 『조선일보』와의 인터뷰도 거부한 그의 신문 읽기는 정치인 노무현을 '희망 주는 정치인'으로 떠오르게 하는 데 중요한 요인 가운데 하나였다.

당시 민주당 대통령 후보 경선에 나선 노무현은 여론시장을 독과점한 신문들(흔히 '부자신문' 또는 '조중동'으로 불리는 조선일보, 중앙일보, 동아일보)이 일방적으로 퍼뜨려온 경제성장 우선론과 달리 분배가 중요하다고 힘주어 말했다. 가령 2002년 4월, 경기 지역 후보 경선 연설에서 노무현은 "소득이 골고루 분배되지 않는 사회는 어느 때 불황이 올지 모른다"면서 "빈부격차가 작고 서민의 소비가 활발한 나라가 경제적으로 안정된 나라"라고 강조했다. 그는 또 "복지는 목적이고 시장은 수단"이라며 "복지정책을 통해 소득분배를 하고, 이 소득분배를 통해 건강한 소비를 늘리고 일자리를 만드는 새로운 정책이 추진되어야 한다"고 주장해 신선한 충격을 주었다.

기존의 신문 읽기에서 벗어나 신문개혁을 주장하던 정치인이 경제에 대해서도 '권위' 있는 신문이 강요하는 고정관념을 벗어나 분배정책을 당당하게 공약하는 모습은 많은 이들에게 감동으로 다가왔다. 동시에 바로 같은 이유에서 정치인 노무현은 신문들로부터 집중 비판을 받았다. 과거 신문들의 '김대중 죽이기'에 빗대 '노무현 죽이기'라는 말이 언론학계와 시민사회에서 나돌기도 했다. 그를 비판하던 이들은 그가 상고 출신의 비주류라는 사실을 못마땅해 했지만 오히려 그 점 때문에 노무현 바람은 더 커져갔다.

그 시절 '바보 노무현'이라는 애칭으로 불린 그의 말과 행동은 기존의 신문을 통해서는 접할 수 없었던 정치관과 경제관을 또렷하게 드러내고 있었다. 민주당 후보로서 2002년 9월에는 "내가 집권하면 직장에 공권력이 투입되는 상황 자체를 만들지 않을 것이며 노사가 대화와 참여로 상생하는 노사풍토를 만들 것"이라고 약속했다. 그 다음 달에 열린 선거대책위원회 출범식(2002년 10월 1일)에서는 "소득 재분배 정책을 강력히 시행하겠다"고 밝혔다.

당시 『한겨레』 정책평가단은 노무현 정책을 "재벌개혁 → 공정한 시장질서 확립 → 고도성장의 고리와, 적극적 일자리 창출 → 빈부격차 해소 → 중산층 확대 → 고도성장으로 이어지는 고리가 함께 맞물린 방향"이라고 분석했다.

노무현은 선거 직전(2002년 12월 9일) 신문 인터뷰에서도 기자가 '부익부 빈익빈 심화 해소방안'을 묻자, "빈부격차 해소는 시대적 과업이다. 지속가능한 성장정책은 분배와 함께 가야 한다. 5년 안에 전 국민의 70%가 건강한 중산층이 되도록 하겠다"고 다짐했다.

어떤가. 「여는 글」의 들머리를 '빛바랜 흑백사진'이라고 쓴 이유가 충분히 이해되지 않는가. 후보 시절 공약과 퇴임 무렵의 현실 사이에 차이가 너무 크기 때문이다. 그의 집권 5년 동안 부익부 빈익빈은 커져갔다. 고졸과 대졸 사이의 학력 간 임금격차도 더 커졌다. 그가 지키지 못한 약속을 엄밀히 따져보는 일은 무척 중요하다. 그것은 그의 비극적 죽음을 진정으로 위로하는 길이기도 하다. 다시 말해, 무조건 노무현을 옹호하기보다 공약을 지키지 못한 이유를 정확히 짚어야 새로운 미래를 열어갈 수 있다.

대통령에 당선된 뒤 노무현의 경제정책은 급속도로 변화했다. 대통령으로서 한 첫 국정연설(2003년 4월 2일)에서 그는 "분배 문제"를 "집값 안정과 사교육비 부담 경감"으로 대폭 좁혔다. 이 말은 성장 중심의 경제정책을 전환하겠다는 공약과 달리 두 가지 문제만 집중적으로 해결하겠다는 뜻으로 보였다. 이는 분배를 중심에 둔 성장정책으로 빈부격차를 해소하겠다는 공약을 그가 집권 초기부터 포기했다는 증거다. 결국 좁혀서 제시한 두 목표조차 실현되지 못했다. 현실이 생생하게 보여주었듯이 '참여정부' 5년 동안 집값은 하늘 높은 줄 모르고 치솟았다. 종합부동산세는 아파트 분양가 공개를 거부하다가 뒤늦게 '소 잃고 외양간 고치기'로 입법했다. 사교육비도 급팽창했다. 노무현 바람을 불러일으킨 중요한 요인이었던 경제정책에서 그는 신문시장을 독과점한 신문들의 논리에 시나브로 젖어 들어갔다.

물론, 집권 초기에 노무현이 청와대 참모들에게 언론과의 긴장 관계를 강조한 것도 사실이다. 가령 취임 직후에 가판신문 구독 금지, 청와대 기자실 개방, 신임 장관의 언론사 인사차 방문 금지 등을 지시했다. 노무현은 또 청와대 비서실 워크숍에 참석해 "언론에 대해 여러분이 모범적인 관계를 만들어라. 적당하게 소주 한 잔 먹고 우리 기사 잘 써주면 고맙고, 내 이름 한번 내주면 더 고마운 시대는 끝내야 한다"고 주장했다. 노무현은 이어 "어렵게 당선돼서 한국 언론질서를 새롭게 하고자 노력하는데, 기자들과 나가서 술 마시고 헛소리하고 나가서는 안 되는 정보를 내보내 정말 배신감을 느꼈다"고 분개했다.

충분히 이해할 수 있는 말이다. 하지만 대통령으로서 그의 신문 읽기에서 정제되지 않은 감정이 묻어나 과연 그의 임기 내에 신문개혁이 온전히 구현될 수 있을까 우려스러웠다. 그래서 나는 당시 『한겨레』에 쓴 「바보 노무현」이라는 칼럼에서 신문을 바라보는 "대통령의 순진성"을 곧장 비판했다.

> 분명히 밝혀둔다. 소주 한잔 먹고 기사 잘 써줄 만큼 한국 언론은 순진하지 않다. 기자들이 술 마시고 헛소리나 듣는 사람들도 아니다. 조선-중앙-동아일보 기자들을 그렇게 여기면 큰 착각이다. (…) 대통령이 한국 언론질서를 새롭게 하겠다는 뜻이 있다면 모름지기 당당할 일이다. 침략전쟁에 파병을 호소하면서, 후보 시절 언론고문을 한국방송 사장에 임명하면서, 언론권력을 비판하는 모습은 민망스럽다. 독자들과 시민사회단체들의 신문권력 비판은 자연스러운 일이다. 하지만 최고 권력자가 신문을 비판하는 것은 어리석은 일이다. 정권이 할 일은 비판이 아니다. 정책이다. 개혁정책을 과학적으로 입안하고 투명하게 실행에 옮기는 일이다.

칼럼이 『한겨레』에 실린 바로 그날 오후, 노무현은 청와대 경내를 출입기자들에게 개방한 뒤 녹지원에서 연 간담회에서 "언론 문제를 제대로 해결하려면 근본적인 정책을 내야지 기자실을 바꾸고 오보에 대응하는 것과 같은 일을 해서 되겠느냐고 책망하는 분들이 있으나, 저는 큰 틀에서 그렇게 전선을 확대시킬 일이 아니라고 본다"고 말했다. 이어 "저도 야당 할 때 정책이 필요하다고 강력히 말했었다"고 회고하고 "지금도 정책을 내놓을 수야 있겠지만 그게 적절한 것인지에 대해 부정적으로 생각한다"고 밝혔다.

전정으로 그를 위한 '경고'와 제언을 받아들이지 않으면서 그의 신문 읽기는 서서히 신문들의 논리에 침윤되어간다. 기실 독과점 신문들은 노무현이 권력을 장악한 초기부터 치밀하게 그를 길들이기 시작했다. 신문이 노무현 정부를 길들인 방법은 삼성경제연구소가 대통령직인수위원회에 접근할 때 그랬듯이 경제였다. 먼저 『조선일보』를 대표하는 언론인 김대중은 노무현 대통령의 당선자 시절에 쓴 「배신감」이라는 제하의 칼럼(사진 1)에서 대선 이후 미국이 느끼는 배신감을 장황하게 쓴 뒤 이런 문장으로 칼럼을 맺는다.

노 당선자와 새 정부의 책임자들은 과거 미국과 세계화에 대해 무슨 생각을 가졌었든지 구애받지 말고 오늘의 관점에서 한국의 안정과 번영을 추구할 각오로 한·미 관계에 임해야 할 것이다.

미국의 배신감을 쓴 이유는 결국 새 대통령에게 '세계화'에 대

사진 1 『조선일보』 2003년 1월 25일자 A30면

한 생각을 바꾸라는 데 있었다.(김대중이 거론한 '세계화'를 어떻게 읽어야 옳은가는 이 책의 '셋째 마당'에서 깊이 있게 다룬다.) 이어『조선일보』를 비롯한 독과점 신문들은 국민소득의 중요성을 부각해 갔다. 이를테면『조선일보』경제부 데스크 박정훈이 쓴 「국민소득 '1만 불의 덫'에 걸린 한국」제하의 칼럼(2003년 5월 16일자)을 읽어보자.

한국 경제는 지금 '1만 달러의 덫'에 걸려 있는 것 아닐까. 경제개발 착수 이래 '꿈의 목표'이던 소득 1만 달러를 달성한 것은 1995년의 일이었다. 당시 신문기사를 찾아보니 2000년대 초, 즉 지금쯤엔 2만 달러를 돌파할 것이란 전망이 많았다. (…) 한국에 남은 시간은 4~5년 정도다, 그때까지 '1만 달러의 덫'을 탈출해 치고 올라가지 못하면 후진국 쪽으로 떨어질 운명이다. (…) 파업과 노사대립이 나라를 흔들고, 정치권은 이합집산에 열중하며, 수뢰·독직사건은 여전히 꼬리 물고 터진다. 우리는 정말 '1만 달러의 덫'에 갇혀 이대로 시들고 마는가.

두 달 뒤 같은 기자가 쓴 '조선 데스크' 제목은 「다음엔 룰라를 만나러 가세요」(2003년 7월 16일자)다. 이미 '참여정부'가 소득 2만 달러를 정책목표로 내세울 무렵에 쓴 그 칼럼은 "출범 초기 불안한 느낌을 주던 참여정부의 정책노선이 현실감을 찾아가는 것"을 추켜세우면서 다음과 같이 썼다.

노 대통령이 해외를 다녀올 때마다 의미 있는 태도 변화가 있었다. 미국에서는 한·미 관계의 중요성을 실감했고, 일본에선 일본 우경화의 현실에 눈뜬 듯하다. 그리고 이번에 중국의 폭발적 역동성을 절감했다면, 뒤늦은 깨침이라도 그것만으로 충분히 가치 있는 방문이었다. 하지만 어디 배울 곳이 중국뿐인가. '성장 활력을 어떻게 유지할 것인가'의 화두가 지금 세계경제를 지배하고 있음을 알지 못한다면 참여정부의 학습은 끝난 것이 아니다. 각국 정부가 21세기를 먹여살릴 성장 잠재력을 키우기 위해 제도를 고친다, 외국인 투자를 유치한다 경쟁을 벌이고 있는 것이다. (…) 디플레이션이 걱정되는 요즘의 세계 경제에서 성장이냐 분배냐의 논쟁은 일단 끝난 듯하다. 적어도 이 시점에선 '성장 없이 분배 없다'는 단 하나의 화두로 수렴돼 있다. 성장을 못하는 경제가 분배와 형평을 따지는 것 자체가 무의미하다. 이것이 전 지구적 경쟁에서 이기면 살고, 지면 죽는 글로벌 경제의 본질인 것이다.

'룰라 쇼크'는 또 어떤가. 브라질 룰라 대통령의 현실 노선은 놀랍다 못해 드라마틱하다. 노동운동에 평생을 바친 룰라가 느닷없이 노동자 적대로 돌변했다고 볼 게 아니다. 경제를 성장시키고 파이를 키우는 것이야말로 진짜 친노 정책임을 룰라가 알게 된 것이다.

『조선일보』가 "성장이냐 분배냐의 논쟁은 일단 끝난 듯하다"는 사뭇 용감한, 하지만 전혀 사실과 다른 주장으로 경제성장 정책을 촉구한 바로 그날, 노무현 대통령은 '2만 달러 시대 위한 CEO 간담회'를 열었다.

그랬다. 노무현의 경제정책 '전환'은 집권 다섯 달 만인 2003년 7월에 확연하게 드러났다. 그는 '국민소득 2만 달러 시대'를 중장기 국가비전으로 공식 설정했다. 대선 후보 경선 때 '분배 중심'에서 후보 결정 뒤 '성장과 분배 동시 추구'로 옮겨간 경제정책이 대통령 당선 뒤에는 '성장 중심'으로 변질되었다. 그가 국민소득 2만 달러 시대를 주창하던 시점에, 수도권의 30대 주부가 생활고에 시달리다가 어린 세 자녀와 함께 고층아파트에서 투신자살한 참극이 벌어진 것은 시사적이다.

노무현 정부 임기 말인 2007년, 마침내 1인당 국민소득은 환율 효과에 힘입어 2만15달러로 '2만 달러 시대'를 여는 데 가까스로 '성공'했다. 그해 10월이다. 그런데 그 무렵 대다수 신문의 사회

사진 2 『경향신문』 2007년 10월 17일자 9면

면 한구석에 슬픈 '사건기사' 가 단신으로 실렸다.

다만 『경향신문』은 그 기사를 「과잉 단속에 목숨 끊은 '붕어빵 노점상'」 제하에 사회면 머리로 편집했다(사진 2). 김다슬 기자의 취재에 따르면, 경기도 고양에서 마흔여덟 살의 '붕어빵 노점상'이 스스로 목을 맸다. 동갑내기 아내와 더불어 10년 넘게 지하철역 주변에서 먹거리 노점을 한 이 노점상은 폭력배들이 노점상을 단속한 다음날, 공원 나무에 목을 매 목숨을 끊었다. 자살하기 전날 밤에 고인은 함께 노점을 하다 단속반에게 구타당한 중년의 아내에게 미안하다는 말만 되풀이했다.

『조선일보』가 강조한 국민소득 2만 달러 시대는 실제로 왔지만, 부익부 빈익빈은 되레 심화되었다. 대통령 후보 시절 그가 내세운 공약과 정반대의 결과를 빚은 셈이다. 기실 경제목표를 국민소득의 수치로 설정하는 논리 자체가 독과점 신문의 편향된 편집 논리다. 그게 얼마나 허망한가는 1인당 국민소득이 1995년 1만 달러를 돌파했다가 외환위기에 직면한 1997년에 7300달러까지 하락한 사실, 2007년에 마침내 2만 달러를 넘어섰지만 2008년에 다시 세계 금융위기와 환율 변동으로 크게 주저앉은 사실에서도 쉽게 확인할 수 있다.

애초 삼성그룹 이건희 회장이 제기한 '국민소득 2만 달러 시대'라는 이데올로기가 신문의 여론화에 힘입어 마침내 분배를 강조하며 출범한 '참여정부'의 정책으로 채택되는 과정은 우리가 신문 읽기에서 깊이 성찰해봐야 할 대목이다.

많은 독자들이 짐작하는 이상으로 노무현 정부는 출범 초기부터 삼성과 긴밀한 관계를 맺었다. 노무현과 삼성을 연결하는 인적 고리는 삼성의 2인자 이학수 전략기획실장으로 알려졌다. 이학수는 노무현의 부산상고 1년 선배다. 노무현 정부 출범 직전인 2003년 2월에 대통령직인수위에 삼성경제연구소의 『국정과제와 국가 운영에 관한 어젠다』라는 400여 쪽 분량의 방대한 보고서가 제출되었고, 그것이 국정 방향에 큰 영향을 끼쳤다. 또한 출범 첫해 삼성전자 사장을 정보통신부 장관으로 '발탁'했다. 2005년에는 삼성경제연구소 전무를 국가정보원 최고정보책임자로 영입했다. 또 홍석현 『중앙일보』 회장을 주미대사로 기용했다. 결국 삼성의 이데올로기에 더해 신문의 분위기 조성으로 노무현 정부의 경제정책은 시나브로 그 정체성을 잃어갔다고 볼 수 있다.

가령 노무현은 그의 임기중에 터진 이른바 'X파일 사건'에 대해 이건희 회장을 소환조차 하지 않은 채 "역사의 교훈으로 삼자"며 묻어버렸다. 더구나 국민 세금으로 국정홍보처를 통해 한미FTA의 당위성을 대대적으로 선전했으며, 수많은 지지 세력이 반대하고 노동자가 분신자살까지 했음에도 기어이 협상을 타결 지었다.

물론, 표면으로만 볼 때 집권 내내 노무현은 독과점 신문과 '감정적 다툼'을 벌였다. 하지만 『중앙일보』 회장 홍석현을 주미대사로 '발탁'한 사실에서도 나타나듯이, 그의 신문 읽기에는 철학이 없었다. 『조선일보』나 『동아일보』와도 노상 긴장 관계가 표면화되었지만 기실 참여정부가 추진한 중요한 정책들은 그 신문들의 논조와 같았다.

'국민소득 2만 달러 시대'라는 국정 목표, 미국이 침략전쟁을 벌인 이라크로의 파병, 비정규직 확산과 민주노총 죽이기, 한미FTA 타결이 그 보기들이다. 심지어 한나라당과의 대연정을 제안하기도 했다. 노무현이 독과점 신문들과 날카롭게 대립각을 세운 것은 상대적으로 사소한 쟁점에서였거나 정부 비판보도에 맞대응할 때였다. 그러다보니 그가 의도했든 아니든 감정적 발언이나 정쟁 차원의 신문 비판이 여과 없이 불거져 나왔다.

대선 후보 시절의 바보 노무현에 견주어, 대통령 노무현의 신문 읽기 수준은 갈수록 후퇴했다. 독과점 신문들과 감정적으로 격한 갈등을 벌이면서도 중요한 국정 방향, 특히 경제정책에서 그 신문들이 설정해놓은 의제를 그대로 따라갔기 때문이다. 집권 초기에 그가 의식했든 아니든 삼성경제연구소와 『조선일보』가 제시한 국민소득 2만 달러 정책을 받아들이고 미국의 이라크 침략전쟁에 파병하면서, 그의 신문 읽기는 자신의 정책에 찬성하느냐 반대하느냐 하는 '호감/비호감' 수준으로 떨어졌다.

더 큰 문제는 정파나 정쟁 중심의 신문 읽기가 노무현 대통령에 그친 게 아니라 노 대통령의 열렬한 지지자들로, 그것이 다시 '개혁적 성향의 네티즌'들로 퍼져간 데 있다. 자신의 정치적 이해관계에 따라 신문을 비판하거나 자신이 지지하는 특정 정치인이나 정당을 중심에 놓고 신문을 판단하는 독법, 바로 그것이 정파적 신문 읽기다. 결국 자신의 정치적 성향에 따라 신문의 품격을 읽는 방식은 '노무현과 반(反)노무현'에서 다시 '반(反)이명박과 이명박'으로 옮겨갔다. 신문 읽기가 과연 이래도 좋을까. 신문 읽기의 혁명이 무조건 '조중동 반대'나 무조건 '노무현 옹호'로 흐를 때, 정치적 반동 앞에 대응할 논리와 실천은 궁색해질 수밖에 없다.

독자들 가운데 더러는, 진보정당을 중심에 둔 신문 읽기를 주장할 의도냐고 저자를 의심할지도 모르겠다. 그런 의혹을 던지는 독자라면 이 책을 꼭 정독하길 권한다. 그 질문은 독자가 이미 정파적 신문 읽기에 매몰되어 있다는 또렷한 증거이기 때문이다.

정파적 신문 읽기의 '함정' 뛰어넘기, 바로 여기에 우리 신문 읽기의 미래, 신문의 미래가 있다. 아니, 이 나라 민주주의와 통일의 미래가 있다. 왜 그런가? 이 책에서 그 이유를 싸목싸목 짚어갈 것이다.

이 책의 첫째 마당 '경제면 넘어 경제 읽기'는 우리가 살아가는 삶을 틀 지우는 경제를 정치와 별개의 영역으로 바라보는 신문 읽기의 문제점을 분석한다. 정치기사 따로 경제기사 따로 읽거나, 이해하기 힘든 용어들과 복잡한 수치가 얽힌 영역이라며 경제면을 아예 보지 않는 독자들의 신문 읽기는 결국 정파적 신문 읽기의 함정으로 떨어질 수밖에 없다. 경제를 통계와 수치로 포장해 일반 시민이 이해하기 어려운 전문 영역으로 만든 게 누구인가도 짚어볼 필요가 있다.

둘째 마당 '신문 품격의 황금 잣대'는 신문을 '여당지'나 '야당지' 따위의 정파로 판단하는 신문 읽기 차원에서 벗어나 신문의 품질 또는 품격을 판단하는 기준을 제시한다. 특정 정당이나 특정 정치인과 연결 지어 신문을 읽을 때, 신문 읽기는 정파의 함정을 벗어날 수 없다. 우리가 신문을 비평하고 판단할 잣대, 신문 품격의 기준은 진실과 공정, 사랑으로 간추릴 수 있다. 그렇게 신문을 읽을 때 비로소 신문 읽기 수준의 폭은 정파를 넘어 더 넓어진다.

셋째 마당 '신문 깊이 읽기의 세 지층'은 신문의 질을 판단하는 품격의 차원에서 더 나아가 실제 신문을 정치경제 현상으로 읽어나갈 때 유념해야 할 세 핵심어를 제시한다. '세계화'와 '민중'과 '이해관계'가 그것이다. 어떤 신문을 읽더라도 그 세 핵심어를 X축, Y축, Z축 삼아 지면을 입체로 본다면 신문 읽기에 깊이가 더해질 게 틀림없다. 기실 그것은 딱히 신문 읽기만의 미덕이 아니다. 한 사람의 주권자로서 누군가에게 기만당하지 않고 살아가려면 마땅히 학습해서 갖춰야 할 민주시민의 정치경제적 교양이기도 하다. 신문 읽기가 그 교양을 쌓아가는 학습이 될 수 있게 스스로 읽기의 수준을 높여가야 옳다.

바로 그 맥락에서 넷째 마당 '주권시대의 신문 읽기'는 신문의 지형을 변화시킨 인터넷 시대의 주체적 신문 읽기 생활을 제안한다. 종이신문을 개혁해가는 동시에 인터넷이 열어놓은 공간을 자신이 직접 활용해가는 신문 읽기의 혁명적 전환과 그 내용을 설명했다. 독자가 앞으로 주권자로서 '직접언론' 활동을 펴나가겠다고 자신을 추스를 때, 주체적 신문 읽기는 비로소 가능하다. 그것은 첫째 마당에서 제시한, '정파적 신문 읽기의 함정'을 벗어나 '경제면 넘어 경제 읽기'를 일상생활에서 실천해가는 길이다. 경제를 읽어야 정치가 보인다는 진실을 파악할 때 비로소 독자는 정치경제 생활에서 주체가 될 수 있다.

경제면 넘어 경제 읽기

정치-사회면과 경제면의 단절. 우리가 받아보는 대다수 신문에서 쉽게 확인할 수 있는 외형적 특성이다. 일반적으로 신문은 정치-사회면과 경제면을 별개의 묶음(섹션)으로 발행한다.

정치-사회면과 경제면으로 나뉘어 있는 현상은 단순한 형식적 틀의 문제가 아니다. 실제 기사 내용도 정치-사회 기사와 경제 기사는 전혀 무관하게 편집되어 있다. 경제 섹션을 만들지 않는 신문도 정치-사회면과 경제면 사이에 '캐즘(chasm)'이라 할 만한 단절이 있다.

기실 그 균열은 더 원천적이다. 신문 자체를 바라보는 시각부터 깊은 단절(캐즘)이 있기 때문이다. 정치-사회 현상으로 신문을 이해하는 관점과 경제현상으로 바라보는 전혀 다른 시각이 독자들 사이에 공존하고 있다. 신문 읽기에 나타나는 두 가지 형태도 그 연장선이다.

먼저 신문을 정치-사회 현상 중심으로 읽는 독자부터 짚어보자. 이런 독자들이 신문을 받아들면 가장 먼저 정치기사를 읽거나 정치와 관련한 사설을 중요하게 여긴다. 정치-사회 현상 중심의 신문 읽기에는 튼튼한 이론적 뒷받침도 있다. 상식처럼 되었지만, 신문을 일러 입법, 행정, 사법부에 이어 민주주의 국가의 '제4부'로 규정하는 게 그것이다. 기실 대다수 일반 독자는 물론, 입법-행정-사법부에서 일하는 사람, 권력자들에게도 신문은 결코 무시할 수 없는 기관이다. 신문이 어떻게 보도하느냐에 따라 권력을 좇는 자들의 '운명'이 결정되는 '경험'이 적지 않았기 때문이다.

이와 달리 신문을 경제현상 중심으로 읽는 독자도 있다. 이론적 뒷받침도 있다. 신문은 시장경제의 연결고리로 작동한다는 언론 경제학적 접근이 그것이다. 그들에게 정치-사회 현상으로 신문을 읽는 것은 겉핥기일 뿐이다. 중요한 것은 정치가 아니라 경제이기 때문이다. 물론, 경제현상으로 신문을 보는 사람들 사이에도 이념적 편차는 크다. 가령 신문의 본질을 소비사회의 원활한 유통에 있다고 보는 자본주의자들에서부터, 자본의 운동 논리와 상품 재생산에 기여할 뿐이라고 단언하는 반자본주의자들에 이르기까지 다양하다.

이념적 편차가 크지만 이 둘은 공통점이 있다. 신문기자를 '지사'로 여기거나 신문사 편집국을 '지식인의 집결지'로 보는 시각을 사실과 걸맞지 않은 고루한 관점으로 여기는 태도가 그것이다.

어떤 신문 읽기가 옳을까. 그 질문에 답하기 전에, 또는 옳게 답하기 위해서라도, 신문이 보도하는 정치현상과 경제현상을 읽는 독법 이전의 문제를 짚어볼 필요가 있다. 앞서 말했듯이 신문 자체를 정치현상으로 볼 것인가, 경제현상으로 볼 것인가의 원천적 문제가 그것이다. 신문 자체가 어떤 현상인지 톺아보는 일은 신문 지면에 담긴 기사를 깊이 읽어가는 데 대단히 유익하다.

한국 사회에서 대다수 독자에게 '신문'이라는 언론제도는 정치현상으로 다가온다. 거기에는 이유가 있다. 신문이 이 땅에 처음 등장할 때 정치현상으로 나타났기 때문이다. 대한민국 신문기자들이 '신문의 날'로 정하여 기념하는 4월 7일은 바로 『독립신문』 창간일(1896년)이다. 『독립신문』은 창간사에서 "전국 인민을 위해 무슨 일이든 대변자가 되고 정부가 하는 일을 백성에게 전하고 백성의 정세를 정부에 알릴 것이며 부정부패·탐관오리 등을 고발할 것"이라고 천명했다. 『독립신문』이 한글로 신문을 제작한 이유도 그 연장선에 있었다.

우리 신문이 한문을 안 쓰고 한글로만 쓰는 이유는 전 국민이 다 보게 함이라. 또 국문을 이렇게 구절을 떼어 쓰는 것은 누구라도 이 신문을 보기가 쉽고 신문 속에 있는 말을 자세히 알아보게 함이다. (…) 우리 신문은 빈부귀천에 관계없이 이 신문을 보고 외국 물정과 국내 사정을 알게 하자는 뜻이니 남녀노소 상하 귀천 간에 우리 신문을 하루걸러 몇 달간 보면 새 지각과 새 학문이 생길 것을 미리 안다.

사진 3 『조선일보』 2004년 4월 7일자 A34면

창간사에서 볼 수 있듯이 '최초의 민간지'로 평가받는 『독립신문』은 자신에게 주어진 정치적 과제를 또렷하게 부각했다. 그래서다. 보수적인 언론학자 정진석은 신문의 날 기고문에서 "과거의 신문은 대중의 지도자였다. 국가의 진로를 제시하는 선지자였다. 민주주의를 수호하고 약자를 보호하는 호민관이었다"고 썼다(사진 3).

신문을 '대중의 지도자'나 '호민관'으로 바라보는 인식에서 볼 수 있듯이, 신문을 신성한 존재로 여기는 전통적 시각은 요즘도 신문사의 사설을 마치 진리처럼 받아들이며 꼼꼼하게 읽는 사람들의 풍경에서 나타나고 있다.

문제는 신문을 신성시하는 독자들의 신문 읽기에만 있지 않다. 신문을 비판적으로 보는 사람들도 은연중에 신문이란 본디 '신성한 가치'를 추구하는 기관으로 바라보는 데 있다. 그 과제를 옳게 수행하지 못한다는 이유로 신문을 겨눠 날카롭게 비판한다.

하지만 과연 신문이 본디 신성한 기관일까? 역사적 진실은 전혀 다르다. 세상에 처음 등장할 때부터 신문은 경제적 요인, 더 정확하게는 상업적 요인과 직결되어 있었다. 신문의 기원은 근대 자본주의 사회의 형성과 밀접한 연관이 있다. 신문은 중세 신분제도 아래서 서서히 힘을 키워가고 있던 상공인들이 상업정보를 수집해 판매하는 '새로운 상품'으로 인류사에 첫선을 보였다. 얼핏 대수롭지 않게 여길 수 있지만 신문이 상공인들의 상업정보 판매 상품으로 출발한 사실은 대단히 중요하다. 신문을 마치 경제적 동기와 전혀 무관하게 여긴다거나, 신문을 아예 상품으로 여기지 않는 독자들이 적지 않기 때문이다. 하지만 그것은 올바른 신문 읽기가 아니다. 신문이 상품과 전혀 무관하다는 인식이나, 신문사가 경제적 수익을 추구하면 그것을 신문의 타락으로 곧장 비난하는 '엄숙주의'는 순진한 신문 읽기일 뿐이다.

당장 신문의 탄생부터 보자. 유럽의 왕정 아래서 세력을 키워가던 상공인들이 인쇄업과 제지업을 바탕으로 '개척'한 새로운 사업이 바로 '신문업'이다. 상업정보지로 출발한 신문이라는 상품은 시장에서 성공하면서 한 단계 더 진전하는 계기를 맞는다.

17세기에 접어들며 이미 세력화한 유럽의 상공인들은 신문이라는 상품에 단순한 상업 정보를 넘어 자신들의 이해관계가 깔린 정치사회적 정보와 의견을 '뉴스'로 담기 시작했다. 이는 곧 정론지

사진 4 『뉴욕 선』의 창간 초기 모습

의 출발로, 신문의 여론 형성은 이후 근대 정치를 열어가는 결정적 요인 가운데 하나로 작용했다. 정치를 독점하던 왕과 귀족계급에 맞서 상공인들은 신문을 '무기'로 시민혁명을 주도했다. 따라서 신문 자체를 정치현상이나 경제현상 어느 하나로 읽는 건 옳지 않다. 신문은 명백하게 '정치경제 현상'으로 지구상에 나타났고 지금도 그렇다.

물론, 신문의 역사적 발전 과정이 순탄하지는 않았다. 근대 사회를 빠른 속도로 바꿔간 산업혁명의 여파는 자연스럽게 신문업계에도 불어왔다. 대량인쇄 기술이 발달하면서 사회구성원 모두가 구독이 가능할 만큼 다량으로 제작해 배포하는 대중신문의 등장이 그것이다. 세계 신문사에서 대중매체로 처음 선보인 신문은 1833년에 창간된 『뉴욕 선(The New York Sun)』이다(사진 4). 그즈음 신문 값은 부자들만 사볼 수 있을 만큼 비쌌다. 당시 신문 값의 20%도 안 되는 파격으로 『뉴욕 선』을 창간한 벤저민 데이(Benjamin Day)는 자신의 신문이 "모든 사람에게 빛을 줄 것"이라고 장담했다. 요즘 말로 '박리다매'로 신문을 창간했지만 결과적으로 그의 승부수는 적중했다. 상상을 초월할 정도로 부수가 폭발적으로 늘어났다. 이어 광고가 쇄도했다. 하지만 그 신문이 진정 모든 사람에게 빛을 주었을까? 아니었다.

가령 『뉴욕 선』은 19세기 중반부터 본격화한 미국의 제국주의 침략전쟁을 적극 옹호했다. 미국이 멕시코를 침략할 때 사설(1847년 10월 22일치)이 대표적이다.

> 멕시코인들은 정복당하는 데 철저히 익숙하다. 우리가 가르쳐줄 단 하나 새로운 교훈은 우리의 승리가 피정복자에게 자유와 안녕과 번영을 안겨줄 것이라는 점이다.

최초의 대중신문이 명백한 침략전쟁을 '성전'으로 추켜세운 사실은 신문 읽기에 앞서 음미해볼 대목이다.

기실 시민혁명으로 왕과 귀족 중심의 신분제도를 몰아내는 데 성공한 상공인들은 약속과 달리 자유와 평등을 노동자들과 나누지 않았다. 자신들보다 수가 많은 노동자들을 정치경제적 의사결정 체계에서 배제했다. 상공인들은 자신들의 지배권을 영구화하려는 정치적 타산과 자신들의 경제적 이익을 안전하게 추구하려는 욕망을, 그들이 자본을 투자해 만든 신문지면에 고스란히 담아갔다. 결국 신문이라는 현상 자체에 담긴 정치경제적 성격이, 신문지면에서 정치경제 현상이 보도되는 틀을 만들어간 셈이다.

무릇 정치현상과 경제현상은 우리 개개인의 일상생활에서 서로 구분할 수 없을 만큼 촘촘하게 연결되어 있다. 정치현실과 경제현실이 전혀 별개로 다뤄지고 대학에서도 정치학과 경제학이 각각 독자적 세계를 구축하고 있지만, 그것을 구분하는 학문적 분류 자체가 특정 정치경제학의 논리일 뿐이다. 다시 말해 경제와 정치가 서로 이어져 있다는 사실을 은폐함으로써 이익을 얻는 사람들이 있다. 그들에게는 정치와 경제 사이를 연관 짓는 사고가 보편화하는 게 반가울 리 없다.

위의 정치경제학적 분석에서 확인했지만, 우리의 일상생활을 찬찬히 짚어보더라도 누구나 쉽게 수긍할 수 있듯이 정치와 경제는 결코 구분될 수 없다. 흥미로운 사실은 신문의 정치경제적 성격을 확연하게 드러내주는 지면이 경제면이나 정치면이 아니라는 점이다. 독자들은 무심히 지나칠 수도 있지만, 신문의 모든 지면 아래를 당당히 차지하고 있는 광고면이 바로 그 주인공이다.

신문사에서 윤전기를 다루는 노동자들이 신문을 인쇄하면 그것을 가장 먼저 편집국으로 배달한다. 『신문 읽기의 혁명』 1권에서 살펴보았듯이, 조간신문은 전날 오후 6시가 넘을 무렵에 1판을 발행한다. 가판을 없앤 신문사도 마찬가지다. 인쇄된 신문의 최초 독자들은 기사를 쓰고 편집한 편집국 기자들이다. 신문이 나오면 곧 편집국장 주재로 부장들이 참여하는 회의를 열어, 지면에 대한 평가와 함께 그날 밤에 예고된 기사들을 어떻게 편집할 것인가를 논의한다. 편집국 부장들이 돌아가며 야간 편집국장을 맡아 서울 도심 시내판까지 판을 거듭해 발행한다.

흥미로운 사실은 편집국 고위간부들이 윤전기에서 갓 나온 신문지면을 1면부터 넘기며 기사 못지않게 광고를 짚어본다는 점이다. 더러는 기사가 실린 지면보다 광고를 먼저 훑어보기도 한다.

그것은 편집국 고위간부들의 신문 읽기가 일반 독자들의 신문 읽기와 다르다는 단순한 '차이'의 문제에 그치지 않는다. 독자와 달리 편집국 고위간부들이 신문의 '본성'을 꿰뚫고 있다는 뜻이다.

대다수 독자들은 신문 읽기를 할 때 지면 아래 광고에는 거의 눈길을 돌리지 않는다. 신문을 발행하는 자금을 확보하기 위해 어쩔 수 없이 기사가 편집된 지면 아래에 게재하는 게 광고라고 생각하는 순진한 독자들도 많다.

과연 그러한가? 아니다. 광고는 단순히 신문을 제작하는 물적 기반의 문제가 아니다. 신문의 본질은 저널리즘이고 광고는 부속물이라는 막연한 믿음은 한 차원 높은 신문 읽기를 저해하는 가장 큰 걸림돌일뿐더러 사실과도 다르다. 왜 그러한가를 광고와 신문이 처음 만나는 과정에서 짚어보자.

우리는 이미 신문의 탄생 과정을 톺아보며 신문이 상공인들을 중심으로 한 시민혁명의 무기였다는 사실을 알 수 있었다. 아울러 상공인들이 시민혁명 이후에 노동자들을 배제하며 자신들 중심으로 국가를 지배하고 여론을 형성해간 사실도 짚어보았다. 그 지점에서 의문이 들 수 있다. 가령 산업혁명의 인쇄기술 혁신으로 신문을 대량으로 찍어낼 수 있게 된 상황을 상공인들이 아닌 사람들, 곧 민중은 전혀 활용할 수 없었을까?

민중의 슬기로 미뤄 그럴 리는 없었을 터다. 노동자들 가운데 일부는 상공인들에 맞서서 자신들의 여론을 형성해가려고 신문을 발행할 생각을 했고 곰비임비 창간이 이어졌다. 가령 당시 자본주

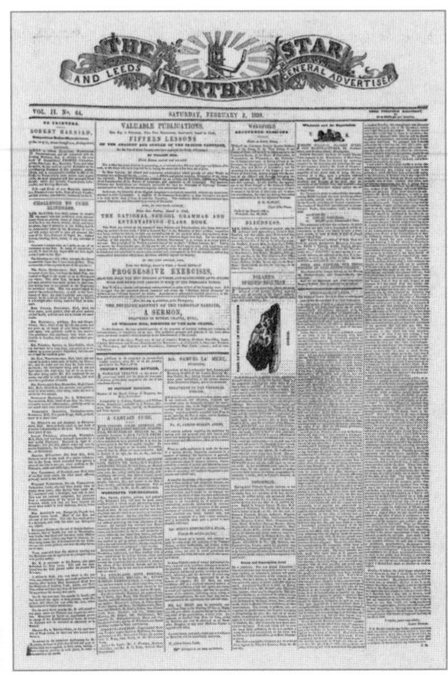

사진 5
『노던스타』 창간 초기의 모습

의가 가장 발전한 영국에서 민중에 기반을 둔 신문들이 선보였다. 대표적 신문이 『노던스타(The Northern Star)』다(사진 5). 제호에서 누구나 북극성(North Star)을 연상할 터다. 1837년에 창간된 이 신문의 자본금은 당대의 민중들이 모은 정기구독 예약금이 전부였다. 그 시절의 한 기록은 『노던스타』가 발행될 때의 풍경을 다음과 같이 묘사했다.

"신문이 나오는 날이면 사람들은 길거리에 줄지어 늘어서서 신문이 도착하기를 기다렸다. 아무리 바쁜 일도 모두 제쳐두고 그 일이 우선이었다."

신문 한 부를 구입한 독자들은 그것을 각자의 '골방'에서 읽지 않았다. 그들은 신문을 들고 더러는 선술집으로, 더러는 대중 집회장으로 달려갔다. 그곳에서 신문기사를 소리 내어 읽었다. 희망을 잃고 늘 몽롱하게 술을 마시던 사람들도 낭독되는 기사에 귀를 기울이며 시나브로 사회의식에 눈떴다고 한다. 대중집회 연설에서 "『노던스타』가 없었다면 우리들의 목소리는 지금도 광야에서 메아리치고 있을 것"이라는 말도 많이 나왔다. 창간 5돌을 맞아 이 신문의 편집인은 지면을 통해 편집 방향을 당당하게 밝혔다. "나는 신문을 나의 어떤 재능이나 내가 알고 있는 것을 보여주는 하나의 매체보다는 독자의 마음을 반영하는 것으로 만들려고 애써왔다. 이것이 바로 민중의 기관지가 어떠해야 하는지에 관한 내 생각이다."

『노던스타』의 감동적인 일화가 웅변하듯이, 본디 상공인 주도의 초기 문화는 1830년대에 들어서서 '민중 신문의 전성기'로 이어졌다. 민중의 사랑을 한몸에 받고 독자의 마음을 반영한 '민중의 기관지'는 아직 권력이 남아 있던 귀족계급은 물론, 새로 떠오르던 지배세력인 상공인들을 불안감에 사로잡히게 했다. 『노던스타』와 같은 신문이 퍼져가고 사회구성원 대다수인 민중의 정치의식이 성숙해질 때, 자칫 권력을 잃을 수 있다는 불안감은 결코 근거 없는 걱정이 아니었다. 이미 시민혁명을 거치면서 여론과 신문의 중요성을 그들 스스로 확인했기에 더 그랬다.

그렇다면 새로운 지배세력으로 등장한 상공인들은 그 불안감을 어떻게 해결하려고 했을까? 과거 중세시대 왕권처럼 노골적인 정치적 탄압으로 대처할 수는 없는 일이었다. 정치적 탄압은 곧장 그에 대한 반작용을 불러오고 자칫 정치권력을 상실하는 역효과를 불러올 수 있다는 사실을 상공인들 스스로 '학습' 하고 '경험' 했기 때문이다.

물리적 탄압 없이 민중언론의 힘을 약화시킬 방법을 고심하던 상공인들이 착안한 게 신문구독료 인하와 함께 신문광고다. 왜 광고일까? 판매경쟁을 이유로 신문 구독료를 낮출 때, 보수신문이든 진보신문이든 광고에 대한 의존도가 커질 수밖에 없기 때문이다. 생각해보라. 구독료를 낮춰 광고 의존도가 커진 상황에서 광고주들이 광고를 선별 집행한다면 어떻게 될까? 더구나 그 광고주들이 다름 아닌 상공인들이라면? 결론은 쉽게 나올 수 있다.

실제로 그 증거는 곳곳에서 발견할 수 있다. 가령 1856년, 영국에서 출판된 『광고지침서』를 보자. 이 책은 당당하게 다음과 같이 '자부' 한다. "이 광고지침서가 출판되기 전까지 광고주는 어떤 신문이 자신의 생각과 가장 잘 맞아떨어지고 자신의 이익을 높여줄지 결정할 수 있는 방법이 전혀 없었다."

이어 이 지침서는 수도 런던과 지방에서 발행되는 신문들 대부분의 정치적 관점을 상술한다. 같은 시기에 영국 언론계의 안팎에선 다음과 같은 말이 나돌았다.

"상류층이나 중산층 사이에 1000부가 배부되는 신문이 하층민들 사이에 10만 부가 배부되는 신문보다 더 좋은 매체다."

"숫자보다는 성격이 더 중요하다."

"대영제국에서 가장 널리 읽히는 신문 중 일부는 광고를 유치하기가 너무 어렵다. 그걸 읽는 독자에겐 구매력이 없다. 이런 신문에 돈을 들이는 것은 그만큼 돈을 허비하는 짓이다."

결국 광고주들이 신문의 성격에 따라 광고를 집행함으로써 민중을 대변하던 신문들의 경영 상태는 급속도로 나빠졌다. 반면에 광고를 많이 받은 신문들은 신문구독료를 더 내림으로써 민중신문의 경영을 더 어렵게 했다. 세계 신문사를 짚어보면 상공인들이 대다수인 광고주들의 편향된 광고집행 전략이 지속되면서 가난하고 힘없는—광고주가 보기엔 자신들이 생산하는 상품을 살 구매력이 약한—민중을 대변하던 많은 진보언론, 민중신문이 줄줄이 문을 닫았다.

문을 닫지 않고 가까스로 살아남은 신문들에도 광고가 끼친 영향은 컸다. 신문을 발행하는 경영진과 편집자들이 광고주를 의식해 가능한 한 많은 독자층, 특히 구매력 있는 독자층을 확보하려고 노력하게 되었고 그 '목표'에 맞춰 기사를 작성하고 논평할 수밖에 없었기 때문이다. 그 결과는 자명했다. 광고주들이 보기에 부담스러운 정치기사들은 신문지면에서 시나브로 사라져 갔다. 비단 광고주들만 의식한 게 아니다. 구매력 있는 독자층을 염두에 둔 지면 편집은 자연스럽게 '중산층'이나 이른바 '전문가 계층'을 의식하게 되었다.

신문기사가 객관성과 중립성을 내세우기 시작한 이유도 이와 직결되어 있다. 상공인들이 주도하는 정치경제 체제에 근본적으로 문제를 제기하는 보도와 논평은 객관성과 중립성을 벗어난 것으로 '이해' 되었다. 객관성과 중립성은 독자를 최대한 확보하는 데도 유리한 명분이었다.

결국 정치적 통제에 비해 겉으로 드러나지 않고 더 효과적인 경제적 통제가 광고를 통해 실현된 셈이다. 바로 여기서 우리는 광고 읽기가 신문지면 읽기에 얼마나 중요한가를 확인할 수 있다. 그 점에서 광고가 모든 신문사의 모든 지면 아래에 사뭇 당당하게 존재하고 있는 모습은 상징적이다. 지면 아래의 그 '토대' 가 없을 때 신문 기사지면은 무너질 수밖에 없다.

신문의 역사에서 19세기에 노골적으로 나타난 '광고지침' 은 21세기인 오늘 한국 언론계에서도 생생한 현실이다. 2007년 10월 말 삼성이 천문학적 비자금을 조성했다는 게 드러나 국내는 물론 국제적으로 눈길을 모았을 때, 신문이 어떻게 보도했는가를 보자. 삼성그룹의 법무팀장을 지낸 김용철 변호사는 삼성이 비자금으로 대한민국 행정부, 입법부, 사법부는 물론, 언론계까지 광범위하게 뇌물을 정기적으로 뿌려왔다고 증언했다. 그가 기자회견을 연 자리엔 오랜 세월 민주주의 발전에 기여해온 천주교 정의구현사제단이 함께했다. 대통령 선거를 앞두고 있던 한국 사회는 크게 술렁였다. 마침내 삼성이 '법망' 을 피하기 어렵다는 예측이 나라 안팎에서 나돌았다.

바로 그 순간 삼성은 김 변호사의 증언을 대서특필한 『한겨레』와 『경향신문』에 주던 광고를 전면 중단했다. 두 신문에 대한 압박인 동시에 다른 언론사들에 대한 경고 신호였다. 광고 중단은 이 책을 쓰는 2009년 10월 현재까지 옹근 2년 넘도록 풀리지 않고 있다.

과연 그래도 좋은 걸까? 문제의 핵심은 광고주로서 삼성의 권력이 얼마나 막강한가에 있지 않다. 대기업이 자신에게 불리한 기사를 광고로 통제할 때, 궁극적으로 대기업 자신에게 불이익이 되고 더 나아가 국민경제에도 큰 주름살을 주는 데 있다.

가령 비자금 문제가 불거졌을 때, 미국의 시사주간지 『뉴스위크』(2007년 12월 10일자)는 「제국의 어두운 날들(Dark Days For The Empire)」이라는 제하의 기사를 실었다. 『뉴스위크』는 삼성이 1990년대 말 외환위기 뒤 외자를 유치해왔지만 옛날의 관습을 온전히 벗어나지 못했다고 따갑게 지적했다.

옳은 지적이다. 그럼에도 『뉴스위크』 기사는 국내 신문에 엉뚱하게 소개되었다. 사실상 삼성의 신문인 『중앙일보』 2007년 12월 10일자에 실린 「손경식 상의 회장 '삼성 수사 장기화될까 봐 걱정'」이라는 기사를 보자. 기사 들머리는 다음과 같이 시작한다.

손경식 대한상공회의소 회장은 "삼성 비자금 의혹에 대한 수사가 장기화함으로써 경제에 타격이 올 가능성이 우려된다"고 말했다. 손 회장은 7일 서울 시내 한 식당에서 열린 송년 기자간담회에서 "삼성 수사가 검찰과 특검을 오가며 장기화될까 봐 걱정된다"며 "해외 언론에서 자꾸 언급하게 되면 한국 경제에 불안감이 드리워질 수 있고 신인도에도 영향이 있을 것"이라고 말했다.

물론, 『중앙일보』만이 아니었다. 사주가 이건희 회장과 사돈 관계인 『동아일보』도 같은 날 「손경식 상의 회장 '삼성 수사 장기화 땐 경제 타격'」이라고 제목을 달았다. 『조선일보』 또한 「'삼성 수사 장기화 땐 경제 타격 우려' 손경식 상의 회장 밝혀」로 표제를 구성했다.

『중앙일보』 기사에서 손 회장이 인용한 '해외 언론'이 바로 『뉴스위크』다. 손 회장은 기자간담회에서 "이미 뉴스위크 등 외국 언론들이 삼성 문제를 거론하면서 한국 경제에 불안감을 나타내기 시작했다"면서 "한국 기업 전체 신인도에 악영향이 우려된다"고 강조했다. 손 회장은 이어 "삼성그룹은 지난해 우리나라 수출의 20.4%, 올해는 24% 정도를 차지할 만큼 비중이 크다"면서 "특검이 미진해 검찰로 수사가 넘어가는 등 장기화된다면 경제에 좋지 않을 수 있다"고 우려했다. 『뉴스위크』의 보도로부터 아무런 부끄러움도 느끼지 못한 셈이다.

세 신문의 보도는 같은 날 『한겨레』 기사와 대조적이다. 「기업 정치자금 부담 없어졌다」 제하의 이 기사는 전혀 다른 발언을 부각했다.(한겨레 2007년 12월 10일자 17면)

"지금은 정치자금 문제가 깨끗해져 참 다행한 일이다." 손경식 대한상공회의소 회장은 지난 7일 서울의 한 음식점에서 열린 송년 기자간담회에서 "아직도 기업이 정치자금을 요구받는 일이 있느냐"는 질문에 "요즘 기업인들이 모일 때 그런 이야기 많이 하는데, 하나같이

'정치자금 부담이 없어져 좋다'고 한다"고 전하며 "몇 년 전과 비교해 큰 발전"이라고 말했다. 손 회장은 그러나 '삼성 특검'에 대해선 "아직까진 밝혀진 사실이 없고 모든 것이 추측에 불과해 말하는 게 조심스럽다"면서도 "다만 수사가 너무 길어져 경제에 부담을 줄까 걱정된다"는 말을 되풀이했다.

당시 대통령 선거 국면에서 '정치자금의 부담'이 없어졌다는 사실을 강조하고 삼성과 관련해서는 "다만 수사가 너무 길어져 경제에 부담을 줄까 걱정된다는 말을 되풀이했다"며 '해외 언론' 거론도 생략하고 간략하게 비판적으로 보도했다.

'해외 언론'과 관련한 왜곡보도는 그보다 앞서 옹근 4년 전에도 유사한 보기를 들 수 있다. 『뉴스위크』는 2003년 11월, 이건희를 '은둔의 왕(The Hermit King)'으로 기사화했다. 「마지막 거물 실업가」라는 제목으로 시작되는 본문은 "삼성그룹의 불가사의한(enigmatic) 회장이 자신의 그룹 이상의 것을 이끌고 있는지도 모른다"로 시작했다. 기사는 "한국이 당면한 문제"라면서 "이 회장이 투명성과 효율성의 시대로 이 나라를 이끌고 있는 것인지, 아니면 낡은 문화에 젖은 거물 실업가상을 홀로 지지하고 있는 것인지"를 물었다. 『뉴스위크』는 이어 다음과 같이 썼다.

이 회장은 공룡이다. 유교 윤리를 체득한 다른 한국 지도자들과 마찬가지로, 이 회장은 종업원들로부터 절대적인 충성을 요구한다. 다른 재벌 총수들과 마찬가지로 그의 재직 기간은 정치인에게 뇌물을 주고 취약한 계열사를 지원한 혐의로 얼룩져 있다. 이 회장은 수익성 있는 다국적 기업으로 삼성을 슬림화하는 데 성공했음에도 불구하고, 효율적이고 공평무사한 경영을 옹호하는 흐름이 지배적인 시기에 자신의 아들인 이재용 씨를 삼성그룹의 사령탑에 앉히는 데 몰두하고 있다.

2003년 당시 이미 미국 언론조차 삼성의 문제점을 또렷하게 파악하고 있음을 새삼 확인할 수 있다. 하지만 이 회장은 미국 언론까지 지적한 충고를 귀담아듣지 않았다. 어쩌면 그는 『뉴스위크』의 충고를 전혀 몰랐을 수도 있다. 삼성그룹은 『뉴스위크』의 '은둔의 왕' 기사를 생뚱맞게 '수도자적 경영인'으로 옮겨 보도자료를 내놓았고, 『중앙일보』와 『동아일보』도 이건희를 '미화'해 보도했다(사진 6, 7). 이건희 회장이 마땅히 경계하고 긴장해야 할 순간에 되레 찬가만 늘어놓은 셈이다.

문제는 『중앙일보』가 2007년 12월 "외환위기 뒤 외자를 유치해 왔지만 옛날의 관습을 온전히 벗어나지 못했다"는 『뉴스위크』 분석 기사마저 "한국 주식회사 타격"을 부각해 보도한 데 있다. 한국 신문의 뒤틀린 보도는 그대로 기업인들의 사고로 이어진다. 앞서 보았던 손경식 회장의 발언이 대표적이다. 그의 발언을 다시 신문이 부각해 보도한다. 저널리즘과 언론이 서로 주고받으며 천민자본주의적 기업윤리를 강화해가는 셈이다.

"삼성이 한국경제 이끌어"

이건희 회장, 뉴스위크 표지인물로

세계적인 시사주간지 뉴스위크는 아시아판 24일자에 삼성 이건희 회장을 커버스토리로 특집 보도했다.

뉴스위크는 '수도자적 경영인(The Hermit King)'이란 제목으로 李회장을 표지인물(사진)로 내세워 "그가 이끄는 삼성이 한국 경제를 부활시키고 있다"고 소개했다. 이 특집 기사에서 뉴스위크는 "한국의 대기업이 아시아 금융위기 동안 분리·해체되는 어려움을 겪은 반면 삼성은 1993년 李회장이 강력한 리더십과 함께 추진한 신경영으로 기업혁신을 단행, 현재 외국인 투자자들이 가장 선호하는 기업이 됐다"고 전했다. 이 잡지는 "실제로 삼성은 외환위기 6년 뒤 세계 최고의 하이테크 제조업체가 됐고, 신경영 10년 만에 수익이 30배로 늘었으며, 메모리 반도체·평면TV 등 열아홉개 제품에서 세계 시장의 으뜸이 됐다"고 밝혔다. 또 "성공적인 구조조정으로 삼성은 브랜드 가치 1백8억달러를 달성해 인터브랜드사로부터 세계에서 가장 빨리 성장한 브랜드로 선정됐으며, 한국 수출의 20%를 담당하고 시가 총액의 30%를 차지하는 등 한국 경제를 주도하는 글로벌 기업

으로 성장했다"고 평가했다.

뉴스위크는 이어 "李회장이 16년 전 삼성을 물려받은 뒤 대담하게 기업을 이끌어 왔다"면서 임직원들에게 '처 자식 빼고 다 바꿔라'는 주문을 한 신경영을 대표적인 경영 혁신 사례로 들었다. 특히 "일본 기업을 벤치마킹한 삼성이 현재는 전자·금융·서비스에 핵심을 두고 있는 미국 GE와 아주 비슷해졌다"며 "경제위기를 온전하게 극복해낸 삼성이 한국 기업의 모델로 계속 유지될 것"이라고 전망했다.

李회장은 93년 5월 포천과 94년 2월 비즈니스위크에서도 커버스토리로 소개된 바 있다. **정선구 기자**
sungu@joongang.co.kr

사진 6 「중앙일보」 2003년 11월 19일자 31면
사진 7 「동아일보」 2003년 11월 19일자 B3면

"이건희 회장은 수도자적 경영인"

뉴스위크 아시아판 커버스토리 인물로 다뤄

삼성 이건희(李健熙) 회장이 미국 시사주간지 뉴스위크 아시아판의 커버스토리 인물로 등장했다. 뉴스위크는 24일자 아시아판 커버스토리에 '수도자적 경영인(The Hermit King)'이라는 제목의 이 회장 특집기사를 실었다.

뉴스위크는 이 기사에서 "국내 주요 경제 현안에 절대적인 영향을 미치는 이 회장은 '경제대통령'이나 다름없다"는 국내 전문가의 말을 인용해 "수수께끼 같은 이 회장이 이끄는 것은 삼성그룹 그 이상"이라고 소개했다.

이 잡지는 "한국 재벌들이 외환위기를 거치면서 분리 해체된 반면 삼성은 이 회장의 강력한 리더십으로 외국인투자자들이 가장 선호하는 한국의 대표 기업으로 탈바꿈했다"고 전했다. 이 회장의 경영스타일에 대해서는 "일상 경영현안은 계열사 최고경영자에게 맡기고 상징적인 역할에 주력하고 있다는 점에서 과거 재벌 총수와 차별화되고 있다"고 설명했다.

뉴스위크는 아들 재용씨에 대한 경영권 승계작업을 '이 회장의 마지막 과업'으로 표현하면서 "시민단체 등이 반발하고 있지만 투자자들의 관심은 이보다

는 삼성의 탄탄한 경영구조와 성장가능성에 쏠리고 있다"고 전했다.

김태한기자 freewill@donga.com

악순환의 더 극심한 보기는 신문이 자신의 주장을 받아쓴 외신을 다시 인용해 보도하는 데서 발견할 수 있다. 가령 2007년 11월 28일 『조선일보』 인터넷판에 실린 「외신들도 삼성사태 촉각… 국가경제 해칠 수도」란 기사를 보자. 당시 임기 말의 노무현 대통령이 삼성 비자금 의혹과 관련해 특별검사제 도입을 수용하면서 독과점 신문들이 경제위기를 집중적으로 부각한 시점이었다.

인터넷신문 〈이데일리〉의 뉴스를 전재해 실은 『조선일보』 인터넷판 기사는 "비자금 로비와 분식회계 혐의 등 이른바 '삼성 사태'로 삼성그룹뿐 아니라 한국의 국가경제도 해칠 가능성이 높아지고 있다고 월스트리트저널(WSJ)과 파이낸셜타임스(FT) 등 주요 외신들이 진단했다"는 내용을 담고 있다. 이 기사에서 눈여겨볼 것은 "(파이낸셜타임스가) 외국인 투자자들이 삼성을 부패했다고 인식하면서 한국의 다른 기업들도 마찬가지라고 판단해 관계를 끊을 수도 있다는 우려를 나타낸 한 신문사설을 인용하기도 했다"는 대목이다.

기사에서 "한 신문"은 『파이낸셜타임스』 원문에 또렷하게 나타나 있다. 다름 아닌 『조선일보』다. 『조선일보』는 사설(2007년 11월 27일자)에서 "삼성은 세계시장에서 한국 경제를 대표하는 중요한 기업"이라며 "외국 투자자들은 삼성의 경영이 투명하지 못하고 구린 데가 많다면 다른 한국 기업들은 더 볼 것도 없다고 판단할 수도 있다"고 썼다. 사설은 "이번 일로 삼성의 간판 기업인 삼성전자까지 흔들리게 되는 일이라도 벌어진다면 대한민국 경제도 무사

할 수 없다"고 사실상 '협박'하는 논리를 폈다.

『파이낸셜타임스』가 다음날(11월 28일)에 이 사설을 인용보도하자, 〈이데일리〉가 『파이낸셜타임스』 기사를 인용했고 『조선일보』가 다시 이를 전재해서 실었다. 『조선일보』 주장이 외신 보도로 둔갑해 다시 『조선일보』 인터넷판에 실리며 '여론'을 몰아가는 전형적 보기다. 희극은 여기서 멈추지 않는다. 그 다음날 『중앙일보』는 「WSJ '삼성 이미지 타격 입고 있다'」라는 기사를 편집했다. 기사는 『월스트리트저널』 기사를 소개한 데 이어 다음과 같이 썼다.

파이낸셜 타임스(FT)는 기업면 기사로 "삼성이 최대 위기를 맞이했다"고 보도했다. FT는 "외국인 투자자들이 삼성의 경영이 투명하지 못하다고 생각한다면 다른 한국 기업들도 마찬가지로 투명하지 않다고 판단할 것"이라고 우려했다.

기사를 쓴 기자가 그 기사가 『조선일보』 인용임을 몰랐을 가능성은 전혀 없다. 그럼에도 『중앙일보』가 '경쟁지'로 줄곧 생각해온 『조선일보』를 인용한 외신까지 본래의 출처를 빼고 외신으로 보도한 셈이다. 요컨대 『조선일보』의 주장이 확대 재생산되는 과정은 다음과 같다. 2007년 11월 27일 『조선일보』 사설 → 28일 『파이낸셜타임스』 → 28일 〈이데일리〉 → 28일 『조선일보』 인터넷판 → 29일 『중앙일보』(사진 8~12).

그래서다. 이 지점에서 한국의 기업인들이 언론의 '효용성'을

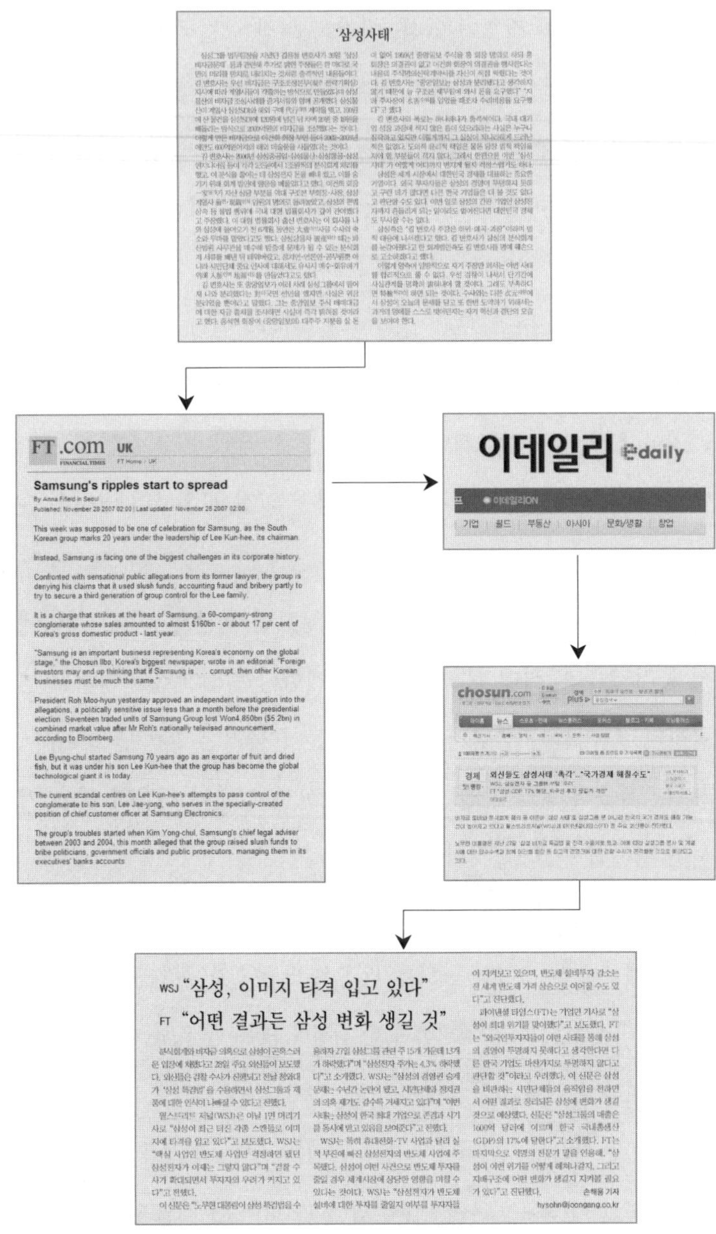

사진 8~12 화살표 방향 순서로, 『조선일보』 2007년 11월 27일자, 『파이낸셜타임스』 11월 28일자, 〈이데일리〉 11월 28일자, 『조선일보』 인터넷판 11월 28일자, 『중앙일보』 11월 29일자.

냉정하게 인식할 필요가 있다. 이건희 회장은 결국 비자금 사건을 계기로 삼성그룹 경영진에서 형식적이나마 손을 뗐다. 이 회장으로선 사뭇 개탄스러울 법도 하다. 기실 '이건희 체제'에서 삼성은 괄목할 성장을 이뤘기 때문이다. "마누라와 자식만 빼고 다 바꾸자"라며 강조한 '신경영'은 열매를 맺는 듯했다. 삼성그룹의 세전 이익은 2006년 14조2000억 원이다. 취임하던 1987년 이익보다 무려 52.6배나 늘었다. 이건희는 아버지 이병철로부터 삼성을 물려받아 한국에서 압도적인 일등기업으로 키웠다. 자부심을 가질 만도 하다. 삼성의 '일등주의'는 이병철 회장 시절부터 내려온 유훈 아니던가.

그런데 왜 그럴까. 왜 그는 원하지 않았던 순간에 '회장' 자리에서 물러났을까. 절대 권력은 절대 부패한다는 명제가 여기서도 성립한다. 독자들은 삼성의 불법 비자금이 불거진 2007년으로부터 2년을 거슬러 올라가 볼 일이다. 『조선일보』에서 다음과 같은 기사를 발견할 수 있을 것이다(사진 13).

세계무대에서 인정받는 일류기업으로 당당히 자리 잡은 삼성을 보면서 대견스럽고 뭉클하기까지 한 감정을 맛본 한국인들이 적지 않을 것이다. 그러나 그런 삼성에 대한 대우가 가장 야박한 데가 정작 한국이란 사실은 아이러니다. 우리 사회는 '일등'을 칭찬하는 데 인색하다. (…) 반대를 위한 반대를 업(業)으로 하는 '직업 안티(anti)꾼'들이 우리처럼 목소리를 높이는 나라도 드물 것이다.

■ 태평로 ■　도요타와 삼성, 그리고 '민족 高大'

세계가 주목하는 삼성
한국 대학만 박대하나

李濬 경제부장

삼성전자와 도요타. 한국과 일본을 대표하는 두 기업의 브랜드 가치는 거의 갑절이 차이난다. 경제전문잡지 '비즈니스위크'의 2004년도 발표에 따르면 도요타는 226억달러로 세계 9위. 삼성전자는 125억달러로 세계 21위다. 삼성전자의 반도체·휴대폰이 잘 나간다 해도, 종합적인 브랜드 가치로 볼 때 아직 도요타의 한 수 밑이란 얘기다.

도요타가 참 대단한 기업이란 건 통계 몇 가지만 들춰보면 금방 인정하지 않을 수 없다. 단적으로 도요타의 주식 시가총액이 포드·GM·다임러크라이슬러 등 미국 자동차 '빅 스리'를 모두 합친 것보다 많다. 단일기업 도요타의 매출은 국가경제규모(GDP)로 그리스 다음가는 세계 28위에 해당한다. 도요타의 자금력은 NTT를 뺀 도쿄 증시의 거의 모든 상장기업을 당장 매수할 수 있을 정도다.

그런데 그런 도요타에서 요즘 "삼성을 배우자"는 움직임이 일고 있다. '고수(高手)끼리 알아보는 무엇'이 삼성에 있기 때문일 것이다. 특히 도요타는 삼성의 성과급제와 유연한 고용제도에 관심이 많은 것으로 전해진다.

도요타뿐만이 아니다. 최근 몇 년간 '도요타 배우기 열풍'에 휩싸였던 전 세계가 빠르게 삼성으로 눈길을 돌리고 있다. 도요타식 경영철학을 의미하는 '도요타 웨이(TOYOTA WAY)'에 이어 '삼성 웨이(SAMSUNG WAY)'란 말이 생겨났고, 도요타 모토마치 공장을 견학하기 위해 일년 내내 몰려들던 각국 기업의 발길이 삼성전자 수원공장에서도 재현되고 있다.

삼성 배우기 열풍의 대표적 사례는 아프리카의 탄자니아와 케냐이다. 이들 나라는 작년 말부터 거국적으로 삼성 배우기에 팔을 걷어붙이고 나섰다. 탄자니아는 총리까지 나서 현지 한국대사에게 서한을 보냈다. 이어 산업통상장관이 직접 방한, 삼성전자 수원공장을 찾아가 '삼성 신경영 전파단'을 파견해 줄 것을 간곡히 요청했다. 삼성은 이를 받아들여 현지에 가서 이건희 회장의 개혁 10년 성과와 인재육성 프로그램 등을 강의했다. 뒤늦게 우리 정부에서도 '삼성 배우기'가 한창이다. 기획예산처와 행정자치부가 삼성의 사업부제를 본떠 팀제를 도입했고, 통일부와 감사원도 정부 혁신 모델을 삼성에서 벤치마킹 중이다.

삼성의 진가(眞價)는 외국에 나가 보면 피부로 느껴진다. 세계 무대에서 인정받는 일류기업으로 당당히 자리잡은 삼성을 보면서 대견스럽고 뭉클하기까지 한 감정을 맛본 한국인들이 적지 않을 것이다. 그러나 그런 삼성에 대한 대우가 가장 야박한 데가 정작 한국이란 사실은 아이러니다.

우리사회는 '일등'을 칭찬하는 데 인색하다. 특히 상대방의 장점과 약점, 공(功)과 과(過)를 객관적으로 평가하는 균형감각이 부족하다. 장점과 공은 외면하고, 약점과 허물만 부풀려서 편가르고 매도하기 일쑤다. 반대를 위한 반대를 업(業)으로 하는 '직업 안티(anti)꾼'들이 우리처럼 목소리를 높이는 나라도 드물 것이다. 이번 고려대학교 사건도 그런 연장선상에서 볼 수 있다. 한국의 지성들이 모였다는 대학에서, 말도 안 되는 돌출행동이 되풀이되는 배경에는 우리 사회에 존재하는 '일등 끌어내리기'의 뒤틀린 정서가 깔려있다.

사실 우리 사회에서 '삼성 배우기'가 가장 절실한 부문은 대학 아닌가. 창립 100주년을 맞아 '민족 고대'에서 '글로벌 고대'로 변신을 천명한 대학이라면 더욱 그렇다. 우리 대학들이 정말 세계 속의 대학으로 나아가려면 삼성식 경영을 전문적으로 연구하는 '삼성학과'를 만들어도 부족하다. (블로그)junlee.chosun.com

사진 13 『조선일보』 2005년 5월 5일자 A27면

당시 『조선일보』 경제부장이 쓴 칼럼이다. 고려대가 이건희 회장에게 명예 철학박사 학위를 수여할 때, 이에 반대하고 나선 고려대 학생들을 겨냥해 쓴 칼럼이다. 『조선일보』 경제부장은 이어 "우리 사회에서 '삼성 배우기'가 가장 절실한 부문은 대학"이라며 "우리 대학들이 정말 세계 속의 대학으로 나아가려면 삼성식 경영을 전문적으로 연구하는 '삼성학과'를 만들어도 부족하다"고 부르댔다.

대학에 "삼성식 경영을 전문적으로 연구하는 삼성학과"를 만들어야 한다는 그 칼럼을 내보낸 『조선일보』는, 아니, 그 칼럼을 쓴 언론인은 그로부터 2년도 안 되어 불법 비자금 조성과 변칙 상속

으로 법정에 선 이건희를 어떻게 보았을까? 그런 기사가 이건희 회장에게도 도움이 된 걸까?

이건희가 언론계나 학계의 윤똑똑이들, 또는 그를 둘러싸고 있는 모리배들에 귀 기울일 때 삼성 그룹의 위기는 무장 커질 수밖에 없다는 사실을 일러주는 교훈은 아닐까? 이건희가 『뉴스위크』의 기사만 온전히 읽었어도, 어쩌면 위기를 스스로 직감했을 수도 있다.

원했든, 원하지 않았든 한국의 '기업인'을 상징하는 이건희가 앞으로도 '은둔의 왕국'에 살며, 출세욕으로 제 잇속 챙기려는 부라퀴들의 달콤한 아부에서 벗어날 수 없다면, 기업경영의 낡은 관습에서 벗어날 수 없다면, 삼성의 위기는 앞으로 더 증폭될 수 있다.

기실 그것은 이건희만의 문제가 아니다. 한국 기업인들이 두루 타산지석으로 삼아야 마땅한 문제다. 기업인들이 자신들에 대한 비판의 목소리를 싫어할 때, 귀담아듣지 않을 때, 그들은 자신들의 상황을 객관적으로 보기 어렵다. 언론을 광고와 접대로 통제해 우호적 관계를 과시했던 대우그룹 김우중의 말로는 상징적이다.

한국 언론의 무비판적 보도로 거품경영을 일삼은 결과는 특정 재벌의 몰락만 부른 게 아니다. 김우중의 몰락에 앞서 이미 한국 경제는 1997년 11월에 국제통화기금(IMF)의 구제금융을 받는 치욕적 상황을 맞았다. 그때부터 본격화한 신자유주의는 한국 언론의 부추김을 받아 현재까지 한국 사회를 부익부 빈익빈의 양극화로 몰아가고 있다.

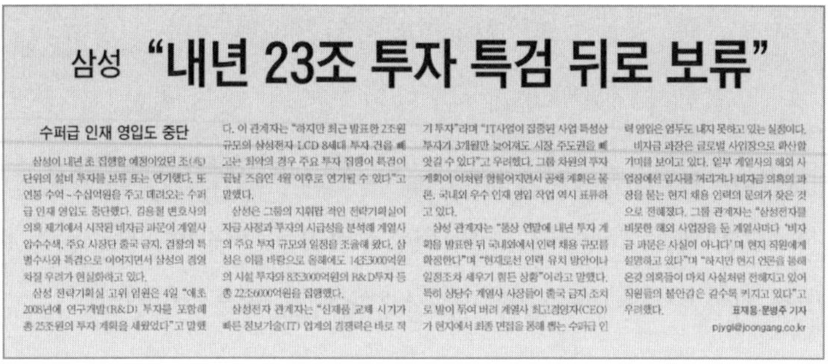

삼성 "내년 23조 투자 특검 뒤로 보류"

수퍼급 인재 영입도 중단

삼성이 내년 초 집행할 예정이었던 조(兆) 단위의 설비 투자를 보류 또는 연기했다. 또 연봉 수억~수십억원을 주고 데려오는 수퍼급 인재 영입도 중단했다. 김용철 변호사의 의혹 제기에서 시작된 비자금 파문이 계열사 압수수색, 주요 사장단 출국 금지, 검찰의 특별수사와 특검으로 이어지면서 삼성의 경영 차질 우려가 현실화하고 있다.

삼성 전략기획실 고위 임원은 4일 "애초 2008년에 연구개발(R&D) 투자를 포함해 총 25조원의 투자 계획을 세웠었다"고 말했다. 이 관계자는 "하지만 최근 발표한 2조원 규모의 삼성전자 LCD 8세대 투자 건을 빼고는 최악의 경우 주요 투자 집행이 특검이 끝날 즈음인 4월 이후로 연기될 수 있다"고 말했다.

삼성은 그룹의 지휘탑 격인 전략기획실이 자금 사정과 투자의 시급성을 분석해 계열사의 주요 투자 규모와 일정을 조율해 왔다. 삼성은 이를 바탕으로 올해에도 14조3000억원의 시설 투자와 8조3000억원의 R&D투자 등 총 22조6000억원을 집행했다.

삼성전자 관계자는 "신제품 교체 시기가 빠른 정보기술(IT) 업계의 경쟁력은 바로 적기 투자"라며 "IT사업이 집중된 사업 특성상 투자가 3개월만 늦어져도 시장 주도권을 빼앗길 수 있다"고 우려했다. 그룹 차원의 투자 계획이 이처럼 헝클어지면서 공채 계획은 물론, 국내외 우수 인재 영입 작업 역시 표류하고 있다.

삼성 관계자는 "통상 연말에 내년 투자 계획을 발표한 뒤 국내외에서 인력 채용 규모를 확정한다"며 "현재로선 인력 유치 방안이나 일정조차 세우기 힘든 상황"이라고 말했다. 특히 상당수 계열사 사장들이 출국 금지 조치로 발이 묶여 버려 계열사 최고경영자(CEO)가 현지에서 최종 면접을 통해 뽑는 수퍼급 인력 영입은 엄두도 내지 못하고 있는 실정이다.

비자금 파장은 글로벌 사업장으로 확산할 기미를 보이고 있다. 일부 계열사의 해외 사업장에선 입사를 꺼리거나 비자금 의혹의 파장을 묻는 현지 채용 인력의 문의가 잦은 것으로 전해졌다. 그룹 관계자는 "삼성전자를 비롯한 해외 사업장을 둔 계열사마다 '비자금 파문은 사실이 아니다'며 현지 직원에게 설명하고 있다"며 "하지만 현지 언론을 통해 온갖 의혹들이 마치 사실처럼 전해지고 있어 직원들의 불안감은 갈수록 커지고 있다"고 우려했다.

표재용·문병주 기자
pjygi@joongang.co.kr

사진 14 『중앙일보』 2007년 12월 5일자 8면

상황은 나아질 기미가 안 보인다. 「삼성 내년 23조 투자 특검 뒤로 보류」 제하의 『중앙일보』 기사를 보자(사진 14). 다른 언론에 실리지 않은 사실에 비추어, 삼성이 『중앙일보』에 보낸 자료라는 의심이 들 수밖에 없는 기사다.

기사는 "삼성이 내년 초 집행할 예정이었던 조(兆) 단위의 설비 투자를 보류 또는 연기했다. 또 연봉 수억~수십억 원을 주고 데려오는 슈퍼급 인재 영입도 중단했다"면서 다음 문장에서 그 이유를 이렇게 썼다.

> 김용철 변호사의 의혹 제기에서 시작된 비자금 파문이 계열사 압수수색, 주요 사장단 출국 금지, 검찰의 특별수사와 특검으로 이어지면서 삼성의 경영 차질 우려가 현실화하고 있다.

삼성이 아무런 성찰 없이 예전처럼 '경제 위기' 협박으로 상황을 모면하겠다는 의지가 담겨 있다. 앞장서서 도와주는 독과점 신

문들이 그런 '결심'을 하는 데 큰 도움이 되었을 터다.

더구나 당시 대통령 선거 국면에서 『중앙일보』는 물론,『조선일보』와 『동아일보』도 이명박 후보 당선을 위해 편향적 편집을 서슴지 않았었다. 『뉴스위크』는 이명박 정권이 들어설 때 다른 후보에 비해 기업개혁을 밀어붙일 가능성은 적다고 이미 전망했다.

그 결과다. 다 알다시피 이건희는 구속 수감되지 않았다. 그는 지금도 칩거하며 삼성그룹을 '은둔의 제왕'처럼 통치하고 있다. 이건희가 사법부 판결을 의식해 공식 직함에서 '은퇴'했지만 그 누구도 그가 삼성의 최고 의사결정권자임을 의심하지 않는다.

광고의 힘이 기사를 어떻게 왜곡하는지, 삼성그룹의 잘못된 경영 관습을 어떻게 지속시켜 가는지, 한국 경제의 내일에 어떤 그림자를 드리우고 있는지를 보여준 보기다.

특히 『한겨레』와 『경향신문』에 대한 삼성그룹의 광고 전면 중단은 마치 19세기의 유럽 상공인들이 민중언론에 광고를 주지 않음으로써 문 닫게 한 역사적 사례를 실감하게 해준다. 삼성그룹에 비판적인 두 신문에 대한 광고 전면 중단은 다른 신문에게도 '큰 효과'를 주었다는 걸 바로 이어서 불거진 삼성 예인선의 태안 앞바다 기름오염 사건에서 확인할 수 있다.(당시의 왜곡보도에 대해서는 이 책의 셋째 마당에서 자세히 분석한다.)

물론, 『한겨레』와 『경향신문』은 삼성그룹과 '타협'하지 않겠다고 공언했다. 하지만 그 여파는 클 수밖에 없다. 신문을 지속적으로 발행할 수 있는 물적 토대를 급속도로 잠식해갈 게 분명하다.

비단 삼성의 문제만은 아니다. 광고 의존도가 높을 수밖에 없는 신문들로서는 일상적으로 '압력'을 받고 있다고 해도 지나친 말이 아니다. 그 결과, 모든 신문사가 구매력 있는 독자를 더 많이 확보하려는 경영 방침을 세우게 된다. 결국 신문 편집 방침에도 깊은 영향을 주면서 연쇄적으로 모든 신문으로 하여금 '중산층' 중심으로 기사를 편집하도록 '유도'한다. 그 선을 넘는 기사나 논평은 '비현실적'이라거나 '과격한' 주장, 또는 '저널리즘의 정도를 벗어난 기사'로 취급받기 십상이다.

가장 크게 경계해야 할 일은 기자 스스로도, 독자들도 비판적인 신문조차 중산층 중심의 보도 틀을 넘어서기가 어려운 '신문 발행의 구조'를 인식하지 못하는 데 있다. 신문을 '정치경제 현상'으로 읽지 않고 정치와 경제를 별개로 읽는 독자의 모습이나, 정치기사와 경제기사를 별개로 출고해 편집하는 기자들의 모습은 그 연장선에 있다.

흥미로운 사실은 신문이 지면을 통해서 노골적으로 신문광고의 '효용성'을 선전하는 데 있다. 가령 신문의 날을 맞아 쓴 특집기사 가운데 「기업 브랜드 홍보효과 신문이 가장 뛰어나다」라는 기사를 보자(사진 15).

기업의 브랜드 홍보에 있어 신문이 가장 뛰어난 매체라는 조사 결과가 나왔다. 영국 신문마케팅연구소(NMA)가 최근 피실험자 237명을 6가지 브랜드(로레알, 기네스, 크래프트, 슈레디드위트, 워커스, 도요타) 광고에 노출시킨 뒤 매체별 브랜드 인식 효과를 조사했다. (…) NMA는 과학적 조사를 위해 피실험자의 뇌파를 측정하는 신경과학기술 조사 방식을 도입했다. 브랜드 영향력(brand impact)에 대한 조사 결과 6개 브랜드 가운데 4개 브랜드에서 신문광고가 TV광고보다 브랜드 인식 효과가 더 뛰어난 것으로 나타났다. 그 가운데 3개 브랜드는 신문광고의 브랜드 인식 효과가 TV광고보다 두 배 높게 나타났다. 특정 제품군에서 특정 브랜드가 매우 두드러지게 인식되거나 강한 이미지를 갖는 것을 브랜드 현저성(brand salience)이라고 한다. 브랜드의 사진과 로고 등에 대한 뇌의 반응을 측정한 결과 신문광고에만 노출된 피실험자의 경우 브랜드 현저성이 102점으로 나타났다. TV광고에만 노출된 피실험자 74점보다 높은 수치다. (…) NMA는 "이번 실험은 광고 매체로서 신문의 효과를 다시 한번 증명하는 계기가 됐다"면서 "특히 신문광고는 소비자의 뇌에 브랜드에 대한 긍정적 인식을 갖도록 하는 데 있어 TV광고보다 효과적이라는 점에서 의미가 있다"고 설명했다. 다시 말해 신문은 '이성 매체' 이기 때문에 감성 부분을 전달하기 어렵다는 인식을 바꿨다는 것이다.

기사가 적나라하게 보여주고 있듯이 이른바 '선진국'의 사회과학자들은 효과적인 광고를 위해 '뇌의 반응' 까지 연구하고 있다. 영국 신문마케팅연구소(NMA)가 신문을 서슴없이 '광고매체' 로 규정하는 점도 독자가 놓쳐서는 안 될 대목이다. 자동차 회사가 자동차를 만들어 돈을 버는 논리와 똑같이, 신문사가 생산하는 신문도 상품이라는 엄연한 사실을 독자가 인식하고 있어야 환상에서 벗어날 수 있다.

기업에게 신문은 저널리즘 매체인 동시에 명백한 광고매체다. 기업을 소유한 자본에게 신문광고는 자신의 상품을 판매하는 유력한 경제적 통로(광고면)인 동시에 신문 논조를 통제해 이윤 추구에 유리한 여론을 형성해나갈 정치적 도구(기사면)다.

58쪽의 〈그림 1〉에서 볼 수 있듯이 광고 자체가 자본이 신문을 매개(미디어)로 자신의 정치적 영향력과 경제적 이윤추구를 꾀하는 정치경제 현상이다.

전 세계적으로 광고매체의 발전이 없었다면, 오늘의 자본주의 정치경제는 유지되기 어렵다고 해도 지나친 말이 아니다. 끝없이 소비를 부추김으로써 상품경제를 돌아가게 하는 '윤활유'가 광고다. 신문은 자신들이 '지적인 광고매체'라고 자부한다.

실제로 신문광고는 기업의 이미지 광고에도 유력한 도구다.

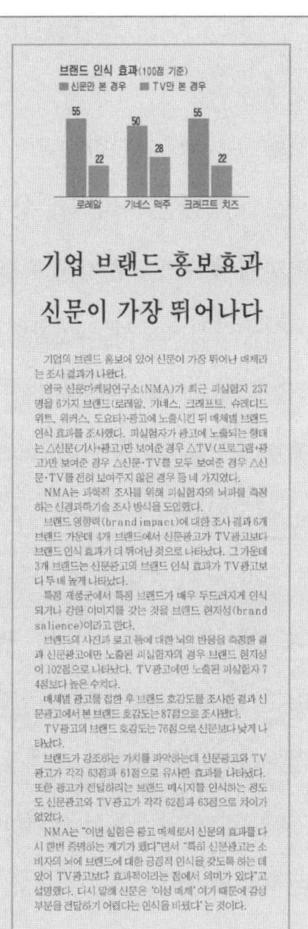

기업 브랜드 홍보효과
신문이 가장 뛰어나다

기업의 브랜드 홍보에 있어 신문이 가장 뛰어난 매체라는 조사 결과가 나왔다.

영국 신문마케팅연구소(NMA)가 최근 피실험자 237명을 6가지 브랜드(로레알, 기네스, 크래프트, 슈레디드 위트, 워커스, 도요타)·광고에 노출시킨 뒤 매체별 브랜드 인식 효과를 조사했다. 피실험자가 광고에 노출되는 형태는 △신문(기사+광고)만 보여준 경우 △TV(프로그램+광고)만 보여준 경우 △신문·TV를 모두 보여준 경우 △신문·TV를 전혀 보여주지 않은 경우 등 네 가지였다.

NMA는 과학적 조사를 위해 피실험자의 뇌파를 측정하는 신경과학기술 조사 방식을 도입했다.

브랜드 영향력(brand impact)에 대한 조사 결과 6개 브랜드 가운데 4개 브랜드에서 신문광고가 TV광고보다 브랜드 인식 효과가 더 뛰어난 것으로 나타났다. 그 가운데 3개 브랜드는 신문광고의 브랜드 인식 효과가 TV광고보다 두세 높게 나타났다.

특정 제품군에서 특정 브랜드가 매우 두드러지게 인식되거나 강한 이미지를 갖는 것을 브랜드 현저성(brand salience)이라고 한다.

브랜드의 사진과 로고 등에 대한 뇌의 반응을 측정한 결과 신문광고에만 노출된 피실험자의 경우 브랜드 현저성이 102점으로 나타났다. TV광고에만 노출된 피실험자 74점보다 높은 수치다.

매체별 광고를 접한 후 브랜드 호감도를 조사한 결과 신문광고에서 본 브랜드 호감도는 87점으로 조사됐다.

TV광고의 브랜드 호감도는 76점으로 신문보다 낮게 나타났다.

브랜드가 강조하는 가치를 파악하는데 신문광고와 TV광고가 각각 63점과 61점으로 유사한 효과를 나타냈다. 또한 광고가 전달하려는 브랜드 메시지를 인식하는 정도도 신문광고와 TV광고가 각각 62점과 63점으로 차이가 없었다.

NMA는 "이번 실험은 광고 매체로서 신문의 효과를 다시 한번 증명하는 계기가 됐다"면서 "특히 신문광고는 소비자의 뇌에 브랜드에 대한 긍정적 인식을 갖도록 하는 데 있어 TV광고보다 효과적이라는 점에서 의미가 있다"고 설명했다. 다시 말해 신문은 '이성 매체'이기 때문에 감성 부분을 전달하기 어렵다는 인식을 비쳤다'는 것이다.

사진 15 『매일경제신문』 2009년 4월 6일자 A10면

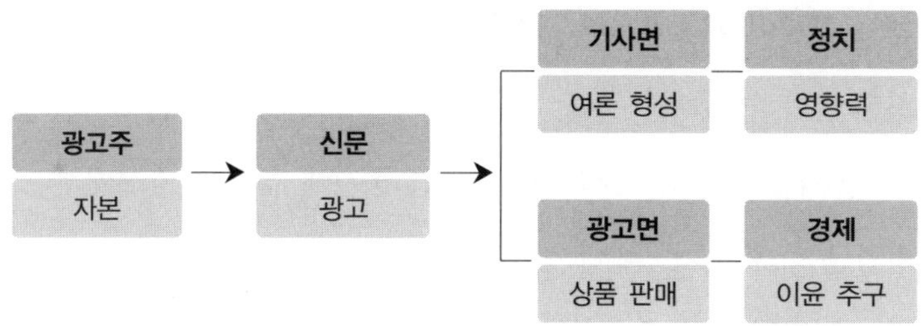

<그림 1> 신문광고의 정치경제학

가령 '나눔을 실천하는 기업'으로 자신을 포장하는 삼성의 이미지 광고가 적잖은 독자에게 삼성의 '비자금 경영'이나 '황제 경영'을 어떻게 호도해왔는지 짚어볼 필요가 있다.

신문기업으로서도 신문이라는 상품은 독자에게 신문을 팔아 수익을 올리는 동시에 광고를 통해 이익을 얻는다. 논리적으로 분석해보면, 신문은 광고주들에게 자신의 독자를 팔아 광고 수익을 얻는 셈이다.

우리가 어떤 신문을 구독할 때, 독자인 우리는 그 신문의 광고 영업에, 의도했든 아니든, 팔리고 있는 셈이다. 그것은 신문을 깊이 읽을 때 우리가 알고 있어야 할 신문의 상품적 특성에 그치지 않는다. 신문에 대해 독자로서 주권을 주장할 수 있는 현실적 근거다. 넷째 마당에서 더 살펴보겠지만 독자들이 벌인 '광고주 불매운동'의 정당성도 여기서 찾을 수 있다.

지금까지 살펴보았듯이 신문 자체가 정치경제 현상이고 신문지면이 그 토대 또는 하부구조인 광고로부터 자유롭지 못하다면, 우

리의 신문 읽기는 당연히 경제면과 정치-사회면에 놓인 '깊은 협

곡'(캐즘)을 넘어서야 옳다.

"우리 아이 입학 선물, 돼지 저금통 대신 펀드 통장 어떨까"

『조선일보』가 경제면 머리로 그림과 표까지 동원해 사뭇 산뜻하게 편집한 기사의 표제다(사진 16). 먼저 이 기사를 선입견 없이 읽어보자.

주부 이정은(35)씨는 초등학교에 입학하는 딸을 위해 어린이 펀드 상품에 월 20만원씩 적립하기로 했다. 대학 입학 때 목돈으로 선물할 수도 있고, 일년에 여름·겨울방학 두 차례에 걸쳐 '어린이 역사·경제 탐험대'에도 갈 수 있어 경제교육에도 도움이 된다는 얘기를 듣고서다. 입학시즌을 맞아 아이들에게 어린이 펀드를 선물 해보면 어떨까. 어린이 펀드란 어린이를 가입 주 대상으로 하는 펀드를 말한다. 일반펀드와 운용방식에서 큰 차이는 없지만 교육비 마련 등을 목적으로 장기 투자를 하고 중도 환매가 적다는 등의 특징이 있다. 장기 투자를 하다 보니 수익률도 높은데다 어린이 경제교육 등의 추가 혜택도 노릴 수 있어 일거양득의 효과를 볼 수 있다.

한 주부의 이야기로 시작한 기사에서 취재기자는 직접 "입학시즌을 맞아 아이들에게 어린이 펀드를 선물 해보면 어떨까"라고 묻는다. 대학 입학 때 '목돈 선물'이 가능하고 '해외 여행'은 물론, 경제교육에도 도움이 된다고 부추긴다. 기사는 이어 펀드의 종류와 수익률을 정리해 보여준다.

여기서 눈여겨볼 대목은 "연초 이후 마이너스 수익률"이 나타나고 있는데도 어린이 펀드를 적극 권장하는 데 있다. 더구나 "수익률 면에서 안정적"이라는 "자산운용사들의 설명"을 마치 객관적 사실처럼 기사화했다. 이어 몇몇 금융기관들의 어린이 펀드를 자세히 설명해주는 장문의 기사가 잇따른다. 기사는 '어린이 펀드 수익률 현황'이라는 표까지 친절하게 곁들인다.

게다가 어린이 경제교육에 도움이 된다는 기사를 쓰며 "자사 어린이 펀드 가입자 중 추첨을 통해 매년 두 차례 중국 상하이"로 보내주는 상품을 소개해준다. 3개월 단위로 어린이용 보고서인 『우리아이 눈높이 자산운용 보고서』를 발행, 보고서를 통한 어린이 경제교육의 기회를 제공한다는 사례들을 자세하게 덧붙인다.

기사만 보면 어린이 펀드를 자녀에게 선물하지 않는 부모는 시대에 뒤처지는 사람일 수밖에 없다. 기사는 어린이 펀드의 문제점

어린이 펀드 수익률 현황

펀드명	운용사	순자산액 (억 원)	수익률 1년	연초이후
Tops엄마사랑어린이적립식주식 1	SH운용	1,542	38.37	-9.25
KB뱅키루적립식주식	KB운용	913	38.12	-8.20
하나UBS황금돼지적립식주식ClassC	하나UBS	100	35.13	-11.46
농협CA아이사랑적립주식 1	NH-CA운용	1,439	35.11	-6.85
삼성착한아이예쁜아이주식종류형 1-A클래스	삼성운용	147	33.82	-9.67
미래에셋우리아이3억만들기주식G 1	미래에셋자산	8,351	30.90	-9.82
에듀케어학자금주식	SEI에셋운용	18	24.04	-10.94
하나UBS i-사랑적립식혼합 1	하나UBS	397	19.74	-4.88
KB사과나무채권 1	KB운용	35	3.65	2.17
일반주식 유형평균(427개 펀드)			29.91	-10.44

사진 16 『조선일보』 2008년 3월 6일자 B11면

은 전혀 보도하지 않는다. 물론, 기사의 마지막 대목에서 "어린이 펀드의 문제점"을 다룬다. 하지만 그 '문제'라는 게 묘하다. 기사의 마지막을 읽어보자.

어린이 펀드의 활성화가 미흡한 가장 큰 이유는 세제혜택 등이 없다는 점이다. 가입하는 은행 등 창구에서는 자녀 명의로 가입하면 자녀가 만 19세가 될 때까지는 1500만원, 20세 이후에는 3000만원까지 증여세가 면제된다고 하지만 이는 모든 펀드에 해당되는 공통 사항이다. 일부 상품은 이름은 어린이 펀드로 달았지만 운용에 있어 단기적인 수익에 급급해, 가입 전에 꼼꼼하게 따져볼 필요가 있다.

기사에서 어린이 펀드가 지닌 문제점은 고작 세제혜택이 없다는 데 있다. 비단 『조선일보』만이 아니다. 기실 어린이 펀드를 권하는 기사는 『조선일보』에 앞서 경제신문들이 먼저 편집했다. 가령 『서울경제신문』은 「고사리손들, 우리도 펀드 투자자 / 푼돈이 목돈으로 … 돈의 소중함도 배워요」 제하의 기사(2007년 11월 26일자)에서 다음과 같이 쓴다.

> 가정주부 채나연(39)씨는 9살짜리 아들 성주의 적금통장 500만원을 깨서 성주 명의로 어린이펀드에 가입했다. 성주가 태어난 후 친지들로부터 받은 용돈을 그때그때마다 적금통장에 넣어왔지만, 이제는 아들에게도 경제교육이 필요하고 장기적으로 투자하면 기대 이상의 수익도 올릴 수 있을 것이라고 판단했기 때문이다. 실제로 성주가 다니는 학교의 학부모 모임에 참석해보면 아이들을 위해 펀드에 가입했다는 사람들이 꽤 많다.

『조선일보』보다 넉 달 앞선 기사인데 두 신문의 기사 구성이 비슷하다는 사실을 발견할 수 있다. 더 큰 문제는 보도 시점이다. 『서울경제신문』이 보도할 때와 달리 『조선일보』가 보도한 시점은 이미 펀드의 거품이 드러나던 시기였다.

그럼에도 어린이에게 펀드투자를 부추기는 신문을 어떻게 읽어야 할까. 대자연 속에서 놀이에 몰입하거나, 무엇인가를 만들고 창조하는 행복, 누군가를 위해 봉사할 때의 보람을 키워가야 할 어린이들에게 펀드 투자를 가르치는 게 과연 옳은 걸까.

물론, 독자들로서는 복지제도가 갖춰져 있지 못한 상황에서 "어린이펀드 하나면 대학등록금 걱정 끝"이라는 문구가 큰 '유혹'일 수도 있다. 하지만 당장의 학비보다 중요한 것은 그 어린이가 평생을 살아갈 우리 사회의 정치경제 틀이고, 그 틀을 어린이가 정확하게 인식하고 그 틀 안에서 발생하는 문제에 대처하는 능력이다.

무엇보다 어린이를 어린이답게 하는 고갱이는 돈이 아니라 꿈이다. 삼성그룹 이건희 회장의 딸로 20대 중반 나이에 이미 수천억 원의 금융 재산을 가졌던 이윤형의 자살(2005년)에서도 확인할 수 있듯이, 돈은 결코 행복의 '보증수표'가 아니다.

그럼에도 우리 현실은 이미 황금만능주의가 지배하고 있다. 어린이들의 꿈이 '부자'가 된 지 오래다. 신문들이 틈날 때마다 '부자아빠'를 조명하고 권장해온 까닭이다. 심지어 '부자엄마 부자아빠'라는 이름의 신문지면도 있다. 『동아일보』 재테크 특집 지면이 그 보기다. '은행상품 판촉 아이디어 경쟁'을 비롯해 금융 상품 소개와 유망종목 투자를 권하고 있다. 「대출 받아 집 살까?」 제하의 기사에서는 은행별 대출 관련 상품과 한도를 정리해 제시했다. '부자엄마 부자아빠'도 모자라 그 위에 지면 이름을 아예 '돈 좀 법시다'로 한 신문도 있다(사진 17, 18).

'부자엄마 부자아빠'를 찬양하는 '부자신문'을 읽는 독자들은 가랑비에 옷 젖듯이 물신주의에 젖어들 수밖에 없다. 이미 우리 사회 전반에 배금주의가 퍼져 있다. 그런 상황인데도 심지어 어린

사진 17 『동아일보』 2006년 10월 25일자 C1면
사진 18 『조선일보』 2008년 10월 29일자 B11면

이에게 '펀드' 투자를 권하며 '경제교육' 을 기사화하는 신문을 어떻게 읽어야 옳은가 성찰이 필요하다.

신문지면에 방송 화면이 가세하면서 사회 전반에 '펀드 바람' 이 불었고 초등학생들도 펀드에 줄줄이 가입했다. 하지만 어떤가. 2008년 9월, 한국 신문이 '금융선진국' 으로 추켜세웠던 미국에서 '금융위기' 가 터져 나왔다. 그 시점에 국내에는 총 2400만 개의 펀드계좌가 존재했다. 가히 '전 국민의 펀드화' 시대였다.

여기서 먼저 짚어야 할 것은 경제기사를 그 기사가 편집된 지면에 따라 '경제생활 정보' 로만 읽거나 그 생활정보를 믿고 투자한 독자들이 부닥친 '좌절' 이다. 이른바 미국 월스트리트의 '첨단 금융기법' 이 얼마나 '주먹구구' 였는지 명확하게 드러나기 이전에도, 국내 전문가들 가운데 경제 흐름이 곧 한계에 부닥치리라고 경고한 사람들이 적지 않다. 다만 그런 분석과 경고가 신문지면에 기사화되지 않았을 뿐이다. 미국의 금융위기가 불러온 펀드 폭락 사태는 국내 경제 흐름이 국제 정치경제의 동향과 직접적 연관성을 맺고 있다는 사실을 새삼 확인해주었다.

하지만 '어린이 펀드투자' 나 '부자엄마 부자아빠' 를 권하는 신문들이 그 지면을 읽는 독자에게 준 경제적 손실은 그 지면이 독자들의 사고를 특정 경제체제 틀로 가두어온 일에 견주면 차라리 사소한 문제일 수 있다.

가령 어린이에게 펀드통장 가입을 부추기는 기사는 단순히 '부자' 문제로 그치지 않는다. 국가재정의 급격한 팽창으로 세계 금융위기가 '수습'되어 펀드수익이 다시 이익으로 돌아선다고 하더라도, 문제의 본질은 전혀 달라지지 않는다. 의도했든 아니든 어렸을 때부터 '불로소득의 기쁨'을, 배금주의를 익힐 수밖에 없기 때문이다. 펀드에서 돈 불리는 데 몰두할 때 그 어린이가 노사관계를 어떻게 '학습'할지는 불을 보듯 뻔하다. 노동자들의 정당한 요구를 자신에게 불이익을 준다는 이유만으로 '불온'하게 '학습'할 가능성이 높다. 어린이 자신이 노동자로 살아갈 가능성이 십중팔구인데도 정반대의 세상 읽기 틀이 갖춰져 가는 셈이다.

신문을 무비판적으로 읽으면 노사관계를 민주주의 성숙이라는 관점에서 바라볼 수 있는 길이 원천적으로 차단될 수밖에 없다. 경제면을 넘어 경제를 읽어야 할 이유가 바로 여기 있다.

실제로 경제와 정치는 신문지면 이전에 현실세계, 곧 삶의 일상에서 서로 깊숙이 '침투'해 있다. 신문시장을 독과점한 신문들이 온 국민에게 '부자아빠 부자엄마' 되기를 권하는 사회, 4800만 인구에 2400만 개의 펀드계좌가 있는 나라에서 '전 국민 성공시대'를 공약한 '부자' 이명박 후보가 대통령에 당선되는 흐름은 자연스러움을 넘어 필연일 수 있다.

더구나 신문사가 경제기사를 정치적 의도 아래 편집해가고 있다는 사실을 신문 읽기에 앞서 독자가 염두에 두고 있어야 한다. 구체적 보기를 들어보자.

「부산 대구엔 추석이 없다」 제하의 『동아일보』 1면 머리기사는 "경기침체 '썰렁한 한가위' 현지르포"라는 부제를 달았다(사진

19). 기사는 "금년 가을, 부산시민들의 가슴은 답답하다. 천고마비, 청명해야 할 가을하늘이 잿빛처럼 느껴진다. '한국 제2의 도시'라는 수식어는 잊혀진 지 오래다"라고 사뭇 감성적으로 시작한다. 기사는 이어 신발업체와 건설업체들의 부도로 대구와 부산 경제가 어렵다고 썼다.

그런데 문제가 된 기사의 구성 자체에서 치명적 오류를 발견할 수 있다. 전국 도별 부도율 표가 그것이다. 정작 표를 읽어보면 광주 지역 부도율이 가장 높게 나타나 있다. 결국 기사 자체가, 앞뒤가 맞지 않는 논리로 구성된 셈이다.

문제의 머리기사를 읽고 뒤늦게 그 사실을 발견한 『동아일보』는 그럼에도 1판의 기사를 들어내지 않았다. 결국 수도권에 배달되는 최종판까지 1면 머리 그대로 편집해서 내보냈다(사진 20). 다만 기사의 모순을 드러낸 표만 삭제했을 뿐이다. 아울러 대구 지역 부도 기업에 대한 내용을 추가하고 표제와 부제도 약간 바꿨다. 사실을 생명으로 해야 할 신문사가, 1면 머리기사의 핵심 내용이 사실이 아닌 주장임을 확인한 뒤에도 '분식'을 해서 그대로 내보낸 사실은 한국 신문의 '사실 확인'이라는 게 얼마나 자의적인가를 상징적으로 보여주는 보기다.

그렇다면 왜 『동아일보』는 조금만 들여다보아도 논리가 맞지 않는 기사를 최종판에서까지 1면 머리로 고집했을까. 『동아일보』가 문제의 기사를 작성하기 한 달 전에 자체 조사한 결과, 영남 지역 구독률이 『조선일보』와 『중앙일보』에 견주어 열세로 나타난 사실

"釜山 大邱엔
추석이 없다"

경기침체 '썰렁한 한가위' 現地르포

신발 건설업체 잇단 不渡로 '찬바람'

어음부도율 (단위 %)			
	5월	6월	7월
전국	0.19	0.16	0.35
서울	0.18	0.14	0.36
부산	0.24	0.28	0.20
대구	0.16	0.56	0.40
인천	0.28	0.33	0.17
광주	0.22	0.45	0.56
대전	0.19	0.13	0.22

자료 한국은행

〈A8면에 관련기사〉

사진 19 『동아일보』 2000년 9월 9일자 1판 1면

"大邱 釜山엔
추석이 없다"

'不渡 직격탄' 피해지역 現地 르포

[대구] 우방 피해 1300여社 [부산] 신발업체 연쇄도산

〈A8면에 관련기사〉

사진 20 『동아일보』 2000년 9월 9일자 최종판 1면

과 관련이 있다. 『동아일보』 고위간부들은 영남 지역 독자를 늘리기 위해 당시 호남 출신 첫 대통령인 김대중 정권을 비판하는 게 방법이라는 데 의견을 모았다고 한다. 『미디어오늘』에 따르면, 사주인 김병관 회장은 추석 직전에 고위 간부들에게 보낸 '편지'에서 영남 지역에 '신경'을 쓰라고 지시했다.

더 정확한 이유는 그로부터 1년 뒤 『동아일보』 현직 논설위원의 토론회 발언에서 확인되었다(경향신문 2001년 10월 24일자). '언론개혁과 뉴미디어 정책토론회'에 토론자로 나선 『동아일보』 논설

위원은 "정부의 언론탄압 조치가 영남 시장 확보를 위해 DJ 비판기사를 브레이크 없이 경쟁적으로 과장·확대·왜곡해서 써온 이들 3개사(동아·조선·중앙)에 정부가 '괘씸죄'를 적용했기 때문일 것"이라고 발언했다. 「부산 대구엔 추석이 없다」는 기사가 실리게 된 배경을 설명하는 와중에 나온 말이었다. '언론탄압'을 부각하려다가 얼결에 자신들의 의도를 실토한 셈이다.

신문들이 영남의 독자를 확보하기 위해 사실까지 왜곡해가며 김대중 정권을 비판했다는 '실토'는 곰곰 짚어볼 사안이다. 신문사가 지역감정 해소에 나서기는커녕 되레 자신의 경영 이익을 위해 그 망국적 현상을 증폭시켰다는 사실을 뜻하기 때문이다. 더구나 "DJ 비판기사를 브레이크 없이 경쟁적으로 과장·확대·왜곡해서 써온 3개사"의 목적은 단순히 '영남 시장 확보'가 아니었다. 자신들의 이해관계와 정치적 의도가 깔려 있기 때문이다. 어떤 '이해관계'와 '정치적 의도'가 담겨 있는지 자세히 톺아보자.

우리가 생생하게 경험했듯이 신문시장을 독과점한 『조선일보』 『동아일보』 『중앙일보』는 한나라당과 깊은 연관을 맺고 있다. 심지어 보수적인 언론학자들이 탄핵방송에 대해 '편파방송'이라고 주장한 보고서에서도 세 신문과 한나라당의 연관성을 적시할 정도다. 한국언론학회가 낸 『대통령 탄핵 관련 TV 방송 내용분석 보고서』(2004)가 그것이다. 보고서는 "언론매체들은 그들이 대리하는 권력과의 공조관계를 지속적으로 유지하면서 정파적 성향을 더욱 노골적으로 드러내기 시작했다"며 "이른바 빅3으로 불리는 조선, 중앙, 동아일보는 한나라당의 후원자로서, 진보·좌파 이념에 동조적인 한겨레신문과 공영방송은 집권 여당의 후원자로서 각각 활동하면서 권력투쟁의 대리인 역할을 수행하였다. 이른바 권력투쟁의 전선이 언론매체에까지 확대되었던 것"이라고 서술했다.

문제의 보고서는 『한겨레』와 공영방송도 '정파적'이라고 주장한다. 사안의 시시비비를 엄밀하게 분석하지 않고 세 신문과 『한겨레』 모두 정파적이라며 '조중동'과 동일선상에서 규정하는 게 과연 균형 있는 학문적 판단인지, 아니면 시시비비를 엄밀하게 분석하지 않은 채 펴는 안이한 주장인지에 대한 판단은 우선 유보하자. '정파적 신문 읽기'의 타당성에 대해서는 이 책에서 차차 논의하겠지만, 여기서 중요한 사실은 자칭 '보수주의' 언론학자들 눈에도 세 신문은 "한나라당의 후원자"로서 "활동"해왔다는 점이다.

하지만 세 신문과 한나라당이 닮은꼴이라는 인식 정도에만 머문다면 신문 읽기의 초보에 지나지 않는다. 자칫 '정파적 신문 읽기'로 떨어질 위험성도 있다. 신문 읽기의 혁명이 한 단계 더 나아가야 할 이유도 기실 여기에 있다.

무엇보다 먼저 세 신문과 한나라당이 왜 '연대'하고 있는가를 조금 더 깊이 분석할 필요가 있다. 앞서 영남 지역 독자 확보를 위해 비난기사를 쓴 사례에서 엿볼 수 있듯이, 신문이 특정 정당과 '친화성'을 보일 때에는 자신의 경제적 이해관계가 짙게 깔려 있다. 바로 그 경제적 이해관계를 정확히 짚을 때 정파적 판단에서 벗어날 수 있다.

　두루 알다시피 한나라당은 1997년 11월, 대통령선거를 한 달 앞두고 당시 김영삼 대통령 중심의 신한국당을 이회창 후보 중심으로 이름을 바꿔 '신장개업'한 정당이다. 신한국당의 뿌리는 깊게 뻗어 있다. 1995년 김영삼이 전두환-노태우를 전격 구속하면서 기존의 민자당 이름을 바꿔 신한국당을 '창당'했다. 하지만 김영삼 정권의 실정과 부패에 더해 외환위기까지 겪으면서 그 이름으로는 도저히 대선에 나서기가 어려웠던 게 당명을 바꾼 가장 큰 이유다. 민자당은 노태우가 대통령으로 있을 때, 당시 집권여당이었던 민정당을 김영삼의 민주당, 김종필의 자민당과 합당해 만든 정당이다. 그 본류가 민정당에 있음은 말할 나위도 없다. 그렇다면 민정당은 어떤 정당인가. 1980년 쿠데타와 오월학살로 집권한 전두환이 만든 당이다. 민정당이 '민주정의당'의 줄임말이라는 해석에 이르면 정치언어의 문제점을 새삼 실감하게 된다.

　민정당 또한 갑자기 나타난 정당은 아니다. 그 모태는 박정희가 만든 공화당이다. 더 거슬러 올라가면 공화당은 이승만의 자유당과 잇닿아 있다. 결국 당명이 그 시대 권력자에 맞춰 계속 바뀌어 왔음을 발견할 수 있다. 이승만의 자유당, 박정희의 공화당, 전두환의 민정당, 노태우의 민자당, 김영삼의 신한국당이 그것이다.

　하지만 1997년 대선에서 이회창은 후보 시절부터 당명을 바꾸는 '수고'를 했음에도 김대중에게 패배했다. 한나라당이 충격을 받은 것은 당연했다. 단 한 번도 야당 경험을 해보지 못한 정당이어서 곧 공중분해될 것이라는 전망까지 거침없이 나오기도 했다.

집권자를 중심으로 '양지'를 찾던 무리가 야당에 계속 몸담을 가능성이 적을 것이라는 분석이었다.

그 분석은 결과를 보아도 확연하게 틀렸다. 한국 정치에 큰 영향을 끼치는 중요한 변수를 간과했기 때문이다. 무엇일까? 바로 신문이다.

1997년 12월 대선에서 김대중 후보의 당선은 비록 김종필과의 연합(DJP)이라는 성격을 지니고 있었지만, 대한민국 헌정사상 첫 평화적 정권 교체였다. 그래서다. 김대중 정권의 출범은 집권자의 권력 주변에서 들끓던 정상배들에게만 위기가 아니었다. 바로 그 집권세력과 30여 년에 걸쳐 '밀월관계'로 온갖 특혜를 받으며 성장해온 신문들로서도 정치경제적 위기였다. 신문이 정치인 김대중에 대해 집요하게 '지역감정'을 조장하는 것은 물론, '색깔'을 덧칠해왔기에 더 그랬다. 언론개혁의 사회적 요구 또한 언론계 안팎에서 이미 거세게 일고 있었다.

따라서 한나라당과 세 신문이 손잡는 것은 필연이었다. 오랜 세월에 걸쳐 이해관계가 같았기 때문이다. 한나라당이 되살아나는 과정에서 세 신문은 튼튼한 동반자였다. 동시에 언론개혁의 사회적 압력에 몰리고 있던 세 신문에게도 정치권의 한나라당은 기댈 '언덕'이었다. 그 과정에서 한나라당과 세 신문은 '지역정서'를 적극 부추겼다. 정치활동과 신문지면을 통해 영남에 거주하는 사람들의 지역정서를 교묘하게 선동하며 '악용'해갔다. 앞서 소개한 「부산 대구엔 추석이 없다」 제하의 『동아일보』 1면 머리기사가 대표적 물증이다.

언론사 세무조사로 신문사 사주들의 천문학적 탈세 규모가 드러나 대법원 판결까지 났으면서도 그 사주들이 '건재' 할 수 있었던 까닭도 탈세라는 엄연한 불법 범죄행위를 생뚱맞게 '언론탄압'의 문제로 몰아간 한나라당과의 연대가 있었기에 가능했다.

기실 세 신문은 박정희 군사독재 시절에 신문사 진입장벽으로 인한 광고 독과점, 차관 특혜, 세제 혜택, 세무조사 성역과 같은 온갖 특혜를 받으며 대기업으로 성장해왔다. 지면에 미세한 차이는 있었지만 세 신문 모두 박정희의 3선 개헌과 유신체제를 적극 찬양하고 나섰으며, 전두환 일당의 오월 학살극마저 비호하고 전두환을 '구국의 영웅' 으로 추어올렸다. 다시 대통령 직선제로 바뀌었을 때 그들이 노태우 후보에 이어 김영삼 후보, 다시 이회창 후보를 노골적으로 지지했던 지면도 독자들은 생생하게 기억할 터다.

김대중 정권 임기 말에 불거진 그의 아들들의 비리로 한나라당과 세 신문은 다시 힘을 얻기 시작했다. 2002년 봄에 12월 대선에서 이회창 정권이 들어서리라고 전망한 사람이 훨씬 많았던 이유이기도 하다.

하지만 예상하지 못한 일이 일어났다. 세 신문의 눈치를 전혀 살피지 않고 적극적으로 언론개혁에 대해 발언한 정치인 노무현이 집권세력의 후보로 선출되고 노사모(노무현을사랑하는사람들의 모임)가 열정적으로 나서면서 2002년 12월 19일 대선은 '살얼음

승부'로 바뀌었다. 바로 그래서다. 『조선일보』가 선거 당일 한밤 중에 사설을 바꿔가며 「정몽준, 노무현을 버렸다」를 내보낸 사실을 우리는 이미 『신문 읽기의 혁명』 1권에서 짚어보았다.

노무현 정권 5년 내내 한나라당과 세 신문은 서로 도움을 주고받았다. 그 과정에서 신문은 철저하게 정파신문으로 전락해갔다. 신문시장을 독과점한 세 신문의 도움으로 한나라당은 마침내 2007년 12월 대선과 2008년 4월 총선을 통해 청와대와 국회를 모두 장악했다. 그 과정에서 신문시장을 독과점한 세 신문은 한나라당의 '반김대중, 반노무현'이라는 정치적 명분 아래 자신들의 경제적 이해관계를 적극 지면화해왔다. 한나라당과 세 신문의 '연대'에는 한나라당이 정치적 기반으로 삼아온 영남 지역의 지역정서가 큰 몫을 담당해왔다.

물론, 민주당 또한 호남 지역에 바탕을 두고 있는 것 또한 사실이다. 하지만 세 신문이 한나라당과 영남 지역 주민 사이에서 접착제 구실을 하듯이 민주당과 호남 지역을 연결하는 매체는 없다. 더러 『한겨레』와 『경향신문』을 그렇게 분석하지만, 두 신문에서 지역감정을 조장하는 기사나 논평, 편집을 찾아보기는 어렵다. 더구나 두 신문은 이라크 파병이나 비정규직 노동자들의 확대, 한미 FTA에 대한 비판에서 확인할 수 있듯이 노무현 정권을 무조건 옹호하지도 않았다. 반면에 세 신문에서 지역감정 조장은 얼마든지 확인할 수 있다.

문제는 이명박 정권이 들어서고 한나라당이 국회까지 장악했는

데도, 권력을 감시하는 게 본령인 세 신문의 정파적 신문편집 틀이 전혀 나아지지 않은 데 있다. 가령 21세기 첫 10년대가 저무는 2009년 설날에도 지역감정을 부추기는 보도가 어김없이 등장했다. 설을 맞아 『조선일보』 정치부의 여·야당 출입기자 팀장이 각각 한나라당과 민주당 국회의원의 귀성 활동을 동행해 작성한 기사를 읽어보자.

기사는 전문에서 "설 연휴기간 동안 각각 대구·경북과 호남 지역에서 설 인사를 하는 국회의원들과 동행하며 지역 민심을 알아봤다"며 "최근 정국 현안인 용산 철거민 참사 사건과 입법전쟁에 대한 두 지역 분위기는 대조적이었다"고 간추렸다. 여기서 '용산 철거민 참사'는 설 연휴 직전에 서울 용산 재개발 현장에서 철거민들이 망루에 올라간 지 하루 만에 경찰특공대가 투입돼 철거민 5명과 진압경찰 1명이 불에 타 숨진 사건을 이른다. '입법전쟁'은 과반의석을 확보한 한나라당이 기득권 세력의 이익을 강화하는 법안을 충분한 여론수렴 절차도 없이 강행처리하려는 데 맞서 민주당과 민주노동당이 물리적으로 맞선 사건이다.

『조선일보』 기사는 먼저 "대구·경북의 민심"이라며 「대통령 일 좀 하게 해줘라」라는 큼직한 제하에 다음과 같이 썼다(사진 21).

24일 오전 7시30분, 대구 수성구 범물동 유천탕. 귀향활동을 위해 내려온 한나라당 원내 수석부대표인 주호영 의원이 탕 속에 몸을 담그자, 곳곳에서 질책성 '환영인사'가 터져 나왔다. 전직 공무원 출신이

사진 21 『조선일보』 2009년 1월 28일자 A4면

라는 60대는 목욕탕 안이 쩌렁쩌렁 울릴 정도로, "표 그렇게 마이(많이) 받아서 뭐하고 있노. 일하라고 줬으면 야당이 막아도 무조건 뚫어야지"라고 말했다. 그 옆에서는 "김석기(서울경찰청장) 자르면 안 된데이(안 된다). 백주 대로에서 화염병 던지는데, 가마이(가만) 놔둬야 되나. 전철연인가 뭔가는 6000만원이나 모아서 시위 준비했다며"라는 말도 나왔다. (…) 김기원(67·대구 수성구 범물동)씨는 용산 철거민 사건과 관련, "공권력을 바로 세워야 한다. 데모하면 봐주고 해서 이 지경까지 왔다"고 말했다. 그러자 마주보고 앉아 있던 이경희(66·대구 수성구 지산동)씨는 "생명은 소중한 거다. 책임질 사람은 져야 한다"고 반박했다. 그러나 일행 5명 가운데 4명은 김 청장을 경질해서는 안 된다는 의견이었다. 국회 내 폭력사태에 대해서는 민주당 탓을 많이 했다. 주 의원이 점심 배식 봉사를 위해 방문한 대

성보육원 최현자 원장(70)은 "저쪽은 똘똘 뭉쳐 법도 안 통과시켜주는데, 한나라당은 너무 무르다"고 말했다. (…)

이 기사 바로 옆에는 '광주·전남의 민심'이라며 「말만 앞서고 밀어붙이기만」 제하의 '탐방기사'를 편집했다. 앞의 대구·경북 지역 민심 기사와 비교하며 읽어보자.

"이명박 대통령? 말만 앞서지 제대로 하는 것 하나 있어?" 성긴 눈발이 날리는 25일 오전 전남 순천 북부시장. 국밥집 채필남(50)씨는 민주당 서갑원 의원이 손을 내밀며 "요즘 대통령 어떻습디까"라고 하자 대뜸 이렇게 말했다. (…) 경기 침체 때문인지 이 대통령 얘기가 나오면 대놓고 욕하기 시작하는 사람들이 많았다. 광주 택시기사 박노용씨는 "가난은 나라님도 구제 못한다는 말이 있긴 하지만 그래도 이 대통령이 경제 살리기 대신 불도저처럼 밀어붙이기만 하는 것 같다"고 했다. 용산 참사에 대해서도 정부를 나무라는 목소리가 압도적으로 많았다. (…) "경찰이 잘못한 것 아니냐. 대목도 닥치는데 얼마나 간절했으면 철거민들이 그렇게 했겠느냐"고 했다. 순천 임정림(62)씨는 "철거도 개인사업인데 (경찰) 특공대가 왜 거기에 가느냐. 힘없는 사람들만 구속하고 원인을 제공한 힘있는 사람들은 왜 가만 두느냐"고 흥분했다. 경기 침체의 여파는 호남에서도 실감할 수 있었다. 순천 북부시장 한복집 손정순(63)씨는 서 의원을 보자 "세상에 설인데 한복 한 벌이 안 팔리니 어떻게 살겠느냐"고 말했다. 강봉균

의원(전북 군산)은 "이번에 돌아보니 취직 민원이 늘었는데 도와줄 방법이 마땅치 않아 미안할 따름"이라고 말했다. 민주당이 치른 연말연시 '입법전쟁'에 대해서도 시선이 곱지만은 않았다. (…)

우리는 여기서 2000년 추석을 앞둔 『동아일보』 기사처럼 2009년 설날 『조선일보』 기사도 경제 문제를 중심에 놓고 정치기사를 썼다는 흥미로운 사실을 발견할 수 있다. '경제 문제'란 다른 게 아니다. 경기침체 또는 경제위기로 '서민'들이 살기 어렵다는 진단이다.

기실 신문에서 경제를 살려야 한다는 기사를 읽으면, 독자로선 먼저 눈길이 갈 수밖에 없다. 경제는 어려운데 정치인들은 싸움만 벌인다는 틀로 기사를 작성하면, 그럴듯하게 읽힌다. 하지만 과연 그럴까.

앞서 보았던 기사들을 다시 톺아보자. 경제난을 배경으로 지역 민심을 짚으면서 서민들의 경제 문제와 정치 문제를 이어주는 '고리'는 전혀 발견할 수 없다. 다만 경제난 속에서 '입법전쟁'으로 난투극을 벌이는 정치권을 바라보는 정서적 차이만 부각했다. 심지어 서울 용산의 철거민 참사에 대해서도 사건의 시시비비는 가리지 않고, 영남과 호남이라는 지역 틀로 바라보도록 편집했다. 오래 전부터 '지역감정'을 조장해온 언론이 지역에 터 잡은 한나라당과 연대해 용산 참사처럼 마땅히 시시비비를 가려야 할 사안까지 지역감정의 수렁으로 밀어넣은 대표적 보기다.

　　지금까지 기사를 살펴보았듯이 경제기사를 정치적 의도 아래 편집하고 있으면서도 대다수 신문이 정치와 경제를 전혀 별개의 현상처럼 편집하고 있는 데 유의할 필요가 있다. 당장 신문 자체의 외형부터 그렇다. 정치-사회면과 경제면을 별개의 묶음(섹션)으로 발행하고 있다. 종합일간지 대다수가 정치-사회면이 중심이 된 '본지'와 경제면을 나누어 발행한다. 가령 『조선일보』와 『동아일보』는 아예 '조선경제'와 '동아경제'라는 섹션 '제호'를 달아 발행하고 있다(사진 22, 23). 독자는 은연중에 정치-사회면 읽기와 경제면 읽기를 전혀 별개로 여기기 십상이다.

　　정치-사회면과 경제면의 분리는 단순히 형식적 틀의 단절만이 아니다. 대다수 독자도 나뉜다. 정치-사회면 중심으로 신문을 읽는 독자에게 경제섹션은 관심을 끌지 못한다. 아예 경제섹션은 옆으로 밀어놓고 정치-사회 읽기에만 집중하는 독자들도 적지 않다. 한국 국민 대다수가 정치에 무관심한 듯하지만 실제로는 한두 사람이 모인 곳 어디에서나 자연스럽게 '정치평론'이 나올 만큼 은근히 관심이 높은 영역이기에 더 그렇다. 신문을 보는 것 또한 정치판이 어떻게 돌아가고 있는지 들여다보고 싶은 욕구가 크기 때문이다. 젊은 세대 사이에 정치적 무관심 이야기가 나돌고 있는 상황에서 정치면에 대한 관심은 긍정적으로 볼 여지도 있다.

　　반면에, 정반대의 독자도 있다. 신문을 손에 들자마자 정치-사회면이 담긴 '섹션'을 팽개치고 경제섹션만 읽는 독자들이다. 경제섹션에 관심을 두는 이유는 무엇일까. 두말할 나위 없이 투자정

사진 22, 23 『조선일보』 경제섹션과 『동아일보』 경제섹션의 첫 면

보가 많이 실리기 때문이다. 종합일간지들의 경제섹션에 만족할 수 없어, 경제뉴스를 중심에 둔 경제신문을 즐겨 읽는 사람들도 많다. 경제지가 곰비임비 창간된 이유도 그만큼 수요가 컸기 때문이다.

경제면과 경제신문을 읽는 방법을 소개하는 책이나 인터넷 카페들도 부쩍 늘어났다. 가령 '신문 읽는 기술'에 대해 쓴 한 책의 저자는 "오늘날 같은 무한경쟁과 지식경영의 시대에서 경제면을 외면한 채 살아남기란 쉽지 않은 노릇"이라고 강조한다. '부자아빠'가 되길 적극 권장하는 인터넷 카페는 서슴없이 강조한다. "부자가 되려면 일간지 경제면을 끼고 살아라." 주식, 부동산, 환율, 금융, 유가, 금값과 같은 정보를 경제면에서 읽어야 경제동향에 밝아진다는 주장들도 이어진다. 경제면을 챙겨 읽기 시작하면, 하루라도 신문을 읽지 않을 때 입안에 가시가 돋는다는 말도 덧붙인다.

더 친절하고 자상한 배려도 있다. "출근시간 지하철에서 시시콜콜한 스포츠신문을 읽지 말고 경제신문을 꼼꼼히 읽어보라"거나 "전철이 만원이라 신문을 읽지 못했으면 회사에 출근해서 화장실 갈 때 경제면을 꼭 챙겨가라"고 덧붙인다. "화장실로 간 부하직원까지 호출하는 상사는 없을 테니까 되도록이면 느긋하게 이것저것 다 확인해보고 체크해보라"는 주문도 빼놓지 않는다.

실제로 많은 사람이 경제면을 읽고 경제신문을 구독한다. "세상은 광속같이 빠르게 변하고 있다"면서 "시대에 뒤떨어지고 정보가 약한 사람들은 부자가 될 자격이 없으니 일간지 경제신문을 끼고 살아라"라는 주문을 그냥 흘려듣고 살기란 쉽지 않다. 경제면이나 경제신문에 우리가 알고 있어야 할 정보가 실리는 것도 사실이다.

하지만 '어린이 펀드'를 권하거나 명절을 맞는 서민의 경제에 접근하는 기사와 편집에서 보았듯이, 신문을 정치면 읽기와 경제면 읽기로 분리해 볼 때의 문제점은 한두 가지가 아니다. 정치·사회 현상을 무시하고 경제면이나 경제신문만 읽는 신문 읽기 또한 마찬가지다.

단절되어 있는 경제기사와 정치기사를 서로 연결 지어 읽기, 그것이야말로 독자들의 신문 읽기를 한 단계 더 높이는 길이다. 추상적인 이야기가 아니다. 우리 개개인의 삶, 경제생활을 비롯한 자아실현이라는 인생 전반의 문제와 곧바로 이어진다. 기실 경제는 삶의 토대다. 경제생활 없이 그 누구도 존재할 수 없기 때문이다. 보기를 하나 더 들어 경제기사와 정치기사의 연관성을 명확하게 짚고 가자.

「대졸 초임 최대 28%까지 삭감」 제하의 기사가 구체적 보기다. 부제는 "30대그룹 일자리 나누기 동참"이다(사진 24).

한국 주요 그룹들의 '인위적 감원(減員) 없는 위기 극복' 전략이 '대졸(大卒) 신입사원의 임금 삭감'이란 전술로 구체화됐다. 30대 그룹 채용 담당 임원들은 25일 서울 영등포구 여의도동 전국경제인연합회에서 '고용 안정을 위한 경제계 대책회의'를 열고 대졸 신입사원의 연봉을 최대 28%까지 깎고 기존 직원의 임금도 최근 경제 상황에 맞게 조정키로 했다고 밝혔다. 전경련은 이날 30대 그룹의 의견을 취합한 '고용 안정을 위한 경제계 발표문'을 통해 "기업별로 대졸 초임이 2600만 원을 넘을 경우 경영 여건에 따라 최대 28%까지 삭감하고 2600만 원 미만인 기업도 전반적인 하향 조정을 유도할 예정"이라고 발표했다.

이 기사는 정치기사일까, 경제기사일까. 대다수 독자들은 당연히 경제기사라고 답할 게 분명하다. 전경련에 모인 30대 그룹 임원들이 결정한 일이고 실제 경제부 기자가 작성한 기사다. 기사는 이어 전경련이 내놓은 자료를 그대로 인용했다.

전경련이 이날 내놓은 '대졸 신입사원 임금수준 국제비교' 자료에 따르면 2007년 기준으로 한국의 대졸 신입사원들이 첫해 받는 연봉은 평균 2379만 원으로 일본의 1943만 원보다 400만 원 이상 많다. 두 나라의 경제 수준을 고려하면 이런 격차는 더 벌어진다. 같은 해 기준 1인당 국민총소득(GNI)은 한국이 1829만여 원, 일본이 3493만여 원으로 일본이 한국의 갑절 수준이다. 단순 계산으로는 한국 신입사원들은 한국 국민의 1인당 총소득의 1.3배를 버는 반면 일본 신입사원들은 일본 국민 1인당 소득의 55.6%를 받는다는 결론이 나온다.

대부분의 기업은 "대졸 신입사원 초임 삭감 취지에 공감하며 적극적으로 참여하겠다"는 뜻을 밝혔다. 한 주요 그룹의 임원은 "정치권에

사진 24 『동아일보』 2009년 2월 26일자 A8면

서 자꾸 요구하는 '무조건 투자 확대'는 경기침체로 매출이 줄어든 기업들에 '울며 겨자 먹어라'는 것이지만, 임금 삭감 방안은 고비용의 거품을 빼는 의미가 있어 '울고 싶은데 뺨 때려주는 격'"이라고 말했다.

이 기사를 읽는 독자들은 한국의 대졸 신입사원 연봉이 일본보

다 400만 원이나 많다는 사실에 일단 "문제가 있다"는 반응부터
보일 가능성이 크다. 더구나 기사는 30대 그룹의 대졸 신입사원
임금 삭감 발표가 '인위적 감원 없는 위기극복 전략'으로 긍정적
판단을 하게끔 첫 문장을 작성했다.

　기사만이 아니다. 『동아일보』는 같은 날 사설「기업, 초임 삭감
넘어 전체 임금체계 손질을」에서 한 발 더 나아간다. 사설은 "신입
사원에게 고통을 모두 떠넘기는 것은 옳지 않다"면서 "대기업은
이번 기회에 임금 체계의 '거품'을 과감히 빼야만 한다"고 주장했
다. 이어 "전경련은 노사 협상을 거쳐야 하는 기존 직원의 임금에
대해서는 '조정'한다고만 했다. 기업의 생사가 달린 경제위기 상
황에서 자기들 밥그릇만 챙기겠다는 노조 이기주의에 굴복해서는
안 된다"며, 노동조합의 동의를 받아야 할 사안인 "기존 직원의 임
금" 삭감도 요구했다.

　그러나 『동아일보』를 비롯해 대다수 신문들이 보도하고 그에 근
거해 논평한 전경련의 보도자료는 아주 기초적인 사실관계부터
틀렸다. 전경련이 비교 대상으로 한 일본 후생노동성의 대졸 초임
은 초과근로수당, 특별급여를 뺀 정액급여를 기준으로 한 금액이
고, 한국은 상여금을 포함한 월 임금총액이다. 똑같은 정액급여
기준으로 따지면, 우리나라 2007년 대졸 초임은 138만 원으로 일
본에 견줘 24만 원 적다. 더구나 전경련은 이미 공표된 2008년 통
계가 아니라 2007년 일본 경제단체연합회(경단련)의 통계를 인용
했다. 예외적으로 낮았던 2007년 환율(100엔에 790원)을 적용해 한

"대졸초임, 일본보다 많다? 전경련의 왜곡!"

상여금 고려않고 환율 790원대 2007년치 단순계산

전국경제인연합회가 30대 그룹의 대졸 신입사원 초임 삭감 계획을 발표하며 '한국의 대졸 초임이 일본에 견줘 높다'고 주장한 것은 사실과 다르다는 반박이 제기됐다.

김유선 한국노동사회연구소 소장과 전국민주노동조합총연맹은 3일 서울 영등포 민주노총 사무실에서 기자간담회를 열어 "전경련 주장과 달리 한국의 대졸 초임이 일본에 견줘 낮고, 오히려 격차가 확대되고 있다"고 밝혔다. 김 소장은 "일본 후생노동성이 조사한 대졸 초임은 초과근로수당, 특별급여 등을 뺀 정액급여를 기준으로 한 것인 반면, 우리나라는 상여금을 포함한 월 임금 총액"이라며 "전경련이 이를 단순 비교한 것은 잘못"이라고 지적했다. 정액급여 기준으로 보면, 우리나라 2007년 대졸 초임은 138만원으로 일본에 견줘 24만원 적다는 것이다.

전경련은 "우리나라 2007년 대졸 초임이 198만원으로 일본의 162만원에 견줘 높다"며, 초임 연 2600만원이 넘는 기업은 최대 28%까지 차등 삭감하겠다고 밝힌 바 있다.

전경련이 이미 공표된 2008년 통계가 아니라 2007년 일본 경제단체연합회(경단련)의 통계를 인용한 것을 두고도, 김 소장은 "예외적으로 낮았던 2007년 환율(100엔에 790원)을 적용하려 한 것 아니냐"는 의혹을 제기했다. 지난해 말 환율(100엔에 1394원)을 적용하면, 일본 대졸 초임은 288만원으로 우리나라 142만원의 갑절이다.

민주노총은 "전경련이 기본적인 사실조차 왜곡했다"며 대졸 초임 삭감 계획의 철회를 촉구했다. 황예랑 기자 yrcomm@hani.co.kr

사진 25 『한겨레』 2009년 3월 4일자 12면

국 대졸 초임이 높다는 걸 부각하려는 속셈이다. 하지만 2008년 말 환율(100엔에 1394원)을 적용하면, 일본 대졸 초임은 288만 원으로, 우리나라 142만 원의 갑절에 이른다.

민주노총이 한국노동사회연구소와 함께 기자간담회를 열어 한국의 대졸 초임이 전경련 주장과 달리 일본에 견줘 낮고, 오히려 격차가 확대되고 있다고 밝혔지만, '정정보도'를 낸 신문은 없었다. 신문시장을 독과점한 신문사들은 이를 묵살하거나 양비론으로 접근했을 뿐이다.

여론시장을 독과점한 신문과 경제신문이 사실 확인도 없이 전경련만 대변하는 모습은 아무래도 비정상적이다. 그 신문들만 보는 사람들은 여전히 한국의 대졸 초임 임금이 일본보다 높다는 '왜곡'을 '진실'로 여길 수밖에 없다(사진 25).

더구나 보기로 든 기사들은 단순한 경제기사가 아니다. 30대 그룹의 고심에 찬 결정이라거나 '전경련의 전략'으로 이해하기 쉽지만, 사실관계는 전혀 다르다. 정치와 직접적인 연관을 맺고 있다. 대졸 신입사원 임금 삭감은 이명박 정부가 그에 앞서 내린 '정책

李대통령 "임금 낮춰 일자리 나누자"

비상경제대책회의 언급… '대졸초임 인하' 검토

이명박 대통령은 15일 "고통 분담 차원에서 임금을 낮춰 고용을 늘리는 '잡 셰어링'(job sharing·일자리 나누기)에 대한 구체적인 대안을 강구해야 한다"고 말했다. 이 대통령은 제2차 비상경제대책회의를 주재한 자리에서 "청년 실업 대책도 중요하지만 무엇보다 일자리가 없는 가장들에 대한 대책이 시급하다"며 이같이 밝혔다. 특히 이 대통령은 김기환 국민경제자문회의 부의장이 '공기업이 먼저 대졸 초임을 낮추는 방안을 선도하는 것이 어떻겠느냐'라고 제안한 데 대해 "한번 검토해보라"고 긍정적 입장을 피력했다.

이 대통령은 또 "각 부처가 예산을 조기에 효과적으로 집행할 수 있도록 협의해서 전국적인 일용직 일자리 확충과 함께 소형 임대아파트 공급 등 주거 대책을 집중적으로 마련하라"고 지시했다. 아울러 "각 부처가 일자리 대책을 시행하면서 근로자 위주의 생각으로 정책을 마련하고 집행했으면 좋겠다"며 "노동관련 제도를 개선할 때도 근로자 고용에 도움이 되는 방향으로 진행돼야 한다"고 당부했다.

이 대통령은 이어 "각 부처 장관들은 재정 조기 집행 과정에서 소신을 갖고 책임감 있게 정책을 추진해달라"면서 "장관이 책임져주지 않으면 일선 공직자가 신속하게 결정을 내리기가 힘들다"고 말했다.

회의는 주로 일자리 유지와 창출을 위한 예산 조기 집행 대책 및 이 대통령이 제시한 '잡 셰어링' 방안에 초점이 맞춰졌다. 이영희 노동부 장관은 '잡 셰어링'과 관련, "각 개별 기업의 상황에 맞춰 노사가 한발씩 양보해 고통 분담에 나설 수 있도록 유도하겠다"고 보고했다. 전광우 금융위원장은 "주요 국가의 1인당 국내총생산(GDP) 대비 금융업계 대졸 초임을 비교해볼 때 미국이 61%, 일본이 135%, 한국이 207%로 가장 높게 나왔다"며 대졸 초임 인하 방안을 제시했다. 최종찬 국민경제자문위 위원은 "추가 경기 악화에 대비해 추경을 준비할 필요가 있다"며 "어려운 때일수록 적극적으로 재정을 투입하자"고 제안했다.

김정선기자

사진 26 『경향신문』 2009년 1월 16일자 6면

'결정'의 연장선 위에 있기 때문이다.

정치면과 경제면을 유의해서 읽는 독자라면 이미 전경련 발표보다 한 달 앞서 보도된 청와대 기사에서 30대 그룹의 대졸 초임 삭감 기자회견을 충분히 예상할 수 있었다.

이명박 대통령은 2009년 1월 15일 청와대 지하벙커에서 비상경제대책회의를 주재하고 경제위기 극복 방안과 관련해 임금을 낮춰 일자리를 나누는 대안을 강구하라고 지시했다(사진 26). 이날 회의엔 14개 부처 상황실장이 모두 참석했다. 그 자리에서 대졸 초임을 낮추는 방안과 "공기업이 먼저 선도"하는 방안을 논의했다. 그 뒤 116개 공기업은 대졸 초임을 평균 14% 정도 깎아 연봉 2500만 원 수준으로 맞출 것을 결정했다. '공기업 선도'라는 말에서 확인할 수 있듯이 대졸 초임 삭감을 보편화하려는 정치적 결정이 이뤄진 셈이다. 앞서 소개한 기사에도 나오듯이 대기업은 임금을 삭감하라는 청와대의 요구에 '울고 싶은데 뺨 맞은 격'으로 반겼다.

대기업 임금 삭감이라는 경제기사를 정치기사와 연결해 읽을 때, 신문 읽기의 '묘미'는 더 깊어진다. 신문 읽기에서 단순히 정파성만 유의할 게 아니라 정파성을 넘어 그것이 표출되는 '뿌리'를 파악할 때 신문 읽기의 새로운 지평이 열리기 때문이다.

경제면의 광고지면까지 정치경제와 연결해 읽을 때, 경제면과 정치면을 이어서 읽을 때, 경제면을 넘어 경제를 읽을 때, 우리는 정파적 신문 읽기를 벗어나는 첫걸음을 뗄 수 있다.

신문을 특정 정당과 연관 지어 읽는 관습에서 벗어나려면 기존의 '여당지/야당지'나 '정파적 조중동 비판' 차원을 넘어 광고주 곧 자본의 논리가 관철되고 있는 정치경제 현상을 읽어야 한다. 바로 그때 신문비평이 정파의 함정에 빠지지 않게 된다. 그렇다면 정파적 신문 읽기를 넘어서 신문을 평가하거나 비평하는 기준은 무엇인가를 짚어보자.

신문 품격의 황금 잣대

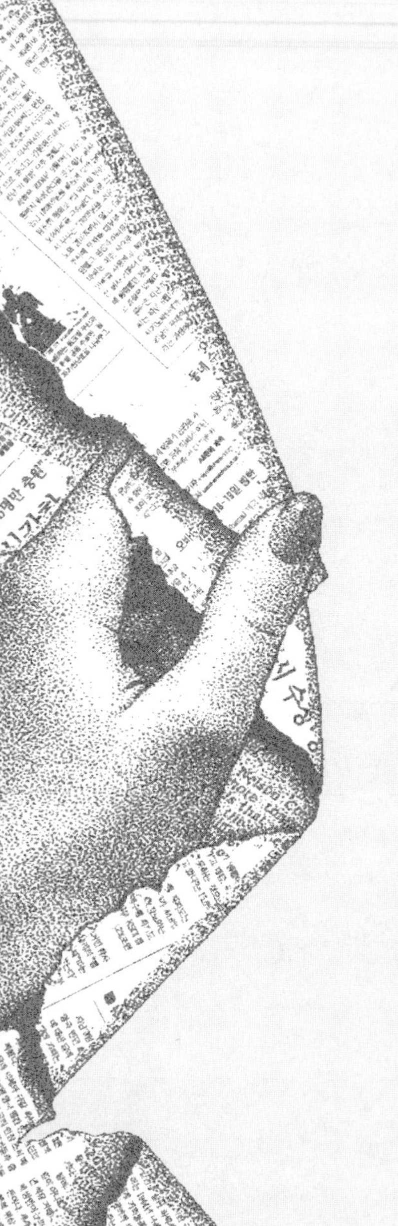

아침 사과가 건강에 좋다. 건강을 챙기는 사람들에게 '상식'처럼 퍼져 있는 말이다. 그래서일까. 자본이 튼튼한 조간 신문사들의 광고 '모델'이 우유에서 사과로 슬그머니 바뀌었다. 자신의 신문을 읽는 게 아침 사과 먹듯이 건강에 좋다는 걸 과시하는 광고다.

어떨까. 신문학 '원론'으로만 따져보면 아침 사과는 적절한 비유다. 바로 전날에 일어난 국내외 정치경제 현상과 사건들을 한눈에 파악할 수 있게 편집해서 알려주고, 앞으로의 전망을 제시하는 신문은 '정보화 사회'를 살아가는 현대인들에게 사과 못지않은 '건강식품'이 될 수 있다.

문제는 사과의 품질이다. 첫째 마당에서 신문이 정치경제 현상임을 살펴본 우리는 이제 정치경제 현상으로서 조간신문이라는 아침 사과의 품질을 결정하는 가장 큰 요인은 무엇일까라는 물음을 던질 때가 되었다. 그 물음은 신문을 읽을 때 그 품질을 평가할 '황금 잣대'의 문제로 이어진다. 황금 잣대는 우리 고대 설화에서 쓰인 '금척(金尺)'이라는 말에서 나왔다. 들쭉날쭉한 기준이 아니라 변함없는 기준을 이른다.

신문이라는 상품의 품질, 신문의 품격을 판단할 때 가장 먼저 꼽을 황금 잣대는 말할 나위 없이 진실이다. 진실은 저널리즘의 기본 윤리이자 생명이다. 언론학자들 사이에서도 '거의 완전에 가까운 합의'가 이뤄진 가치다. 미국 언론학계에서도 "진실(truth)은 언론과 커뮤니케이션 활동에서 가장 으뜸가는 표어"라고 아무 머뭇거림 없이 단언한다.

진실은 저널리즘의 윤리 이전에 저널리즘의 정의와도 곧장 이어진다. 저널리즘을 "지금까지 알려지지 않은, 새로운 실제(actual) 세계의 모습(feature)에 관한 진실한 진술 또는 기록이라고 주장하는 문자, 음성, 영상 형식의 저작된 텍스트"로 규정할 때, 진실은 저널리즘의 기본 조건이다. 말 그대로 진실은 언론의 고갱이다.

하지만 한국 언론은 처음 선보일 때부터 진실과 거리가 있었다. 『독립신문』을 비롯해 개화파가 주도해 창간한 신문들은 당시 제국주의 외세의 진실을 독자들에게 알리는 데 실패했다. 더 정확히 말하자면 되레 외세 쪽에 가담했다.

가령 우리는 지금 누구나 의병(義兵)을 '의병'이라고 말한다. 하지만 19세기 말, 조선 곳곳에서 의병이 살아 숨 쉬며 싸울 때, 그들이 장렬하게 전사해갈 때, 이 땅에서 발행되던 신문들은 의병을 '의병'으로 보도하지 않았다. 한글 신문인 『독립신문』은 의병을 일러 살천스레 '비도(匪徒)'라고 보도했다. 심지어 장렬하게 전사한 의병 뒤에 '놈'자를 서슴지 않고 붙였다. 의병과 비도는 어감이 달라도 이만저만 다른 게 아니다. 오늘의 시점에서 과연 누가 감히 의병을 일러 '비도'라고 말하겠는가. 의병을 비도로 잘못 쓴 기사는 단순히 언론윤리의 문제에 그치지 않는다. 의병을 의병으로 옳게 부르지 않음으로써, 그 시기에 더 많은 젊은이들이 의병에 참여하지 못하도록 막은 셈이다. 의병을 '비도'로 오해하여 학살에 가담하거나 모르쇠 했다고도 볼 수 있다. 결국 이 일은 조선이 일본 제국주의자들과 한 차례의 정규전도 치르지 않은 채 일본 식민지로 전락하는 데 큰 요인이 되었다.

왜 그랬을까. 개화파들의 국제정세 인식이 일본의 영향력을 벗어나지 못했기 때문이다. 일본에 다녀온 개화파들의 근본적 한계였다. 당시 개화파들이 발행하던 대다수 신문은 일본에 환상을 갖고 있었다. 일본에 호의적인 신문보도는 일본에 호의적인 여론 확산을 가속화했다. 심지어 당시 '시민운동단체'라 할 수 있는 대한자강회나 대한협회는 일본인을 고문으로 둘 정도였다. 대한협회는 친일단체 일진회와 간담회를 열며 유착관계를 다져갔다. 그들 사이에서 일본의 '보호국'이 되는 게 오히려 조선 문명의 진보를 위해 이롭다는 궤변이 나돌게 되는 데는 긴 시간이 걸리지 않았다.

여기서 의병을 비도로 보도한 사실을 이데올로기의 문제만으로 파악하는 『독립신문』 읽기는 옳지 못하다. 문제의 핵심은 왜 『독립신문』이 그 이데올로기에 젖어들었는지를 해명하는 데 있다.

의병을 비도로 보도한 신문을 제대로 읽는 핵심은, 다름 아닌 경제다. 이미 독립협회가 갑오농민군을 '동비(童婢)'로 인식한 데서 드러나듯이, 개화파와 애국계몽운동가들은 아래로부터 올라오는 민중의 요구를 불신하고 이를 '범죄'로 규정했다. 왜 그랬을까? 의병에 앞서 일어난 갑오농민전쟁 시기 농민들의 주된 요구에서 찾을 수 있다. 1894년 4월에 전주를 해방한 갑오농민군의 지도자 전봉준은 당시 관군과의 휴전조건으로 12개 조항의 개혁안을 내놓았다. 폐정개혁 12개 조항이 그것이다.

폐정개혁의 고갱이는 첫째 항 "동학교도와 정부와의 숙원을 없애고 공동으로 서정(庶政)에 협력할 것"에 있다. 바로 민중의 정치 참여다. '탐관오리의 죄상을 자세히 조사 처리'하고 '횡포한 부호'와 '불량한 유림과 양반'을 징벌하며 '노비문서를 불태울 것'에서 천명하듯이 신분제도를 정면으로 부정했다. 무엇보다 당시 토지를 소유한 지주들이 받아들일 수 없는 조항은 "토지는 균등하게 분작(分作)하게 할 것"이다.

개화파 세력은 엄격한 신분제도에 더해 토지 소유라는 기득권을 누리고 있던 지주들이었다. 그들에게 갑오농민전쟁에서 표출된 아래로부터의 토지 분배 요구는 쉽게 받아들일 수 없는 일이었다. 경제적 이해관계가 직결된 기득권을 내놓기란 고매한 이상을 좇는 일과는 별개인 결단을 필요로 하기 때문이다.

경제적 이해관계는 곧장 정치적 이해관계로 신문편집에 반영되었다. 가령 개화파들이 만든 신문들은 정치적 잠재력이 드러나고 있던 민중을 배제해갔다. 의회를 설립해야 한다고 제언하면서도 민중의 참여는 원천적으로 막으려 했다. 민중은 단지 계몽의 대상일 뿐이었다. 정치에 참여할 통로가 근본적으로 막혀 있던 민중이 참다못해 집단행동에 나서면 서슬 푸르게 엄벌하겠다고 협박했다.

개화파들은 자신들이 주도해 창간하고 운영한 신문에서 당대의 경제 문제 핵심인 토지제도를 결코 의제로 설정하지 않았다. 일본을 비롯한 제국주의 국가에 대한 그들의 인식이 '순진'했던 이유도 같은 맥락에서 분석할 수 있다. 갑오농민전쟁이 입증해주었듯 조선의 양반 계급은 외세를 끌어들여서야 아래로부터의 토지개혁 요구를 겨우 막아낼 수 있었다. 따라서 그들에게 제국주의 국가는 자신의 경제적 이익을 지켜줄 '보호자'로 다가왔다. 실제로 『독립신문』은 일본 제국주의자들에 대해 조선의 개화를 도와줄 세력으로 보도하고 논평했다. 심지어 조선과 청, 일본 세 나라가 일본을 맹주로 '공영체제'를 이뤄야 한다는 주장도 버젓이 편집했다.

물론, 개화파들이 만든 신문들이 역사 발전에 부정적 구실만 했다고 판단할 수는 없다. 유럽의 근대 사상과 제도를 전파하는 데 어느 정도 기여하기도 했다. 하지만 그 못지않게 중요한 사실은 그들이 만든 신문에 자신들의 정치경제적 이해관계가 고스란히 녹아들어 있다는 점이다. 밖(외세)과 결탁한 위(기득권 세력)로부터 아래(민중)를 배제하는 한국 공론장의 구조적 특성과 일치한다.

경제적 이해에 근거한 구조적 특성은 그 뒤 한국 언론의 전개 과정에서 언제나 되풀이되어 나타난다. 3·1운동이 열어놓은 공간에서 『조선일보』를 창간한 주체는 처음부터 친일 세력이었다. 『동아일보』는 창간 초기 '민중의 표현기관'임을 자임했고 이에 대해 적잖은 사람들이 기대도 했으나, 초대 사장이 박영효였다는 사실도 짚을 필요가 있다. 개화파의 거두로 『한성순보』 창간 과정부터 개입한 그는 나라가 식민지로 전락했을 때 '한일합방'에 기여한 공로로 일본의 후작이 된다. 이완용조차 후작보다 아래인 백작 작위를 받은 사실과 비교하면 그의 '공로'가 어떠했는지 짐작할 수 있다.

더러는 '친일 언론'을 '민족지'로 오해하거나 사뭇 너그럽게 '이해'하려는 독자들이 있다. 일제 강점기에 신문을 발행하려면 '어느 정도의 친일'은 불가피하지 않았느냐고 나무라기도 한다. 딴은 옳은 말이다. 민족지로서 신문을 발행하려고 '어느 정도의 친일'을 어쩔 수 없이 한 신문을, 오늘의 잣대에 비추어 '친일 신문'으로 비판하는 건 균형 잃은 주장이기 십상이다.

하지만 친일 신문들은 비단 일본 '천황 폐하'에 마지못해 형식적 충성을 바친 게 아니다. 일본 제국주의가 '육군 특별지원병 제도'를 만들자 친일 신문들은 조선의 젊은이들을 침략전쟁의 총알받이로 내몰았다. 일본이 조선인의 군 입대도 허락했다며 '지원병 제도'를 찬양하고, '황국 신민'으로서 "황국에 대하여 갈충진성

(竭忠盡誠)을 다할 것"을 촉구했다. 스스로 신문의 1면 사고(社告)에서 '자임' 했듯이 "대일본 제국의 언론기관"으로 적극 나서기도 했다. 지원병이 전사하자 "조선 지원병의 영예"라고 보도했다. 심지어 '영예의 전사자' 집을 찾아가 '가정 방문기'를 실었다. "전사는 남자의 당연사 / 부군 못지않은 부인의 결의"라는 기사는 차라리 섬뜩하다.

전사자의 부인까지 일제 찬양의 '도구'로 삼았다. 그래서다. 역설처럼 들릴지 모르지만 그들은 결코 친일 언론이 아니었다. 친일을 저지르지 않아서가 아니다. 정반대다. 단순히 친일 언론이라고 부를 수 없을 만큼, 일제에 적극 빌붙은 반민족 언론, 스스로 지면을 통해 주장했듯이 '일본제국의 언론기관'이었다.

적잖은 조선 청년들이 독립운동을 벌이던 시절에, 그들은 "성전에 참가하여 용감히 싸우는 지원병"이라는 '미명' 아래 "일본 군인으로 전장에 나가라"고 부추겼다. 아무리 이해하려 해도 적극적인 반민족 행위이자 선동이다. '지원병'의 어머니까지 동원했다. "이 어머니에 이 아들 / 자식은 나라에 바친다"라고 보도했다.

찬찬히 톺아보자. 선동에 속아 일본 군인이 된 조선 청년들이 총알받이로 개만도 못한 죽음을 당했을 때도 이를 '영예의 전사' 따위로 대서특필한 반민족적 행위까지 우리가 '관용'해도 과연 좋을까. 그들이 지면으로 조선 청년들을 사지로 내몰고 있을 때, 일본 기업의 광고를 유치하기 위해 일본인 광고주들을 '기생집'으로 불러 '대접'했다는 사실도 짚어야 옳다. 광고로 더 많은 돈을 벌기

사진 27 『조선일보』 1980년 5월 25일자

위해 지면을 통해 애먼 젊은이들을 침략자의 총알받이로 내몰아 죽게 했다고 하면, 과연 지나친 신문 읽기일까?

비단 아득한 과거만이 아니다. 한국 신문의 역사에서 이는 되풀이되어 나타난다. 가령 1980년 오월항쟁 당시 미국이 전두환을 수괴로 한 쿠데타 군을 지원한 이유도 미국의 정치경제적 이해관계가 짙게 깔려 있다. 그럼에도 학살에 동참한 미군을 찬양한 『조선일보』는 항쟁 당시 사회면 「'無政府 상태 光州' 1週/바리케이드 너머 텅 빈 거리엔 不安感만…」 제목의 머리기사에서 "바리케이드 뒤에는 총을 든 난동자들이 서성이고 있는 것이 멀리서 보였다"고 보도했다(사진 27). 민주시민을 '난동자'로 쓴 이 기사의 작성자는 그 뒤 『조선일보』 편집국장과 주필을 거쳐 2009년 현재 고문으로 활동하고 있는 '김대중'이다.

미국이 오월학살에 개입한 이유도 기존의 신문 읽기를 통해서는 파악할 수 없다. 정치기사와 경제기사를 전혀 별개로 읽을 때 진실을 알기 어렵다. 미국의 한국에 대한 관심, 그것은 철저하게 미국의 정치경제적 이익에 기초를 두고 있다는 사실을 우리가 새삼 명심할 필요가 있다. 그 당연한 사실을 국민 다수가 인식하지 못하는 이유는, 한국 신문이 정치와 경제를 나눠서 미국의 정치체제를 찬양하는 기사들을 편집해온 데 있다.

바로 그렇기에 한국 언론은 미국의 이라크 침략전쟁을 이해할 때도 진실을 놓치기 십상이다. 2003년 3월 20일 미국이 이라크를 침략한 다음날 신문을 보자. 『중앙일보』는 1면 통단으로 「美 지상군 이라크 진격」으로 표제를 구성했다(사진 28).

미국은 21일 새벽(현지시간 오후 8시30분) 이라크 남부로 공격을 개시, 미 해병과 이라크군 간에 포격을 주고받는 치열한 지상전이 전개됐다고 뉴욕 타임스가 보도했다. 앞서 미국이 20일 사담 후세인 이라크 대통령과 최고 지휘부를 겨냥한 조준 폭격에 이어 21일 새벽 이라크에 대한 전면 공습을 단행했다. 쿠웨이트 국경에 포진한 미 육군 야포들도 지상군 진격에 앞서 이라크 남부를 향해 일제히 포격을 개시했다.

『동아일보』도 주먹만 한 글자로 「미국, 후세인 제거 집중 공습」 제하에 다음과 같이 기사 첫 문장을 썼다.

미국은 이날 오전 5시30분(이라크시간 · 한국시간 오전 11시30분) 이라크 바그다드 시내의 주요 시설과 쿠웨이트 접경의 이라크 군기지 등을 공습했다. 유엔 안전보장이사회가 1차 결의안을 통과시킨 지 132일 만의 독자적인 군사행동이다. 이에 맞서 이라크는 쿠웨이트에 미사일을 발사, 이라크 공격이 향후 이스라엘까지 포함하는 중동전으로 비화될지도 모른다는 우려마저 낳고 있다. 또 미군은 이날 오후 8시(한국시간 21일 오전 2시)경 이라크와 국경을 접하고 있는 쿠웨이트 북부 사막지대에 주둔 중인 제3보병사단의 포대가 지상전의 첫 단계로 이라크군에 대한 포격을 개시했다고 AP통신이 전했다.

보기로 든 두 신문의 기사에서 볼 수 있듯이 거의 모든 한국 언론은 미국이 이라크를 침략한 전쟁을 "이라크 공격"으로 규정했다. 『중앙일보』는 전쟁 바로 다음날 벌써 "이라크 진격"이라는 표제를 썼다.

사진 28 『중앙일보』 2003년 3월 21일자 1면

그런데 어떤가. '침략'과 '공격'이라는 두 말을 들었을 때, 독자들은 두 말이 어감부터 다르고 뜻도 다르다는 사실을 단숨에 알 수 있다. 실제로 국어사전을 펴보면 다음과 같이 뜻이 확연하게 다르다.

- 침략: 정당한 이유 없이 남의 나라에 무력으로 공격함.
- 공격: 적을 쳐부수기 위하여 적극적으로 앞으로 나아감.

하나는 긍정, 하나는 부정의 뜻을 지닐 만큼 두 말은 대조적이다. 그런데 한국의 신문들은 두 말을 혼동해서 쓴다. 가령 미국과 이라크 사이에 벌어진 전쟁을 차분히 톺아보자. 미국 조지 부시 대통령이 이라크 전쟁에서 내세운 가장 큰 명분은 이라크 후세인 정권이 지니고 있다는 대량살상무기였다. 후세인이 대량살상무기로 언제 무슨 일을 저지를지 모른다는 주장, 또한 그가 알카에다의 세계무역센터 테러와 관련 있다는 게 전쟁을 벌인 이유였다. 하지만 미군이 이라크를 점령한 뒤에도 대량살상무기는 발견되지 않았다. 세계무역센터 테러와의 관련성도 드러나지 않았다. 한마디로 정당한 이유 없이 남의 나라를 무력으로 공격한 것이다. 국어사전은 그런 현상을 '침략'으로 규정해놓았다.

그렇다면 독자들은 냉철하게 짚을 필요가 있다. '미국의 이라크 침략'이 옳은 말인가, '미국의 이라크 공격'이 옳은 말인가. 국어를 아는 사람이라면, 국어사전을 찾아본 사람이라면, 그 답은 명확할 수밖에 없다.

그런데 현실은 어떤가. 정반대다. '미국의 이라크 침략'이라는 국어 표현을 오히려 '가치가 개입된 것'으로 생각한다. '미국의 이라크 공격'은 가치판단이 배제된 중립적인 표현으로 생각하기 십상이다. 신문과 방송이 '이라크 공격'이라고 곰비임비 쓰고 있기 때문이다. 미국의 '이라크 침략'이라고 말하면, 자칫 '색깔 공세'에 시달리는 게 우리 사회의 기막힌 현실이다.

바로 이 지점에서 우리는 진실을 올곧게 표현하는 게 생각보다 쉽지 않다는 사실을 확인할 수 있다. 의병을 '비도'로 표현하는 게 진실이 아님은 누구나 선뜻 인정할 터다. 그러나 이라크 침략을 '이라크 공격'으로 표현하는 게 여전히 '중립'이거나 '객관 보도'라고 주장할 사람은 과연 없을까.

게다가 『중앙일보』 표제에 쓰인 "진격"은 문제가 더 심각하다. 진격은 "적을 치기 위하여 앞으로 나아감"이라는 뜻으로 진공과 같은 말이다. 『중앙일보』 표제는 이라크가 우리의 적이라는 개념 설정을 전제하고 있다. 그 신문을 무비판적으로 읽는 독자들은 무의식중에 이라크를 적으로 삼을 수밖에 없다.

주목할 점은 당시 노무현 정권의 반응이다. 사진에서 또렷하게 나타나듯이 『동아일보』 1면 기사 바로 아래는 「盧대통령 '이라크 戰 美지지'」 제하의 기사가 있다. 기사는 다음과 같이 전한다.

노무현 대통령은 20일 오후 미국의 이라크 공격 개시 직후 대국민 특별담화를 발표하고 "미국을 비롯한 국제사회의 이번 행동은 이라크 문제를 평화적으로 해결하기 위한 외교적 노력이 실패로 돌아간 상황에서 대량살상무기의 조속한 제거를 위해 이뤄진 불가피한 조치라고 생각한다"며 미국에 대한 지지입장을 거듭 밝혔다.

미국이 이라크를 침략한 가장 큰 이유는 중동의 석유자원을 확보함으로써 미국의 패권을 영원히 지속하려는 경제적 의도, 더 정확하게 말하자면 '팍스 아메리카'를 영구화하려는 정치경제적 목표에 있다. 당시 대통령 노무현이나 언론들의 주장과 정반대로, 미국의 이라크 침략은 '대량살상무기'와 무관하고 '평화'와는 더더욱 무관했다. 신문이 하나의 사건에 개입할 때 정치와 경제를 별개로 바라보았기 때문에 나타난 결과다.

신문 읽기에서 진실의 중요성은 2008년 5·6·7·8월 전국을 밝힌 촛불집회에서 또렷하게 드러났다. 8월 15일 100회째 촛불집회를 연 뒤 촛불은 시나브로 꺼져갔지만, 신문과 민주시민 사이에 불거진 갈등은 전혀 해소되지 않았다. 촛불과 언론의 갈등은 2008년 4월 18일 미국을 방문한 이명박 대통령 일행이 미국산 쇠고기를 '30개월 미만의 뼈 없는 살코기'로 제한하던 노무현 정부의 수입 방침에서 두 조건을 모두 풀면서 불거지기 시작했다. 이명박 정부는 30개월 이상 쇠고기도, 뼈 있는 살코기도 모두 수입하기로 합의했다. 전면 수입에 시민사회에서 우려와 비판의 목소리가 나온 것은 당연했다.

그런데 『동아일보』는 「누굴 위해 미국 소를 '광우병 소'라 선동하나」(2008년 4월 24일자)라는 사설에서 쇠고기 협상 타결에 비판적 발언을 한 사람들을 겨냥해 다짜고짜 "반미"라고 몰아세웠다.

반미(反美) 성향의 일부 시민단체가 '미국산 광우병 소를 먹을 것입니까'라며 미국 소들이 광우병에 걸리기라도 한 것처럼 여론몰이를 하고 있다. 미국산 쇠고기의 안전성은 과학적 검증과 국제기준에 따라 판단할 일이다. 공연한 불안을 부추기는 선동은 국익과 소비자의 후생에 결코 도움이 안 된다.

이 사설이 나간 시점은 촛불집회 이전이다. 사설은 광우병에 대해 "1986년 영국에서 처음 발생한 이후 세계 25개국에서 보고됐지만 동물성 사료를 금지하고 관리를 엄격히 하면서 사라져 가는 추세"라고 지적했다. 이 말은 옳다. 사설이 밝히고 있듯이 광우병은 '사라져 가는 추세'이지 결코 사라진 게 아니다. 그게 '과학적 검증'이다.

실제로 촛불집회가 한창일 때, 캐나다에서 광우병 소가 발견되었다. 캐나다 쇠고기는 미국으로 자유롭게 수입된다. 더구나 병의 잠복기간이 10년 안팎임을 고려하면 불안감은 더 커질 수밖에 없다. 물론, 안전할 수 있고 기우일 수도 있다. 하지만 사람의 생명과 직결되는 일이기에 조금의 가능성이라도 있다면 막아야 옳다. 무분별한 수입을 비판하는 일과 '반미'는 더더욱 아무런 관계가 없다.

학교 급식으로 반찬 선택권이 자유롭지 못한 십대들이, 광우병에 대한 자신들의 우려를 처음 거리에서 표출한 것은 자연스러운 일이었다. 첫 촛불집회가 열린 날은 2008년 5월 2일이다. 1만여 명이 모여 미국산 쇠고기의 전면수입에 반대하는 촛불을 들었다. 바로 다음날 『조선일보』와 『중앙일보』는 각각 「수입쇠고기, 미 국 내용과 같다」와 「미국 쇠고기 안전」이라는 큼직한 표제 아래 정부 발표를 1면 머리로 편집했다. 『동아일보』는 1면 중간으로 편집했지만 자극적으로 표제를 달았다. 「미 쇠고기 괴담 근거 없어」가 그 것이다.

촛불 든 청소년과 시민들의 정당한 문제제기를 처음부터 '괴담'으로 규정한 『동아일보』는 같은 날 「反美(반미) 反李(반이)로 몰고 가는 '광우병 괴담' 촛불시위」 제하의 사설을 내보냈다. 급식으로 자신의 삶에 영향을 끼칠 문제에 청소년이 앞장선 것은 당연한 일인데도, 이 신문이 본 것은 온통 '반미'다. 십대 청소년들이 선도한 평화적 촛불집회가 주말까지 이어진 뒤 쓴 『동아일보』 사설 제목은 숫제 「다시 '촛불'로 재미 보려는 좌파세력」(2008년 5월 5일자)이다. 사설의 첫 문장부터 심상치 않다. "좌파 단체들이 미국산 쇠고기의 안전성 논란을 이용해 '정치적 재기'를 꾀하고 있다." 이 시점은 분명히 촛불집회의 초기였다. 그럼에도 붉은 색깔로 덧칠했다. 이어 5월 10일자에선 사설 제목으로 아예 「광우병 촛불집회 배후세력 누구인가」라고 추궁한다. "미국산 쇠고기 수입에 반대하는 대규모 촛불집회가 또 열렸다. 집회를 주최한 '광우병 위험 쇠고기 전면 수입을 반대하는 국민대책회의'에는 좌파단체와 인터넷모임이 대거 가담하고 있다"고 주장한 이 사설은 마침내 신문으로서 넘어서는 안 될 선까지 범하고 말았다.

일부 세력이 벌이는 '광우병 공포 세뇌'는 북한의 선전선동과도 무관하지 않은 것 같다. 북은 지난달 24일 평양방송을 통해 "이명박 역도가 미친소병 위험으로 미루어 오던 쇠고기를 아무런 제한조건도 없이 수입하기로 미국과 합의했다"고 주장한 뒤 발언 수위를 높여가고 있다. (…) '효순이 미선이'에서부터 광우병 괴담까지 촛불집회를 주도하는 세력의 코드는 친북 반미다. 대선과 총선 이후 무력감에 빠져 있던 이들이 대중의 먹을거리 공포를 자극하며 소요(騷擾)를 일으키는 것은 과연 누구를 위해서인가.

'반미'에, '좌파'에, 그것도 모자라 '북한'까지 연계해 색깔공세를 펴도 촛불은 수그러들기는커녕 더 타올랐다. 연일 계속되는 왜곡 보도에 항의하는 사람들도 늘어갔다. 더구나 자신들의 요구를 '괴담'으로 몰아친 세 신문이 과거에는 광우병의 위험성에 대해서도 기사화했던 사실이 드러나면서 시민사회의 분노는 더 커졌다.

가령 『동아일보』는 불과 1년 전 신문에서 「몹쓸 광우병! 한국인이 만만하니? … 미-영국인보다 더 취약」 제하에 광우병 위험성을 크게 부각했다(사진 29). 기사는 전문가의 입을 빌려 "한국인이 광우병에 걸린 쇠고기를 먹을 경우 인간광우병에 걸릴 확률이 미국이나 영국인에 비해 높을 수 있음을 시사한다"고 기사화했다.

『조선일보』의 현장기자 칼럼 '기자수첩'도 「뭘 믿고 고기 먹으라나」 제하에 "국민들의 증폭된 불안감 뒤에는 '불신'이 자리잡고 있다. 99.99% 안전해도, 정부가 나머지 0.01%의 위험관리를 확실하게 하고 있다는 믿음을 못 주는 것"이라고 기사화했다(사진 30). 『중앙일보』 또한 사설(2001년 2월 6일자)과 1면 기사(2003년 12월

사진 29 『동아일보』 2007년 3월 23일자 A24면
사진 30 『조선일보』 2003년 12월 29일자 A3면

26일)에서 광우병 위험성을 소개하며 "광우병 유입에 허점이 없는지 철저히 점검해야 한다"고 강조한 바 있다.

촛불집회의 규모는 갈수록 커져 6월항쟁 기념일이던 2008년 6월 10일에는 촛불집회 기간 중 최대 인파가 몰렸다. 100만 개의 촛불이 타올랐다. 세 신문조차 잠시 '눈치'를 보며 자극적 비난을 삼갔다. 하지만 세 신문은 촛불이 다소 수그러드는 조짐을 보이자 다시 색깔 칠하기에 나섰다. 『동아일보』 사설 「아이들을 좌파 홍위병으로 키우는 전교조」(2008년 6월 19일자)가 대표적 보기다.

"전교조는 '참교육'이란 미명 아래 이 나라 미래의 주인공들을 그
들이 원하는 사회변혁의 도구로 쓰기 위해 좌파 이념과 친북반미
의식교육에 매달려왔다"라며 촛불의 '배후'로 전국교직원노동조
합을 지목했다.

학교 급식으로 학생들이 우려하고 있을 때, 양심 있는 교사라면
당연히 학생들을 대변해야 옳을 터다. 사실을 사실대로 이야기하
는 교사들을 겨냥해 "아이들을 좌파 홍위병으로 키우는" 무리로
색깔공세를 벌이는 이 신문을 당사자인 교사들은 물론, 시민사회
가 어떻게 보았을까?

촛불의 힘으로 한미 사이에 추가협상이 벌어진 뒤 『동아일보』는
"미국과의 쇠고기 추가협상에서 30개월 이상 쇠고기가 수입되지
않도록 미 정부의 '품질체계평가(QSA)'를 통해 보장받는 데 성
공"했다면서 이는 "전면 재협상을 하더라도 더는 확보하기 어려운
수준"이라고 단정 지었다. "그런데도 일부 단체와 시위대, 그리고
이에 편승한 야당이 국가 통상대계를 뒤흔들 재협상을 계속 요구
하는 것은 정략적 공세"라고 결론을 내렸다.(2008년 6월 23일자 사
설,「'쇠고기'를 넘어, 民生 회복에 國力 모으자」)

사설은 미국 수출업자들의 자율적이고 한시적인 조처에 지나지
않은 '품질체계평가'를 마치 미국 정부가 보장하는 것처럼 호도했
다. 이명박 정권의 기만극을 감시하고 비판해야 할 언론이 앞장서
서 국민 기만에 가세한 모습이다. 그 사실을 꿰뚫고 이를 비판하
는 시민사회에 대해 『동아일보』는 '정략적 공세'라고 몰아세웠다.

그도 모자라 이틀 뒤인 6월 25일, 「6·25를 생각한다」 제하의 사설에서 다음과 같이 주장했다.

> 6월은 '호국 보훈의 달'이다. 순국장병들의 애국정신을 기리는 달이다. 하지만 이번 6월은 변질된 상황 속에 빠져 있다. 자유 대한민국의 근간을 흔들고 미국을 증오하는 좌파세력의 집단행동이 도를 더해가고 있다.

대체 6·25와 촛불집회가 어떤 관계일까? 촛불집회를 겨냥해 "자유 대한민국의 근간을 흔들고 미국을 증오하는 좌파세력의 집단행동이 도를 더해가고 있다"는 주장은 얼마나 황당한가? 사실과 다른 선동을 일삼는 『동아일보』를 비롯한 한국의 '권위지'들을 그저 '보수신문'이라고만 규정해도 좋을까라는 근본적 의문이 시민사회에서 나오기 시작한 것도 이 때문이다.

거리에서 대규모로 타오른 촛불은 100회 집회를 연 뒤 시나브로 수그러들었다. 출근할 일터가 있는 시민들이 100회 넘도록 촛불을 들기가 현실적으로 어려운데다가 이명박 정권이 강도 높게 탄압하고 나선 탓이다. 하지만 표면에서 수그러들었을 뿐이다. 촛불은 한국 사회의 여러 부문으로 들어가 풍성한 발전을 이루고 있다. 이 책의 넷째 마당에서 다루겠지만 '언론주권운동'이 활발하게 일어나고 있는 게 그 보기다.

다만 촛불집회와 관련해서도 짚을 게 있다. 왜 이명박 정권과

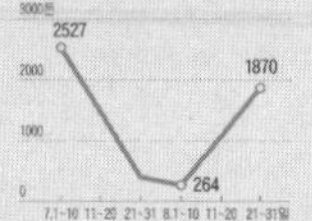

사진 31 『조선일보』 2008년 9월 9일자 A2면

신문들은 일관되게 쇠고기 협상에 아무 문제가 없다고 주장했을

까. 쇠고기 협상과 밀접히 관련된 한미FTA가 하루빨리 발효되어

혜택을 볼 대기업은 물론, 미국 기업들로부터 더 많은 광고수익을

얻을 수 있으리라는 경제적 판단이 큰 요인이다. 게다가 그 자신

이 기업인 신문사들로서는 자유무역협정으로 여러 규제가 풀려지

고 방송에도 진출할 가능성이 열린다.

독과점 신문들이 광고수익에 얼마나 민감한가는 촛불이 잦아들

던 2008년 9월 9일자 『조선일보』 종합(A2)면에 실린 「'추석특수'

美쇠고기 판매 급증」 제하의 기사에서 확인할 수 있다(사진 31).

8일 낮 경기도 분당의 '더미트샵'은 미국산 쇠고기를 사러 온 주부들로 붐볐다. 미국산 쇠고기 수입업체의 직영 매장인 더미트샵은 지난 4일부터 무료 시식 행사로 고객들을 불러들이고 있다. 한 50대 여성은 "추석을 앞두고 값싼 쇠고기를 구매하기 위해 차로 30분 되는 거리를 왔다"고 말했다. 다른 40대 여성인 정모 씨는 "덕분에 5년 만에 명절에 식구들과 같이 갈비를 먹을 수 있게 됐다"고 했다. 사업차 1년에 3~4번은 미국을 왕래한다는 40대 남성은 "미국에서도 특별한 문제 없이 먹고 있어 추석용 먹거리로 괜찮다는 생각"이라고 말했다.

『조선일보』는 특정 매장의 "미국산 쇠고기의 하루 매출액"이 "평소 5배가 넘는 5000만원대를 기록했다"며 그 매장이 있는 지역과 상호까지 "특히" 소개하는 '친절함'을 과시했다. 심지어 이 신문은 미 쇠고기 수입업체들의 판촉행사까지 다음과 같이 홍보해주었다.

추석을 일주일 남짓 앞두고 미국산 쇠고기가 시장에 대거 풀리고 있다. 장바구니 물가 오름세에 부담을 느낀 소비자들도 값싼 미국산 쇠고기를 앞 다퉈 찾고 있다. 수입육협회와 미국육류수출협회는 지난 4일부터 서울과 인천 중심의 회원사 직영 매장 9곳에서 대대적인 무료 시식 행사와 장바구니 증정 행사를 벌이고 있다. 업체들은 13일까지 계속되는 행사기간 동안 미국산 LA 갈비는 1kg당 1만8000~2만7000원에, 윗등심은 1kg당 1만~2만 원에 판매한다. 특히 한국인이

명절에 즐겨 먹는 갈비 부위를 많이 준비, 추석 쇠고기 소비에 안간힘을 쓰고 있다.

미국산 쇠고기의 부위별 가격까지 자세히 소개하며 "한국인이 명절에 즐겨 먹는 갈비 부위를 많이 준비, 추석 쇠고기 소비에 안간힘을 쓰고 있다"는 대목에서는 누가 쇠고기 소비에 안간힘을 쓰고 있는지 착각할 정도다. 『조선일보』는 "지난 4일 동안 9개 매장에서의 총 판매량만 30t에 이른다"며 "이는 행사에 참여한 직영 매장 9곳의 평소 매출액의 3배에 해당"한다는 한국수입육협회 사무총장의 말도 기사화했다.

그런데 단순한 우연일까. 『조선일보』가 미국 쇠고기 '홍보성' 기사를 종합면에 편집하기 직전(2008년 9월 3일)에 이 신문 A24면과 B4면에 각각 미 쇠고기 수입업체의 광고가 실렸다. 광고내용은 '추석을 맞아 LA갈비, 정육세트를 판매한다' 는 게 뼈대다. 『조선일보』에 기사까지 나간 바로 그날, 쇠고기 수입업체의 컬러 광고가 『동아일보』 '오피니언 면' 에도 실렸다(사진 32). 광고가 실린 바로 다음날, 『동아일보』는 「高물가 추석에 미국산 쇠고기 매장 더 많았다면…」 제하의 사설(9월 10일)을 내보냈다.

추석을 앞두고 호주산 쇠갈비 값이 크게 올랐다. (…) 미국산 쇠고기도 소비자들에게 인기가 있다. 7월 미국산 판매가 재개된 뒤 수입업체 직영점은 값싼 미국산을 사려는 주부들로 붐빈다. 추석을 앞둔 요즘은 평소의 3배 이상이 팔리고 있다. 일부 세력의 근거 없는 광우병 선동에도 불구하고 미국산 쇠고기를 기꺼이 사먹겠다는 잠재수요가 우리 사회에 폭 넓게 존재함을 보여준다. (…) 그럼에도 백화점이나 대형마트는 특정 세력에 의한 불매운동의 표적이 될까봐 아직도 미국산 쇠고기를 선뜻 진열하지 못하고 있다. 광우병 괴담을 유포하고 악용한 일부 세력은 미국산을 팔지 말라고 업체들을 위협한다. 개방경제를 채택한 덕에 세계 13위의 경제를 일군 나라에서 일부 세력의 선동과 협박이 소비자의 쇠고기 선택권을 빼앗고 고(高)물가 고통까지 가중시키는 현실은 어처구니가 없다.

여기서 명토 박아둘 점은 광우병 위험성이 엄존한다는 사실이다. 더구나 30개월 이상 쇠고기를 먹을 때는 발병 가능성이 더 높다는 명백한 사실이다. 바로 그 때문에 이명박 정부가 쇠고기를 전면 개방했을 시점에도, 일본 정부는 여전히 미국산 쇠고기의 수입을 20개월 미만으로 제한하고 수입되는 모든 쇠고기에 대해 까다로울 만큼 '검역 주권'을 행사했다.

인간광우병을 유발하는 '독성물질'의 잠복기가 10년 안팎이기에 아무도 미래 일을 장담할 수는 없다. 하지만 중요한 점은 설령 아무 문제가 없다는 게 드러나더라도 이명박 정부가 미국산 쇠고기 수입협상 과정에서 검역주권을 포기하고 국민건강권을 훼손한 사실마저 부정되는 게 아니라는 데 있다.

신문들이 앞 다퉈 미국산 쇠고기 전면 수입과 이명박 정부의 졸

사진 32 『동아일보』 2008년 9월 9일자 A3면

속 협상을 두남두고 나선 것은 앞서 들여다보았듯이 신문사 경영, 더 정확히 말하자면 '돈벌이'에 그것이 유리하다는 경제적 판단 때문이다. 노무현 정부 시절부터 한국 쪽의 미숙한 협상으로 한미 FTA와 쇠고기 협상은 처음부터 연결되어 있었다. 한미FTA가 발효되면 한국 경제는 미국 경제에 편입될 게 분명하지만, 더 많은 이윤을 좇는 사람들에게 그것은 중요하지 않다. 일차적이면서도 근본적인 '관심'은 더 많은 이윤일 뿐이다.

한미FTA가 국회 비준까지 받을 때, 국내 광고시장은 급팽창할 수밖에 없다. 미국 기업들의 광고도 늘어날 게 불을 보듯 뻔한 일이다. 앞서 보았듯이 일본 제국주의 강점기 때도 그랬다. 민족 독립은 뒷전이고 더 많은 수익을 얻으려는 신문사들의 '안간힘'을 광고란은 물론 신문지면에서도 확인할 수 있었다.

그렇다. 노동자, 농민, 영세자영업인, 빈민은 광고를 하지 않는다. 구독자 가운데 그들의 비율이 높아지면 오히려 광고 수주에 도움이 안 된다. 신문사들이 자신의 홍보물에서 중산층 독자 비율이 높다는 사실을 강조하는 이유도 여기에 있다. 물론, 그것 또한 기업으로서 '영업의 자유'라고 주장할 수 있을 터다. 하지만 진실을 생명으로 해야 할 신문이 진실까지 왜곡하는 작태를 방관할 수는 없다.

자신의 이해관계로 진실을 왜곡할 때, 아침 신문은 우리에게 결코 좋은 사과가 아니다. 독이 든 사과다. 독이 든 사과의 진실을 모를 때, 동화 속의 '백설공주'가 그랬듯이 순수한 독자들은 깨어날 수 없는 잠에 빠질 수밖에 없다.

따라서 우리에게 날마다 아침에 건네오는 신문이라는 사과에 독이 들어 있는지 없는지를 짚어보아야 옳다. 독이 든 사과를 건네는 '마녀'는 일반 독자들이 신문지면에서 찾기 어려울 만큼 깊숙이 똬리 틀고 있을 뿐만 아니라 자신의 특권이나 기득권을 위협하는 사람들을 겨냥해 때로는 '거친 색깔공세'로, 때로는 '먹음직스러운 사과'로 민심을 호도하고 있기에 더 그렇다.

정치경제 현상으로서 신문의 품격을 읽는 제1의 잣대가 진실임을 짚어보았다. 진실은 신문을 '한나라당 신문'이나 '민주당 신문'으로 나누거나, 여당지와 야당지로 나누는 정파적 신문 읽기의 동굴, 그 미로에서 벗어날 수 있는 '아드리아네의 실'이다.

기실 언론의 가치로서 진실은 한나라당과 민주당은 물론, 보수와 진보를 넘어선 곳에 있다. 보수와 진보의 시각 차이로 자신들의 왜곡을 정당화하려는 신문 앞에 진실은 참으로 소중한 가치다. 진실을 왜곡한 신문 읽기는 독자들에게 독이기에 더 그렇다. 진실은 신문의 생명이고, 왜곡은 신문의 독이다. 진실을 왜곡하는 신문에 정파적 잣대를 들이대기란, 의도와 달리 상대의 품격을 오히려 높여주는 일이다.

진실 못지않게 언론의 품격을 결정하는 가치가 있다. 그 가치

또한 모든 신문이 추구한다고 자임한다. 바로 공정이다. 실제로 그 어떤 신문도 자신이 공정하지 않다고 주장하지 않는다. 언제나 스스로 공정언론임을 공언한다. 바로 그렇기에 진실과 더불어 신문 읽기에서 갖춰야 할 황금 잣대는 공정이다.

더러는 공정이라는 잣대가 말하는 사람에 따라 다른 게 아니냐고 주장한다. 포스트모더니즘의 세례를 받은 사람들 가운데 사뭇 진지하게 공정 개념의 상대주의를 강조하기도 한다.

물론, 무엇이 공정인가를 천착하는 일은 쉬운 게 아니다. 하지만 그렇다고 해서 『조선일보』나 『중앙일보』식 공정이 있고 『한겨레』나 『경향신문』식 공정이 별개로 있는 것은 결코 아니다. 언론학에서 말하는 공정의 의미에는 보수와 진보를 넘어 '보편적 합의'가 있다.

먼저 공정(公正)의 국어사전적 의미에서 출발해보자. 공정의 사전적 뜻은 '공평하고 올바름'이다. 여기서 '공평'은 갈등 당사자 양쪽의 의견을 균형 있게 반영한다는 의미를 지닌다. 공평이란 한자어〔公平〕나 영어〔impartiality〕 뜻 그대로 어느 한쪽에 치우침이 없음을 이른다.

그런데 공정의 사전 정의에는 공평에 더해 '올바름'이 있다. 올바름은 무엇이 옳은 것인가를 판단해야 하는 정의(justice)의 개념이다. 따라서 공정은 공평과 올바름을 아우르는 개념이다. 공평에 머물고 있는 보도나 논평을 소극적 공정으로, 공평에 더해 올바름까지 숙의한 보도나 논평을 적극적 공정으로 개념화할 수 있다.

여기서 문제의 핵심이 드러난다. 과연 무엇이 올바름인지가 그것이다. 올바름에 대해서는 여러 가지 정의가 가능하다. 그만큼 합의도 쉽지 않다. 하지만 저널리즘 윤리로서 공정에 대해서는 언론현장에서 오랫동안 내려온 전통과 '최소한의 합의'가 있다. '억강부약(抑强扶弱)'이 그것이다.

억강부약의 가치는,『조선일보』『동아일보』『중앙일보』편집국 간부들이 주축인 관훈클럽이 펴낸『한국 언론의 좌표: 한국 언론 2000년 위원회 보고서』에서도 다음과 같이 명확하게 강조하고 있다.

> 언론의 공정성은 어떠한 편견이나 선입관 또는 잘못된 관점을 지녀서는 안 된다는 것을 의미하는 동시에 사회 소수계층의 의견을 대변하고 그들의 이익을 옹호해주어야 한다는 것을 뜻하기도 한다. 언론이 편견으로부터 자유로워야 한다는 것이 어떤 입장이나 의견에 대한 반대 입장이나 의견을 허용해야 한다는 의미라면, 언론이 소수의 의견이나 이익을 대변하고 옹호해야 한다는 것은 진정한 민주주의의 미덕이 소수의 권리를 지속적으로 보장해주어야 한다는 데서 비롯되는 것이다.

이 보고서는 더 나아가 "특히 한국 언론은 중산층을 주된 소비자로 상정하고 있는 한편 언론인 자신들도 중산층에 편입되어 있어 주로 중산층의 의견을 대변하고 그들의 이익을 옹호"한다면서

"그 결과 자연스럽게 소수 계층의 의견과 이익은 구조적으로 배제"되고 있다고 분석한다.

그렇다면 왜일까. 왜 억강부약이 '최소한의 공정'이라는 데 보수와 진보를 떠나 합의가 이뤄져 있을까. 사회경제적 약자에게 연민을 느끼거나 동정해서가 결코 아니다. 사회경제적 약자를 무조건 옹호하는 게 정의라는 뜻도 아니다. 사회경제적 약자들 또한 연민이나 동정의 대상이기를 바라지 않을 터다. 말 그대로 그들은 '사회경제적' 약자이지, 결코 '인간적 약자'가 아니기 때문이다. 사회경제적 소수이지, 결코 인간적 소수도 아니기 때문이다.

사회경제적 약자나 '소수계층'을 대변하고 옹호해야 할 가장 큰 이유는 다름 아닌 민주주의 사회의 기본권에서 비롯한다. 민주주의 사회에서 소통권(표현과 커뮤니케이션의 권리)은 모든 사회구성원의 기본권이다. 대한민국 헌법도 모든 국민은 양심의 자유(제19조)와 언론의 자유(제21조)를 가진다고 명문화하고 있다.

하지만 현실은 다르다. 정치권력이나 경제권력(자본)을 지닌 사람들과 비교할 때, 대다수가 소통권을 거의 갖지 못했다. 사회경제적 약자들은 인구로는 다수이면서도 소통 면에서 소수다. 물론, 인구 비율에서 소수인 약자들도 있다. 저널리즘이 그들의 이익을 옹호해야 하는 이유는, 그렇게 해야 비로소 소통권이 고르게 나뉠 수 있기 때문이다. 따라서 공정은 민주주의 사회를 이루는 최소한의 조건이다.

물론, 사회경제적 약자의 이익을 대변하고 옹호하는 게 저널리즘의 가치로 뿌리내리는 데는 그것이 기본권임을 누구도 부정할 수 없을 만큼 끊임없이 성숙해온 민주주의가 밑절미로 깔려 있다. 아래로부터 민주주의를 구현하려는 수많은 사람들이 일궈낸 가치, 바로 그것이 공정이라는 황금 잣대다. 역사를 온몸으로 산 숱한 사람들, 소설가 조세희의 표현을 빌리면 수많은 '난장이'들이 '쏘아올린 공'이 바로 '공정'이라는 사회적 합의다.

한국 문단의 고전이 된 『난장이가 쏘아올린 작은 공』은 애칭 '난쏘공'이라는 줄임말로도 불린다. 연작소설집 난쏘공이 출간된 시점은 1978년. 박정희 '유신독재'가 주도한 수출 지상주의 정책이 한창이었다. 수출 중심의 경제성장으로 저임 노동자가 양산되고 도시 빈민층이 광범위하게 형성되어 갈등이 무장 커져가던 시기였다.

조세희가 도시빈민층을 '난장이'로 형상화했을 때 문단의 일각에서는 '계급갈등'을 온전히 다루지 못했다는 비판이 나왔다. 가령 계급갈등의 해결을 '가진 자의 사랑'에 기대고 있다며 "반성하는 중간층 의식"으로 평가하기도 했다. 하지만 독자들의 끝없는 사랑을 받은 데서도 확인할 수 있듯이, 난쏘공은 동화적 발상으로 오히려 철거민으로 상징되는 민중의 억압을 더 사실적으로 드러내는 데 성공했다.

난쏘공의 주인공은 난장이 가족이다. 아버지, 어머니와 영수, 영호, 영희는 하루하루 온갖 어려움을 이겨내면서도 행복을 꿈꾸며 살아가는 사회경제적 약자들이다. 난장이 가족이 살고 있는 달

동네 '낙원구 행복동'이 재개발되고 그들에게 철거계고장이 날아 오면서 비극은 시작된다.

아버지는 칼갈이, 건물 유리 닦기, 수도 고치기로 어렵게 생계를 꾸려갔으나, 병이 들어 더는 일할 수 없게 된다. 어머니는 영세한 인쇄공장에 나가고 큰아들 영수도 공장 노동자가 된다. 재개발 투기업자들의 농간으로 헐값에 입주권을 판 난장이 가족은 빈털터리가 된다. 영희는 승용차를 타고 온 투기업자의 사무실에서 일을 시작하지만 그에게 몸을 유린당한다. 그들의 비참한 생활에 시나브로 죽음이 다가온다.

문제는 한국 언론이 사회경제적 약자인 '난장이'를 대변하기는 커녕 억압에 가담하는 데 있다. 신문시장을 독과점한 신문이 사회경제적 약자를 어떻게 배제하는가를 단적으로 보여준 게 2009년 서울 용산의 철거민 참사다. 조세희의 난쏘공이 출간된 지 30년도 더 지난 시점에 일어난 사건이었다.

이명박 정권은 철거민들과 아무런 대화도 없이 농성에 들어간 지 하루 만에 경찰특공대를 투입했다. 특공대는 테러 진압을 목표로 만들어진 조직이다. 철거민 5명이 경찰특공대의 '진압' 과정에서 숨진 사건은 민주주의 국가에서 일어나서는 안 될 일이었다. 그 용산 참사를 바로 다음날 신문들이 어떻게 보도했는지 기사부터 읽어보자.

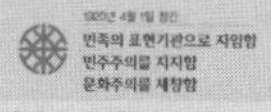

東亞日報
The Dong-a Ilbo

2009년 1월 21일(음력 12월 26일) 수요일 단기4342년 · 서울 ②~6도 경기 ①~7도 · 전화 02-2020-0114 구독·배달안내 1588-2020 · 제27212호 50원 · www.donga.com

서울 용산 '재개발 농성' 진압중 불… 철거민 추정 5명·경찰 1명 사망

극한 충돌이 대형 참사 불렀다

경찰, 농성장에 특공대 투입
시위대, 화염병·시너로 맞서
옥상 망루 화재… 23명 부상

"도전은 실제 상황, 우리는 이겨낼 것이다"

오바마 美대통령 취임

대주건설·C&중공업 퇴출
채권단, 건설사 11곳·조선사 3곳 워크아웃 확정

盧대통령 "진상 철저규명"—韓총리 "깊은 유감"
민주 "내각 총사퇴·원세훈 김석기 파면하라"

검찰, 화재 경위 등 수사 착수

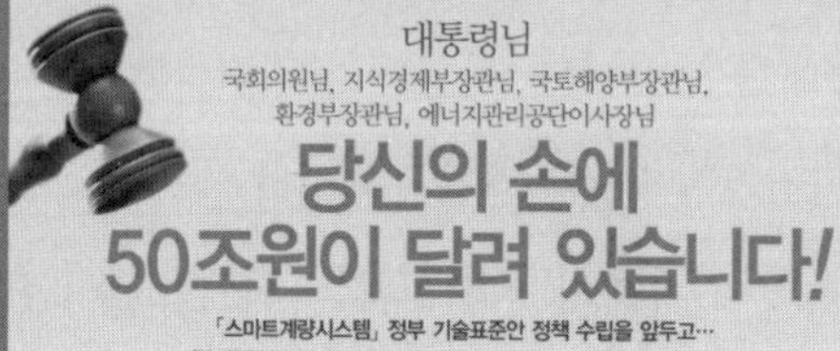

사진 33 『동아일보』 2009년 1월 21일자 1면

철거민 진압 6명 사망…'공안통치' 참사

용산 재개발 관련 23명 부상
韓총리 "유감… 법은 지켜야"
야, 원세훈·김석기 파면 요구

변화와 담대한 희망
오바마 시대 열리다

미국 44대 대통령 취임

사진 34 『경향신문』 2009년 1월 21일자 1면

〈기사 1〉

컨테이너와 기중기, 경찰특공대를 동원한 경찰의 강제 진압과 농성장 입구를 봉쇄한 채 화염병을 투척한 시위대의 격렬한 저항이 맞물려 6명이 사망하는 참사가 발생했다. 20일 서울 용산구 한강로2가 한강대로변 재개발지역의 4층 건물에서 점거농성을 벌이던 시위대와 진압에 나섰던 경찰이 충돌해 양회성(56) 이상림(71) 이성수(50)씨 등 농성 참가자 5명과 경찰특공대 소속 김남훈(31) 경장이 숨지고, 경찰과 농성자 23명이 다쳤다. 이번 참사는 1989년 5월 부산 동의대 학생들의 건물 점거 시위를 진압하는 과정에서 경찰관 7명이 숨지고 11명이 크게 다친 '동의대 사태' 이후 시위 진압 과정에서 발생한 최악의 사건이다.

〈기사 2〉

경찰이 농성중이던 철거민들을 강제진압하는 과정에서 철거민 5명과 경찰 1명 등 6명이 숨지는 참사가 발생했다. 야당과 시민·사회단체는 이명박 정부의 공안통치와 일방독주식 개발정책이 빚어낸 예고된 참극이라며 책임자 처벌을 요구하고 나섰다. 20일 새벽 서울 용산구 한강로2가 재개발 4구역 남일당 건물에서 재개발에 반대하며 농성을 벌이고 있는 철거민 40여 명을 진압하는 과정에서 6명이 숨지고 23명이 다쳤다. 경찰은 오전 6시42분쯤 철거민 강제진압을 위해 10t 기중기를 이용, 경찰특공대원 13명을 컨테이너 박스에 태워 4층 건물 옥상으로 올려보내 진압작전을 벌였다.

같은 사건을 보도했는데도 두 기사를 읽어보면 분위기가 사뭇 다르다. 여기서 신문 읽기의 핵심은 기사가 누구를 중심에 놓고 썼는가에 있다. 사회경제적 약자인 철거민, 이미 참혹한 숯주검이 된 그들의 처지를 얼마나 대변하고 있는가의 문제다. 실제 기사는 그 강조점이 기사구성에서 어떻게 다른지를 드러나고 있다. 『신문 읽기의 혁명』 1권에서 보았듯이 그 차이는 신문편집을 읽을 때 더 확연하게 드러난다.

〈기사 1〉은 『동아일보』, 〈기사 2〉는 『경향신문』의 머리기사다(사진 33, 34). 두 신문이 머리로 편집한 1면 지면을 보자.

사진에 나타나듯이 〈기사 1〉의 『동아일보』는 1면 머리 제목을 「극한 충돌이 대형 참사 불렀다」로 담았다. 철거민의 '과격시위'와 경찰의 '과잉진압'이 충돌해 대형 참사가 일어났다는 판단이다. 〈기사 2〉의 『경향신문』은 「철거민 진압 6명 사망 … '공안통치' 참사」라는 통단 제목을 큼직하게 달았다. 『조선일보』는 1면 머리로 편집하지 않았다.

기사 작성과 편집에서 나타난 시각의 차이는 같은 날 사설에서 더 극명하게 드러난다. 『동아일보』는 「용산 참사, 책임 소재 가리되 정쟁화는 안 된다」에서 용산 철거민 참사의 일차적 원인을 '과격시위'로 몰아갔다. 사설은 "철저한 수사를 통해 인화물질 반입 주동자와 불을 붙인 방화범을 잡아야 한다. '전국철거민연합'이 이번 과격 시위에서 어떤 역할을 했는지도 밝혀내야 한다"고 주장했다. 경찰의 '살인진압'에 대해서는 단지 "경찰의 미숙한 작전에도 잘못이 있다"고 언급했을 뿐이다. "정당한 법 집행조차도 정쟁과 사태 악화의 빌미가 된다는 점을 감안하지 않을 수 없는 것이 우리나라의 현실"이라는 '개탄'을 덧붙이기도 했다. 『경향신문』은 「불도저 정권의 '밀어붙이기'가 빚은 참사」 제하의 사설에서 "우선 지적할 것은 공권력의 무리한 개입"이라고 명토 박고, "사회취약 계층에 불과한 철거민을 상대로 무자비한 진압"을 했다고 강도 높게 비판했다.

『조선일보』는 「철거민 진압작전의 가슴 아픈 결말」 제하의 사설에서 경찰이 "불법 폭력시위에 대해서 법과 원칙에 따라 법질서를 세워야 한다"고 강조하며 "지금은 경제위기가 급박한 상황"이라며 '경제'를 들먹였다. 『중앙일보』와 『동아일보』도 사건 바로 다음날부터 "이번 참사가 정치공세의 수단으로 활용되는 것은 바람직하지 않다"고 못 박거나, "이 사고를 구실로 사회갈등을 부추기거나 제2의 촛불로 확산시키려는 세력이 있다면 의도가 불순하다"며 '경고'하고 나섰다.

반면, 『한겨레』는 「이명박식 강압 통치의 예고된 참사」 제하의 사설에서 "참극의 일차 책임은 과잉 진압을 서두른 경찰에 있다"고 못 박았다. "철거민들의 농성이 시작된 지 불과 25시간 만에 경찰이 진압에 나선 것도 정상적이진 않다"고 강조하며, "국민의 생명보호를 본분으로 하는 경찰이 국민을 공격의 대상으로 여긴 것이라고 볼 수밖에 없다"고 비판했다.

첫날 보도에서 나타난 차이점은 시간이 흘러가면서 더 크게 벌어졌다. 『조선일보』는 「용산 참사 배후세력 '전철연'에 단호히 대응해야」(2009년 1월 23일자) 제하의 사설에서 전국철거민연합(전철연) 매도에 나섰다. 사설은 "참사를 부른 옥상 농성은 전철연이 주도한 셈"이라고 규정한 뒤 다음과 같이 썼다.

> 전철연은 1994년 출범한 이후 철거민 농성을 '비타협적 빈민해방투쟁'의 수단으로 삼아왔다. 단체 로고로 '민중해방'이란 글자를 새겨 다닌다. (…) 서울에서만 올해 19개, 내년 48개, 내후년 73개 재개발 구역에서 철거와 이주가 진행될 예정이다. 전철연은 재개발 구역 갈등을 어떻게든 들쑤셔서 이 사회를 뒤흔들 불쏘시개로 삼으려는 생각을 갖고 있을 뿐이다. 삶의 막다른 길에 몰린 철거민들의 고통을 달래주고 해결하기보다 철거민들을 정치적 봉기의 불쏘시개로 삼으려고 철거민들을 앞세워 폭력을 휘두르는 전철연을 이대로 내버려둬선 안 된다.

전철연을 겨냥한 『조선일보』의 보도는 용산 참사의 진상규명을 위한 행정안전위 회의에서 한나라당 국회의원들이 발언한 내용과 같은 맥락이다. 가장 대표적 보기가 한나라당 초선 국회의원 신지호의 발언이다. 그는 용산 참사의 화재 원인과 관련해 철거민들의 "고의방화도 배제할 수 없다"고 주장했다. 신지호는 또 전철연을 '반대한민국 단체'라 규정하고, 용산 참사를 일러 "치밀한 계획에 의해 자행된 도심 테러"라고 규정했다.

사진 35 『중앙일보』 2009년 1월 23일자 1면

한나라당 의원들은 국회에서 철거민 농성을 '도심 테러'로 몰아가고 그와 손발을 맞춰온 신문들 또한 자극적 편집으로 여론을 몰아갔다. 『중앙일보』는 사망한 경찰의 영결식에서 울먹이는 여경들의 모습을 1면에 크게 싣고 바로 아래 큰 글자로 「전철연 의장 '망루 농성' 개입했다」 제하의 기사를 편집했다(사진 35).

같은 날 『조선일보』도 1면에 영결식장에서 눈물 흘리는 김석기 경찰청장 내정자의 사진을 부각해 싣고 「겁 없는 좌파세력들, 용산 불행 이용해 '촛불 재판(再版)' 꿈꾸나」 제하의 사설(1월 23일자)을 내보냈다. 사설은 '용산 철거민 살인진압 대책위원회' 주도로 용산 현장과 명동성당 부근에서 촛불시위가 벌어졌다고 쓴 뒤 "사건 몇 시간 만에 이렇게 재빨리 연대기구를 만들어 행동 스케줄까지 발표하는 걸 보면 그들이 그동안 이런 사건이 터지기를 얼마나 목을 빼고 기다렸는지 알 것 같다"고 황당한 주장을 늘어놓았다. 이 사설의 마지막 문장은 "대한민국 국민에도 여러 가지가 있다는 말이 틀린 말이 아니다"이다.

여기서 그치지 않았다. 『조선일보』는 「용산 농성 전원 기소 방침/ 검찰 '전철연, 개입 대가로 돈 받았는지 수사'」 제하의 1면 기사에서 "검찰은 전철연 의장 남경남(55)씨 등이 용산 철거민 시위에 개입한 대가로 금품을 받았는지를 확인하기 위해 이들에 대한 계좌추적과 함께 통화내역 조회에 착수했다"면서 "전철연이 시위를 '대행'해주고 돈을 챙겼는지를 조사하기 위한 수사"라는 검찰 관계자의 말을 기사화했다(2009년 1월 29일). 같은 날『중앙일보』와『동아일보』도 "전철연이 점거 농성에 개입하는 등 '대리 투쟁'을 대가로 금품을 받은 의혹"을 전하면서 검찰의 계좌추적을 기사화했다.

경찰특공대의 과잉 진압으로 발생한 철거민 참사가 어느새 전철연을 겨냥한 '마녀사냥'으로 옮아갔다. 가장 극렬한 보기는『조선일보』1월 29일자 사설「경찰, 수배 중인 전철연 의장 5년 동안 왜 못 잡았나」이다(사진 36). 사설의 결론을 읽어보자.

社 說

경찰, 수배 중인 전철연 의장 5년 동안 왜 못 잡았나

용산재개발구역 철거민 농성을 주도한 전국철거민연합(전철연) 의장 남경남씨는 2004년부터 5년간 경찰이 수배 중인 사람이었다. 남씨는 2003년 2월 경기도 고양시 철거예정 연립주택 옥상에서 화염병을 던지며 철거반대 시위를 주도했다가 2004년부터 경찰의 수배자 명단에 올랐다. 그는 그 후로도 2005년 전철연이 개입한 경기도 오산 세교택지지구 철거민 농성을 주도했다. 경찰에 수배당하는 신분이면서도 철거 현장을 누비고 다닌 것이다. 그는 1999년 경찰에 사제 대포를 쏜 혐의로 2년6월 형을 선고받고 징역을 산 일도 있는 사람이다.

이번 용산 철거민 농성도 남씨가 주도했다고 한다. 용산 철거민들은 남씨를 비롯한 전철연 간부들 지도로 '투쟁 자금' 6000만원을 거둬 시너 60통과 화염병 400개, 골프공 1만개 같은 폭력시위 용품을 마련했고 망루도 지었다. 경찰이 남씨를 제때 검거만 했더라도 경찰관 1명을 포함한 6명의 아까운 목숨이 희생되는 참사는 막을 수 있었을지 모른다.

남씨가 몰래 숨어 다닌 것인가 하면 그것도 아니다. 남씨는 작년 3월과 12월 고려대에서 열린 전철연 행사에서 연설을 하는 등 공개적인 활동을 하고 다녔다. 남씨가 수배 상태에서도 5년 동안 제 하고 싶은 일을 하고 다녔던 것은 경찰에게 남씨를 붙잡겠다는 의지가 전혀 없었기 때문이다. 경찰이 입만 열면 폭력시위 주동자들을 엄히 처벌해야 한다고 하면서도, 사제 대포까지 쏘아댔던 폭력단체 대표는 밀뚱밀뚱 쳐다만 보고 있었던 것이다. 경찰은 군포 실종 여대생 납치살해 사건 범인은 사건 현장 일대 CCTV에 찍힌 7000대 차량을 일일이 추적해서 36일 만에 체포했다. 경찰이 그런 뚝심과 의지의 100분의 1만 보였더라도 남씨는 진작에 검거됐을 것이다.

지난 정권 때야 경찰이 좌파 단체들 눈치를 보는 정권의 심기를 살피느라 남씨 같은 사람 검거에 무관심했다는 말이 통할 수가 있다. 하지만 이 정권 들어 1년이 다 돼가도록 남씨를 내버려둬서 이번과 같은 일이 벌어지게 만든 경찰의 직무유기는 그냥 넘어갈 수가 없다.

남씨와 전철연 간부들을 둘러싸고 "철거민과 건설사 양쪽으로부터 뒷돈을 받았다"거나 "재개발 정보를 입수해 알박기 투기를 해왔다"는 의혹이 일고 있다. 검찰·경찰은 하루빨리 남씨 등을 검거해 이런 소문의 진상을 규명해야 한다.

사진 36 『조선일보』 2009년 1월 29일자 A27면

남씨와 전철연 간부들을 둘러싸고 "철거민과 건설사 양쪽으로부터 뒷돈을 받았다"거나 "재개발 정보를 입수해 알박기 투기를 해왔다"는 의혹이 일고 있다. 검찰·경찰은 하루빨리 남씨 등을 검거해 이런 소문의 진상을 규명해야 한다.

철거민과 건설사 양쪽으로부터 뒷돈을 받거나 재개발 정보를 입수해 투기를 해왔다는 의혹을 제기한 사설을 읽은 독자들은 철거민 단체를 어떻게 인식할까. 용산 철거민 참사를 어떤 틀로 바라볼까.

신문시장을 독과점한 신문들이 철거민 단체를 겨눠 '마녀사냥'을 벌이고 있을 때 '난쏘공'의 작가 조세희가 용산 참사의 현장에 나타났다. 그는 자신에게 몰려든 기자들에게 자신의 생각을 솔직

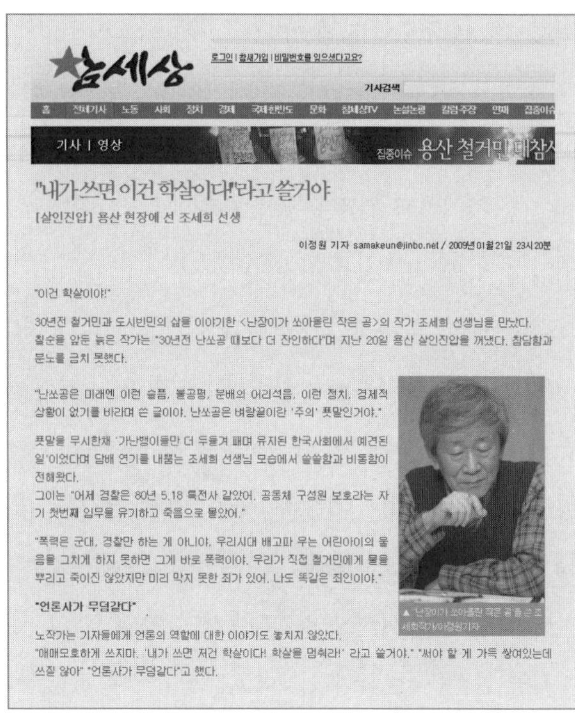

사진 37 〈참세상〉 2009년 1월 21일자(www.newscham.net)

하게 토로했다(사진 37).

칠순을 앞둔 늙은 작가는 "30년 전 난쏘공 때보다 더 잔인하다"며 기자들에게 호소했다.

"애매모호하게 쓰지 마. 내가 쓰면 '저건 학살이다! 학살을 멈춰라!' 라고 쓸 거야. 써야 할 게 가득 쌓여 있는데 쓰질 않아."

물론, 작가의 호소는 앞서 인용한 신문들로부터 철저히 외면당했다. 인터넷신문들이 그의 발언을 소개했을 뿐이다. 작가는 "언론사가 무덤 같다"고 고발했다. 작가 조세희는 공정이라는 의미를 되새기게 해주는 말도 남겼다.

"폭력은 군대, 경찰만 하는 게 아니야. 우리 시대 배고파 우는 어린아이의 울음을 그치게 하지 못하면 그게 바로 폭력이야. 우리가 직접 철거민에게 물을 뿌리고 죽이진 않았지만 미리 막지 못한 죄가 있어. 나도 똑같은 죄인이야."

신문시장을 독과점한 신문들과 작가 조세희가 바라본 용산 참사의 현장은 전혀 달랐다. 공정의 가치를 떠나 진실을 짚어보아도 문제는 확연하게 드러난다. 『조선일보』 사설을 비롯해 많은 신문들이 제기한 전철연 의장의 '뒷돈'이나 '땅투기' 의혹이 그것이다. 과연 얼마나 진실일까.

『조선일보』가 사설로 투기의혹까지 쓴 바로 그 시점에 남경남 전철연 의장은 『한겨레21』(2009년 2월 6일 제746호)과 인터뷰를 했다. 인터뷰 가운데 주요 질문과 남 의장의 대답을 읽어보자. 용산 철거민 참사와 전철연을 새롭게 발견할 수 있다.

문 공안당국이 시민·사회운동을 탄압할 때는 폭력성을 부각시키는 것 외에도 단체 관련자의 부정·비리·추문을 들춰내는 게 일반적이다. 지금 전철연과 남 의장에 대해서도 검찰은 관련 의혹을 제기하고 있다.

답 어느 신문을 보니 내가 땅을 몇 평씩 마련해서 '알박기'를 해 부당이득을 취한 것처럼 보도했더라. 내가 무슨 땅투기라도 한 것처럼 의혹을 제기해놓았다. 나는 전혀 알지 못하는 일이다. 빈민운동을 못하도록 빈민운동가를 죽이고 있는 것이다. 내가 거액을 챙겼다느니 호화 주택에 산다느니 하는 악담을 하는데, 차라리 그랬다면 내 가족에게 덜 미안했을지도 모르겠다. 내가 사는 집은 공시지가로 6100만 원이 안 되는 그야말로 작은 집이다. 이 집은 70년대에 지은 집이어서 지금도 방에 난로를 피우고 지낼 정도다. 나는 한 사람의 생활인으로 성실하게 노력했지만, 가난에서 벗어나지는 못했다. 그 점이 늘 가족에 대한 미안함으로 남아 있다. 전철연의 주장, 전철연의 요구에 대해 사회적 논의를 했으면 좋겠다. 왜 이런 말도 안 되는, 터무니없는 거짓으로 나와 전철연을 공격하는지 모르겠다. 그래야 할 정도로 일부 언론과 정부의 처지가 곤궁한 것인지 되묻고 싶다.

문 상근 활동가들은 얼마씩 받나.

답 내가 한 달에 50만 원을 받는다. 그거 받으면서도 죄인처럼 고개를 숙인다. 사무국장이 40만 원, 총무국장이 20만 원 정도 받는다. 다른 임원들은 5만 원, 10만 원 정도씩 받는다. 나만 해도 2007년까지 한 달에 30만 원씩 받았다.

(활동비 이야기를 꺼내자 곁에 있던 전철연 관계자들이 한숨을 내쉬며 멋쩍게 웃었다.)

문 그 정도의 돈으로는 생계는커녕 활동비도 안 될 텐데.

답 물론 생계 해결이 안 되는데, 아내가 식당에서 일하면서 나한테 자장면값 정도를 더 쥐어준다. 한 달에 40만~60만원씩 버는 것 같다. 그런데 아내도 나이가 드니까 누가 써주지 않아 일거리가 없다. 지금은 딸자식의 벌이에 기대서 해결하고 있다.

『조선일보』가 전하는 전철연 의장 남경남과 『한겨레21』이 전하는 남경남은 과연 동일 인물일까 싶을 만큼 다르다. 어떤 기사가 더 공정한 기사였을까. 이 책을 읽는 독자의 몫으로 남겨둔다.

독과점 신문들이 철거민들을 '과격 불법집단'으로 몰아가는 근거는 화염병을 던지고 새총을 쏠 때다. 그렇다면 철거민들은 왜 새총을 쏘고 화염병을 던질까. 다름 아닌 철거민들의 목소리로 들어보자. 용산 참사가 일어난 지 사흘 뒤, 2009년 1월 23일 밤 서울역 앞에 참사 유가족들이 모였다. 설날을 맞아 귀향하는 시민들에게 전하는 편지를 연단에 올라가 읽었다. 편지에는 언론에 대한 호소가 있었다.

왜 이렇게 살아왔는지, 왜 이렇게 죽어갔는지 온 세상이 진실을 알아야 합니다. 언제 우리가 쫓겨난다고 신문에서 써준 적 있습니까. 언제 우리가 통곡한다고 텔레비전에 비춰준 적 있습니까. 우리가 살게만 해달라고 호소할 때 기자님들이 언론에서 관심을 가져주셨으면 오늘 같은 일이 없었을 겁니다.

기자님들 제발 양심 좀 찾으세요. 불쌍한 우리를 두 번 죽이십니까. 조중동 기자님들 제발 그러지 마십시오. 경찰특공대는 우리 아저씨를 죽였지만 여러분들은 우리 가족들을 죽이고 있습니다. 우리 유가족들은 경찰이고 정부 사람이고 누구한테도 미안하다는 얘기를 들어보지 못했습니다. (…) 우리가 원하는 것은 진실뿐입니다. 여러분 도와주십시오.

유족들의 간절한 호소가 있었지만 『조선일보』는, 첫째 마당에서 이미 짚어 보았듯이, '지역정서'라는 틀로 용산 철거민 참사를 '물타기' 해 보도했다. 기실 철거민들은 자신들의 억울함을 언제나 절절하게 호소해왔지만 언론은 사회경제적 약자인 철거민들의 사연을 전혀 의제로 삼지 않았다. 언론이 철거민들에게 관심을 가질 때는 철거용역들의 강제철거 과정에서 새총이나 화염병이 등장할 때다. 독과점 신문사의 간부급 기자들이 회원인 관훈클럽이 펴낸 보고서조차 언론의 '공정성'을 강조하며 "사회 소수계층의 의견을 대변하고 그들의 이익을 옹호해주어야 한다"고 제시했음에도 그렇다.

철거민만이 아니다. 한국의 신문들은 사회경제적 약자인 비정규직 노동자와 농민 문제를 보도하는 데도 공정하지 못하다. 2005년 11월에 연이어 일어난 농민들의 자살과 여의도 농민집회 시위 중 타살 사건, 그리고 2006년 7월에 일어난 포스코 앞 비정규직 노동자의 타살 사건에서 한국 저널리즘은 노사 사이에 최소한의 공정, 아니 최소한의 공평도 지키지 않았다. 생존권을 지키려고 집회와 시위에 나선 농민과 비정규직 노동자가 대낮에 '공권력' — 그것도 민주주의를 내건 노무현 정권 아래에서 — 에 타살당했는데도, 사회적 파장이 일어나지 않은 가장 큰 이유는 여론시장을 독과점한 신문들의 묵인과 축소보도에 있다.

2007년 12월 7일 삼성중공업 예인선(T-5)이 대형 유조선과 충돌해 서해안에 기름을 쏟아내는 사고가 일어났을 때도 마찬가지다. '삼성중공업 기름 유출 사고'가 일어나자 어민들은 물론, 자원봉사자들이 헌신적으로 나섰다. 사고가 난 충남 태안 지역 어민들은 졸지에 생계를 잃어 절망했고, 스스로 목숨을 끊는 사람들이 줄을 이었다.

문제는 대부분의 신문이 사건 발생으로 인한 피해 규모나 자원봉사자들의 노력을 중심에 놓고 보도하면서 정작 사고가 일어난 원인과 책임 규명에 소홀했다는 데 있다. 더구나 지역주민의 피해 보상이나 생태계 복원은 거의 보도하지 않았다. 지역주민들이 목숨으로 항의하자 비로소 관심을 보였을 뿐이다. 삼성의 모르쇠에 대해서 비판은커녕 언론 스스로 모르쇠 했다. 『중앙일보』를 비롯한 독과점 신문들은 사고를 낸 예인선 '삼성 T-5호'가 소속된 삼성중공업에 대해 책임 추궁할 섟에 이름조차 거론하지 않으며 그냥 '예인선'으로 보도했다. 수사 결과를 발표할 때 어쩔 수 없이 '삼성중공업'으로 보도했을 뿐이다.

특히 『중앙일보』는 「직원들 조 나눠 복구 작업 … 중장비 현장 긴급 지원도」 제하의 기사(2007년 12월 17일자)에서 여러 기업들의 자원봉사를 집중 부각했다. 그 여러 기업 가운데 삼성그룹의 '봉사'를 다음과 같이 부각했다.

삼성그룹은 사고 다음날인 8일부터 삼성중공업, 삼성물산, 삼성토탈 직원 1000여 명을 현지로 보내 복구를 지원했다. 삼성전자, 삼성SDI, 삼성정밀유리, 삼성전기 등 충남 지역에 사업장을 둔 계열사들도 어민들의 고통을 분담했다. 이 회사 직원들은 새벽, 야간근무 시간을 제외하고 근무 시간별로 조를 나눠 복구 현장에서 시간을 보냈다.

신문을 읽는 독자들이 느끼기에 어느새 삼성그룹은 책임을 져야 할 곳이 아니라 앞장서서 착한 일과 봉사활동을 하는 기업이다. 마침내 2008년 1월 10일, 기름 유출 사고로 피해를 입은 어민들이 삼성중공업 본사를 항의 방문했다. 삼성 쪽의 사과와 피해대책 마련을 요구하고, 대통령직 인수위원회를 찾아가 건의문을 전달했다. 하지만 『조선일보』 『동아일보』 『중앙일보』는 이 일을 단한 줄도 보도하지 않았다. 2008년 1월 15일 삼성본관 앞에서 열린 주민대표들의 기자회견이나 16, 18일 환경단체의 삼성중공업 규탄 회견도 전혀 보도하지 않았다.

그 과정에서 태안 어민이 기름 유출로 인한 생계를 비관하여 2008년 1월 10일 스스로 목숨을 끊었다. 이어 1월 15일에 또 다른 어민이 비관자살했다. 아무도 책임지지 않고 신문들이 외면함으로써 빚어진 자살에 대해 『조선일보』 『동아일보』 『중앙일보』는 단지 짧막한 단신으로 편집했다.

세 신문의 독자에게 이러한 참극은 '이 땅에 존재하지 않는 현실'로 다가오기 십상이다. 반면에 자살한 어민의 영결식 사진을 크게 편집해 보도한 『한겨레』 독자에게 태안반도의 현장은 전혀 다르게 다가올 수밖에 없다(사진 38).

지금까지 살펴보았듯이 사회적 약자를 대변해야 한다는 공정의

충남 태안 기름유출 사고를 비관해 스스로 목숨을 끊은 이영권씨의 영결식을 끝낸 추모객들이 기름 방제복 차림으로 14일 이씨의 영정과 상여를 앞세우고 노제를 지내려 태안해양경찰서로 들어서려다 경찰의 제지를 받고 있다. 태안/김진수 기자 jsk@hani.co.kr

'기름유출 피해' 목숨 끊은 고 이영권씨 영결식

"사고 당사자 침묵에 분노"…1만여명 '울분'

충남 태안 원유유출 사고에 따른 피해를 비관해 스스로 목숨을 끊은 주민 고 이영권(66)씨의 장례식이 14일 오전 태안군청에서 군민 등 1만여명이 애도하는 가운데 군민장으로 치러졌다.

이날 장례식에서 이씨의 딸은 '아버지께 드리는 편지'에서 "기름을 뿌린 사람도 멀쩡히 숨을 쉬고 살아가는데 아버지가 왜 삶을 포기하신 것인지 원망스럽다"며 울먹였다. 이씨는 굴 양식장이 기름에 오염된 것을 비관해 목숨을 끊었다.

이원재(서산수협조합장) 군민장례위원회 공동위원장은 영결사에서 "태안반도에 검은 재앙이 몰려온 지 한달여 동안 우리는 서로 격려하며 옛 모습을 되찾으려고 발버둥치고 있지만 절망의 늪만 남아 있다"며 "사고를 낸 당사자는 침묵하고 어느 누구도 진정한 사과를 하지 않고 있다"고 분노했다.

이씨 영정 옆에는 기름으로 뒤덮인 해변과 기름에 젖은 새들, 주민들의 방제 사진 등이 내걸렸고 주민들은 방제복 차림으로 참석해 고인의 명복을 빌었다. 또 '기름피해 진짜 주범 삼성그룹 무한책임', '검은 바다 검은 사람 앞에 정부는 각성하라' 등 사고를 낸 삼성중공업의 책임을 추궁하고 피해 보상에 정부가 나서기를 촉구하는 만장 수백여개가 내걸렸다.

이씨의 주검은 태안해경 및 의항리해수욕장에서 노제를 지낸 뒤 이날 오후 소원면 의항리 선영에 안장됐다.

태안/송인걸 기자 igsong@hani.co.kr

사진 38 『한겨레』 2008년 1월 15일자 12면

가치가 한국 신문에 온전히 반영되지 않고 있는 현실은 다름 아닌 기자들을 대상으로 한 설문조사에서도 확인할 수 있다. '언론광장(www.openmedia.or.kr)'이 현직 언론인들을 대상으로 한 설문조사(2004)에서 "한국 언론이 사회적 약자의 목소리를 제대로 대변하는가"라는 물음에 "대변하고 있다"는 대답은 34.4퍼센트였다.

64.2퍼센트가 "대변하고 있지 않다"고 대답했다. 언론이 사회적 약자를 대변하지 못하고 있다는 응답을 간부급(53.3퍼센트)보다 평기자(68.1퍼센트)가 더 많이 했다는 사실이 그나마 희망일까.

신문의 품격을 판단하는 황금 잣대로 진실과 공정을 정치경제라는 틀로 살펴보았다. 여기서 독자들은 의문이 생길 법하다. 왜 그럴까. 왜 진실한 기사, 공정한 기사를 신문지면에서 보기가 쉽지 않을까. 가장 큰 원인은 권력이나 자본, 사주의 힘이 강력하기 때문이다.

신문사 피라미드 구조 안에 있는 기자가 자신의 불편 또는 불이익을 감수하면서도 기사 작성에 진실과 공정을 담아내려면 동시대인에 대한 사랑이 필수적이다. 신문사 안에 그런 기자가 많을수록 그 신문의 품격은 살아난다. 따라서 독자가 정파를 벗어나 신문을 비평할 마지막이자 가장 중요한 기준은, 동시대를 살아가는 사람들에 대한 따뜻한 시선, 사랑이 신문지면에서 얼마나 묻어나는가이다. 지면에서 사람에 대한 사랑이 물씬 느껴질 때 그만큼 진실하고 공정한 신문일 수 있다.

기실 일간신문 가운데 사시(社是)에 '사랑'이 들어가 있는 신문사도 있다. 신문지면에 "사랑을 나누자"는 내용을 담은 기사도 적잖게 나오기도 하다. '사랑'을 부각한 편집 가운데 가장 극적인 편집은 김수환 추기경이 '선종'했을 때다.

「고맙습니다, 사랑할게요」. 『조선일보』 1면 편집이다(2009년 2월 21일). 부제는 "김수환 추기경, 영원한 안식의 길 떠나"이다. 제목 못지않게 기사도 훈훈하다.

"추기경님, 사랑합니다. 사랑합니다. 잘 가세요."
지난 16일 선종(善終)한 김수환 추기경이 20일 '감사'와 '사랑'이 넘치는 가운데 영원한 안식에 들었다. 김 추기경의 장례미사는 이날 오전 10시 서울 명동성당에서 1만여 추모 인파가 성당 안팎을 메운 가운데 열렸다. 정진석 추기경은 강론에서 "'감사합니다. 사랑하십시오'라는 말씀은 이제는 다시 만나 뵐 수 없는 김 추기경님의 유언이 됐다"고 했다. (…) 이명박 대통령도 한승수 국무총리가 대신 읽은 고별사를 통해 "빈손으로 오셔서 감사와 사랑을 나누고 가신 추기경님은 우리 마음속에 영원히 함께하실 것"이라고 했다. (…)

김 추기경이 선종하자 대다수 언론은 '사랑'을 중심에 두고 편집했다. 김 추기경이 유언으로 "서로 사랑하세요"를 남겼기에 충분히 공감할 수 있는 편집이다. 이명박 대통령도 추기경 추도사에서 '사랑'을 강조했다. 그는 "하느님은 우리에게서 소중한 분을 데려가시면서 우리가 진심으로 뉘우치고 변화할 기회를 주셨다"며 "우리 모두 추기경님이 남기고 간 뜻을 받들어 서로 사랑하자"고 제안했다. 이 대통령의 "서로 사랑하자"는 발언도 신문에 부각되어 소개되었다.

김 추기경은 2007년 대선 정국의 한복판에서 이홍구, 강영훈 전 국무총리를 비롯한 '국가원로'들과 더불어 21명 이름으로 '국민과 대선 후보들에게 드리는 호소문'을 발표한 바 있다. 당시 신문 보도에 따르면 "원로들은 제17대 대선 정국이 후보들이 야기한 정치 불신과 사회 분열로 인해 갈수록 혼란 양상으로 치닫고 있다며 정당과 후보들은 근거 없는 중상모략과 비방을 그만두라"고 주문했다. 김 추기경의 의도였든 아니든 그 시점에서 그 호소문은 많은 이에게 이명박 지지로 받아들여진 게 사실이다. 실제로 한나라당은 바로 다음날 김수환 추기경을 맨 앞에 내세우며 "근거 없는 중상모략과 비방을 그만두고 국가 지도자로서의 철학과 비전을 제시하라는 충고와 지적이 매우 시의적절하다고 생각한다"는 논평을 내놓았다.

대통령 선거에서 이긴 이명박 당선자가 김 추기경을 찾았을 때다. 당시 비공개로 진행됐지만 2008년 초에 추기경은 『동아일보』와 인터뷰에서 다음과 같이 밝혔다.

"당선 후 추기경을 예방한 이명박 당선인에게 특별히 해주신 말씀은 무엇이었습니까."

"무엇보다 국민의 마음을 편안하게 해주고 양극화로 갈라진 사회를 하나로 통합해달라고 당부했습니다. 이를 위해서는 정부가 앞장서서 국민이 정부를 신뢰할 수 있는 분위기를 만들어 나가야 합니다. 국민의 신뢰를 얻어야만 경제도 살릴 수 있습니다."

김 추기경은 대통령에 당선된 이명박 후보에게 양극화로 갈라진 사회를 하나로 통합하라고 강조했다. 바로 그것이 추기경이 이야기한 사랑의 실체가 아닐까. 김 추기경 선종 뒤 신문에 보도된 추기경 어록 가운데 "머리와 입으로 하는 사랑에는 향기가 없다"는 대목이 있다. 추기경은 "사랑이 머리에서 가슴으로 내려오는 데 70년이 걸렸다"며 입에 발린 사랑을 경계하기도 했다.

문제는 이명박 대통령이 양극화로 갈라진 사회통합에 얼마나 나섰는가에 있다. 그 평가는 굳이 할 필요가 없을 터다. 재래시장 찾아가 특정 상인에게 목도리를 감아주거나 떡볶이집을 찾아 어묵을 먹는 게 양극화 해소는 결코 아니기 때문이다. 오히려 추기경 선종 시점까지 이명박 정권이 보여준 정책은 누가 보더라도 '가진 자 중심의 정책'이었다.

따라서 온전한 언론이라면 이명박 정권에게 추기경의 당부를 실천하라고 촉구해야 마땅하다. 그럼에도 어떤 신문도 지적하지 않았다. 오히려 양극화 해소라는 추기경의 당부와 사뭇 다른 사설이 나왔다. 「추기경이 남긴 선물」 제하의 『조선일보』 사설(2009년

2월 20일자)이 그것이다. 사설은 "근래 한 지도자의 죽음이 이토록 큰 울림을 준 적이 있었던가. 김수환 추기경을 추모하는 행렬은 길고 뜨거웠다"라고 쓴 뒤 "가진 자와 못 가진 자, 좌와 우, 지역과 나이, 정치와 이념으로 가르던 내 편 네 편이 없었다"라고 썼다.

물론, 그 주장은 조문을 위해 사람들이 줄 서 있는 모습을 표현한 대목이다. 사설은 바로 이어 "살아서 사랑과 희생, 나눔을 말과 행동으로 가르쳐준 추기경은 더 큰 가르침을 남은 이들에게 주고 갔다"고 주장했다. 추기경의 '서로 사랑하라'는 말은 어느새 "가진 자와 못 가진 자"로 "내 편 네 편"을 가르지 말라는 가르침이 되었다.

하지만 정작 추기경이 이명박 대통령에게 당부한 양극화 해소는 "가진 자와 못 가진 자"로 갈라진 현실을 인식하고 그것을 해소하는 데 있다. 현실을 모르쇠 하거나 '가진 자와 못 가진 자'의 갈등을 외면한다면, 양극화를 해소하기는 어려울 수밖에 없다.

추기경이 사랑을 강조했다고 대대적으로 편집한 신문들은 같은 날짜 다른 지면에서 사랑의 가치와 어긋나는 기사와 논평을 쏟아냈다. 가령 『조선일보』가 이명박 대통령 집권 1년을 맞아 쓴 「국가 정체성 확립 잘했지만 소통부족 아쉽다」 제하의 기사가 적절한 보기다(사진 39). 추기경의 사랑을 한창 강조하던 시점에 사회면 머리기사로 편집된 기사를 읽어보자.

이명박 대통령을 만들 때 핵심 역할을 했던 사람들은 지난 1년간을

A8 2009년 2월 24일 화요일 52판 이명박 대통령 집권 1년

● '개국공신' 20명에 MB 1年을 물었더니…

"국가정체성 확립 잘했지만 소통부족 아쉽다"

사진 39 「조선일보」 2009년 2월 24일자 A8면

어떻게 평가할까. 본지는 정권 창출에 참여했던 주요인사 20명에게 지난 1년간의 성공과 실패에 대해 물어봤다. 현재 청와대에서 대통령을 보좌하고 있거나 현 위치상 '정권평가'를 하기 적절치 않다고 생각하는 인물들은 대상에서 제외했다. 현 정권 탄생에 힘을 쏟았던 20인은 1년간 잘했던 일로 "지난 10년 정권에서 흔들렸던 대한민국의 정체성과 사회질서를 바로잡으려 노력한 것"을 가장 많이 꼽았다. 이명박 캠프의 고문 격이었던 최시중 방통위원장과 송정호 전 법무장관 등 절반 정도가 "촛불시위나 용산사건 등 어려운 순간에도 원칙을 지키려고 나름대로 애썼다"며 이렇게 말했다.

우리가 이미 살펴본 용산 철거민 참사를 '용산사건'이라고 표현하는 집권세력도 문제지만 그것을 그대로 받아쓰고 부각해서 '국가정체성 확립'으로 표제화해 편집한 신문을 어떻게 읽어야 할까. 바로 그 다음날 『동아일보』는 사설 「李 정권 '답답했던 1년' 이대론 안 된다」(2009년 2월 25일자)에서 다음과 같이 주장했다.

> 지금 우리 사회에 법과 질서가 확립돼 가고 있다고 느끼는 국민은 많지 않다. 경찰이 좌파와 불법 폭력세력에 폭행당하는 일이 비일비재하고 불법시위에 대한 엄정한 대처는 말뿐이었다. 지난해 미국산 쇠고기 사태 때 대통령은 청와대 뒷산에 올라가 '아침이슬'을 따라 불렀다고 고백함으로써 엄정한 법질서 수호와는 거리가 먼 감상적 태도로 국민을 실망시켰다. 용산 재개발 참사와 관련해 경찰 진압의 적법성과는 무관하게 경찰 최고책임자를 사실상 경질함으로써 법치의 원칙을 깨는 기회주의적 행태마저 보였다.

철거 현장에 과도하고 잔혹한 '공권력' 행사로 국민 5명이 참혹하게 숨졌는데도 그 상황에서 "법치가 부족하다"고 다그치는 신문을 어떻게 보아야 할까. 김 추기경이 이명박 대통령에게 한 당부가 '양극화 해소'였다는 진실은 찾아볼 길이 없다.

'양극화 해소'라는 사랑을 외면하는 신문편집과 더불어 주목할 것은 남과 북 사이에 '증오'를 부추기는 편집이다. 대표적 보기가 『중앙일보』 1면 편집이다. 머리기사로 사진과 함께 추기경의 장례

기사를 올리며 「사랑하겠습니다 용서하겠습니다」라는 큼직한 표제를 구성한 이 신문은 머리기사 바로 아래에 「북, 우리 함정에 미사일 쏘면 발사지점 공격」 제하의 기사를 맞물려 편집했다(사진 40).

> 이상희 국방부 장관은 20일 북한이 서해 북방한계선(NLL)에서 선제공격을 해올 경우 발사 지점을 공격하겠다는 입장을 밝혔다. 이 장관은 이날 국회 남북관계발전특위에서 "북한이 장사정포나 미사일 등으로 우리 함정을 공격할 경우 발사지점이 NLL의 이북이더라도 직접 대응할 것이냐"는 한나라당 홍정욱 의원의 질문에 "대응의 기본은 발사 지점에 대한 것"이라고 답했다. 이어 "(북한이) 분명히 공격 행위를 했기 때문에 미사일 발사 지점은 공격받아야 한다"고 덧붙였다. 이 장관은 "전면전으로 확산되지 않도록 군은 현장에서 가장 짧은 시간 내 적이 도발한 만큼의 대응을 할 것"이라고 말했다.

같은 날 『조선일보』 편집도 마찬가지다. "사랑할게요"라는 표제를 단 이 신문 1면에도 「北 미사일 날아오면 발사지점 공격」 제하의 기사가 비중 있게 편집되었다. 『중앙일보』는 일요일(휴간일)을 지난 바로 다음날 1면에 「김일성 고지 750m 앞 … "저쪽서 쏘면 모든 실탄 응사"」 제하의 기사를 크게 부각해 편집했다(사진 41). 같은 날 『동아일보』는 「北 도발時 대응타격은 軍의 당연한 임무다」 제하의 사설을 내보냈다.

사진 40　위 『중앙일보』 2009년 2월 21일자 1면
사진 41　아래 『중앙일보』 2009년 2월 23일자 1면

앞서 소개한 신문만 읽은 독자들에게는 남과 북의 바다에 놓인 '북방한계선'을 남과 북 사이의 휴전선 또는 국경선으로 이해하기 십상이다. 하지만 그것은 사실과 다르다. 1953년 7월 27일 체결된 정전협정은 남과 북 사이에 육상경계선만 설정하고 해양경계선은 설정하지 않았다. 육상경계선에 근거해 해양경계선을 설정하면 된다는 취지였다. '북방한계선'이란 말은 당시 주한 유엔군 사령관 클라크가 작명한 선이다. '북방한계'라는 이름에서 드러나듯이, 정전협정을 반대한 이승만 정권이 해상을 통해 '북진'을 시도할까 우려해 그것을 저지하기 위해 미군이 일방적으로 설정한 선이다. 정확히 말해 남쪽 해군은 그 선 이상으로 올라가지 말라는 의도였다. 북쪽과 협의가 없었음은 물론, 북쪽에 공식 통보도 하지 않은 한계선이다. 영문 머리글자를 따서 'NLL(Northern Limit Line)'로 부른다. 북쪽은 1970년대부터 육지 기준으로 재설정을 요구해왔다. 그것이 갈등으로 부각된 이유는 식량난을 겪는 북쪽 어민들이 꽃게가 많이 잡히는 시기에 북방한계선을 넘어오는 사례가 늘어났기 때문이다. 이른바 '연평해전'이 두 차례에 걸쳐 일어난 이유도 거기에 있다.

따라서 더 이상의 충돌과 비극을 피하려면 남과 북이 만나 대화를 통해 해결해야 마땅하고, 합의 이전이라도 꽃게 잡는 철에는 '공동어로 구역'을 설정하는 방안을 모색하는 게 이성적이다. 김대중-노무현 정부가 추진한 일이 바로 그것이다.

하지만 이명박 정부 들어서서 남과 북 사이에 대화가 단절되고

사진 42 『중앙일보』 2004년 1월 30일자 1면

그 결과 다시 서해상에 긴장이 높아간 게 객관적 현실이다. 그럼에도 북방한계선을 마치 국경선이나 되는 듯이 호도하고 그 선을 넘어서면 군사적 대결이 당연하다는 식의 여론 형성은 과연 누구를 위한 왜곡일까. 이 문제도 김수환 추기경이 당부한 사랑과 연결해 성찰해볼 필요가 있다. 김수환 추기경이 노무현 정부 때 '친북반미 세력'을 우려하고 나섰고 그것을 신문들이 대서특필하고 나섰기 때문이다.

「나라의 전체 흐름이 반미 친북으로 가 걱정」, 『중앙일보』 2004

년 1월 30일자 1면 머리기사다(사진 42). 기사는 김수환 추기경이 2004년 4월 총선을 앞두고 찾아온 열린우리당 정동영 의장 일행과 만난 자리에서 "요즘 미국을 주적(主敵)으로 생각하는 젊은이가 늘고 있다"며 "나라의 전체적 흐름이 반미 친북 쪽으로 가는 것은 대단히 걱정스럽다"고 말했다고 전했다. 추기경은 또 "군 장성에게서 사병들 가운데도 반미 친북 성향을 가진 사람이 많다는 얘기를 들었다"며 "이런 계층이 현 정부를 적극 지지하고는 있지만 나라를 이렇게만 끌어가면 미래가 어떻게 되겠느냐"고 염려했다.

같은 날『조선일보』도 1면에「親北 … 관권선거 논란 … 나라가 걱정」제하에 다음 기사를 돋보이게 편집했다.

> 김수환 추기경은 29일 오전 취임인사차 서울 혜화동 성당을 예방한 열린우리당 정동영 의장 일행에게 남북문제 등 국정 전반과 관권 선거 논란 등에 대해 우려를 표명하며 "우리나라가 어디로 가고 있는가 하는 걱정이 된다"고 말했다. 남북문제에 대해 김 추기경은 "한 리서치에 한반도 평화와 안보를 위협하는 나라로 미국을 가장 많이 꼽을 정도로 미국이 주적(主敵)이 됐다"며 "군에서 그렇게 생각하는 사병이 있을 정도로 반미 친북 세력이 커져가는 게 사실"이라고 말했다.

총선을 앞둔 민감한 시기이기에 김수환 추기경의 발언은 파문이 클 수밖에 없었다. 김 추기경의 발언을 신문들이 비중 있게 편집한 이유도 충분히 짐작할 수 있다. 하지만 여기서도 중요한 것은 진실이다. 추기경이 언급한 "한 리서치"는 무엇일까.

다름 아닌 『조선일보』에 실린 「여론조사/한국 안보위협 국가, 미국이 1위로」 제하의 상자기사다(2004년 1월 12일자 A29면). 기사에서 확인할 수 있듯이 '우리나라 안보에 가장 위협적인 국가는 어디인가' 란 질문에 미국(39%)이란 응답이 북한(33%)보다 조금 많게 나타났다. 이를 어떻게 읽어야 할까. 당시 미국 조지 부시 정권의 이라크 침략전쟁과 '평양 폭격' 위협이 반영된 결과라고 보아야 옳다. 중요한 사실은 정작 이 여론조사에서 '주적' 이란 설문은 없었다는 점이다.

그럼에도 그것을 '주적' 이라는 자극적 해석으로 몰아간 신문이 바로 『조선일보』다. 『조선일보』는 여론조사를 보도한 바로 다음 날, 「미국이 한국의 主敵이란 말인가」 제하의 사설을 내보냈다 (2004년 1월 13일). 사설은 여론조사를 소개한 뒤 "이 조사 결과대로라면 이제 대한민국의 주적은 북한이 아니라 미국으로 바뀌어야 할 판"이라고 썼다. 우리는 여기서 김 추기경의 발언이 『조선일보』 사설과 거의 같다는 사실을 확인할 수 있다. 김 추기경이 『조선일보』 독자라는 사실도 미루어 알 수 있다. 추기경은 『조선일보』 사설을 읽으면서 개탄했을 게 분명하다.

하지만 '안보에 가장 위협적인 국가' 라는 설문과 '주적은 누구인가' 라는 설문은 맥락이 전혀 다르다. 실제로 '주적은 누구인가' 라는 설문조사를 했다면 결과는 달랐을 가능성도 높다. 물론, 21세기 국제 정치경제 질서에서 '주적' 개념을 고집하고 내세우는 발상 자체가 냉전시대의 낡은 사고에 찌들어 있음을 스스로 폭로하는 일에 지나지 않는다. 남과 북 사이에 경제력의 차이가 벌어질 대로 벌어진 상황에서도 여전히 북의 남침 위협을 강조하는 것은 다른 정치적 의도가 있는 것으로 읽을 수밖에 없다. 문제는『조선일보』가 사실을 과장하고 비틀어서 선동하는 행태를 꾸짖었어야 할 김 추기경 스스로 그 논리를 확대 재생산하는 데 '이용' 당했다는 사실이다.

『조선일보』는 자신의 사설에 근거해 사실과 다른 우려를 한 김 추기경 발언을 대서특필한 바로 다음날, 다시 사설「추기경의 근심, 백성의 걱정」(2004년 1월 31일자)을 내보냈다. 추기경의 '권위'를 빌려『조선일보』가 자기주장을 반복한 셈이다. 실제로 한국 사회의 주류는 '반미 친북' 세력이 아니다. 다름 아닌 노무현 대통령 자신이 미국의 이라크 침략전쟁에 동참을 결정했고, 그 뒤에도 한미FTA로 치달았다. 더구나 그 시점은 부시 정권 내부에서는 '평양 폭격' 주장까지 솔솔 흘러나오던 상황이었다.

그로부터 4년 뒤인 2008년 2월 이명박 대통령이 취임했다. 이명박 정권은 남북공동선언 자체를 인정하지 않는 발언을 거침없이 내뱉었고 한미동맹에만 치중함으로써 남북관계를 단절시켰다. 그 결과는 남과 북 사이에 평화보다 충돌 가능성을 높여놓았다. 과연 그것이 김 추기경이 진정 소망했던 현실일까.

김 추기경 선종 당시 남과 북 사이에 증오가 증폭되는 상황을 추기경은 어떻게 읽었을까. 신문 읽기의 중요성을 새삼 확인할 수 있는 대목이다.

다시 추기경 선종 때의 신문을 읽어보자. 지면 곳곳에 '사랑'은 넘쳐나고 있지만, 실제로 지면 깊은 곳에 퍼져 있는 것은 증오다. 더 정확히 말하자면, 넘쳐나는 것은 사랑이 아니라 '사랑'이란 '말'이다. 물론, 일시적으로 안구 기증이나 입양이 늘어나기도 했다. 신문들이 전하는 '사랑의 바이러스'를 굳이 부정할 필요도 없다. 하지만 김 추기경이 선종한 2009년 2월 시점은 그 작은 '사랑'들을 압도할 증오의 먹구름이 시커멓게 한국 사회를 뒤덮고 있었다. 용산에서 억울하고 참혹하게 숨진 철거민들을 '좌파'나 '과격'으로 몰아세운 신문지면이나, 남북 사이의 군사적 충돌을 은근히 부추기는 신문지면들이 그 보기다.

기실 사랑이란 말은 이명박 정권 1년 동안 청와대에서 유난히 많이 흘러나왔다. 소망교회 장로였던 이명박 대통령 스스로 사랑을 이야기해왔다. 그는 심지어 용산에서 철거민들이 참혹하게 숨진 지 얼마 안 된 설날 연휴에도 '가족 사랑'을 강조했다. 여기서 우리는 "입으로만 하는 사랑"을 믿지 않았던 김 추기경의 말을 그의 신문 읽기와 더불어 새삼 돌이켜볼 필요가 있다. 바로 그때 우리는 신문의 품격을 결정하는 요인으로서 진실과 공정에 더해 그 뿌리로서 사랑의 의미를 새롭게 발견할 수 있다. 기실 독이 든 사과를 먹은 백설공주가 깊은 잠에 들었을 때 그를 지켜준 사람들이 '난장이'(공정)들이고 그를 깨운 게 다름 아닌 '사랑'이었음을 이미 우리는 어린 시절에 동화로 학습하지 않았던가.

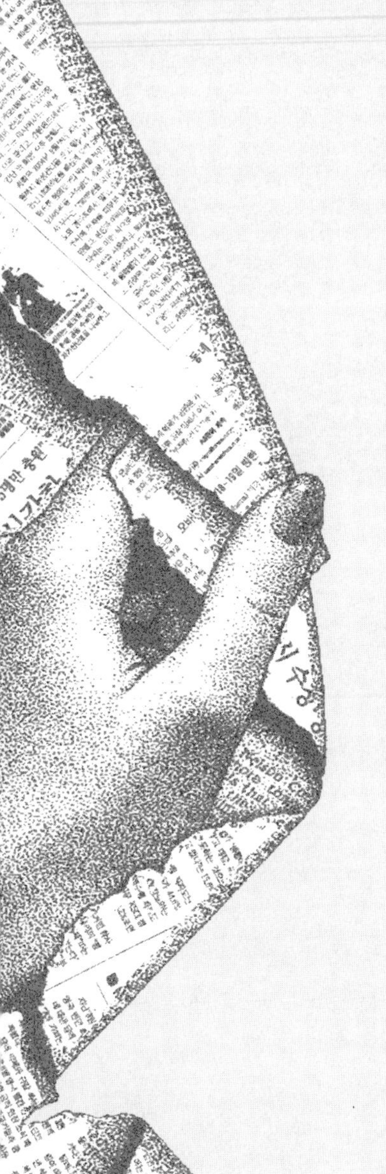

신문 깊이 읽기의 세 지층

지금까지 신문 품격의 황금 잣대로 진실, 공정, 사랑을 살펴보았
다. 그 세 가치는 신문의 품격, 더 나아가 생명이라고 해도 무방할
기본 윤리이자, 신문이 신문으로 존재하는 근거이기도 하다.

하지만 어떤 신문이 진실한가, 공정한가, 사랑이 담겼는가라는
문제만으로 신문을 읽을 수는 없는 일이다. 신문의 품격을 알아보
기 위해 신문을 읽는 게 결코 아니기 때문이다. 신문의 품격을 좌
우하는 황금 잣대를 알아본 지금, 그렇다면 신문 읽기가 우리 개
개인의 삶에 유익할 수 있는 독법은 무엇일지를 짚어볼 단계에 들
어섰다.

독자가 자신의 삶을 주체적으로 열어가는 데 신문을 활용하려
면 신문지면 아래의 지층을 깊이 읽어야 한다. 그 자체가 정치경
제 현상인 신문지면에는 독자들이 주의 깊게 탐색하며 읽어야 할

세 지층이 있다. 세계화, 민중, 이해관계가 그것이다.

　물론, 신문 읽기를 통해 우리가 얻을 새로운 정보를 세 가지로만 한정할 필요는 없다. 지구촌에서 일어나는 새로운 사실들 가운데 우리가 알 권리가 있는 정보들을 모두 세 범주 아래 포괄할 수도 없는 일이다. 하지만 세계화, 민중, 이해관계는 딱히 신문 독자가 아니더라도 21세기를 살아가는 사회구성원이라면 기본적으로 학습해야 할 핵심 개념이다. '세계화'가 이미 지구촌으로 촘촘하게 얽혀 있는 우리 시대의 객관적 현실을 이해하는 핵심어라면, '민중'은 그 현실을 살아가는 우리 대다수의 주체성 또는 정체성의 문제다. '이해관계'는 객체로서의 세계화와 주체로서의 민중이라는 두 핵심어를 이어주는 데 가장 중요한 개념이다.

　세 가지 핵심어는 우리가 신문을 읽는 지면 아래에 지층처럼 깔려 있다. 지면 아래 놓인 그 지층까지 읽어낼 때 우리의 신문 읽기는 깊어질 수 있다.

　먼저 '세계화'부터 살펴보자. 세계화는 1990년대 후반 이래 갈수록 신문지면에 많이 등장하고 있는 말이다. 우리는 이 책의 「여는 글」에서 『조선일보』 논객 김대중이 노무현 정부 초기에 '세계화'를 강조한 사실을 살펴보았다.

　세계화라는 말에 '바늘과 실'처럼 언제나 따라다니는 신문용어가 있다. 바로 '글로벌스탠더드(global standard)'다. 글로벌스탠더드는 한국의 대다수 신문들이 모든 복잡한 문제의 '만병통치약'처럼 즐겨 써왔고 지금도 쓰는 말이다. 정치인과 경제인들만이 아니다. 대학 교수들과 종교인들도 그 말을 애용한다.

글로벌스탠더드란 대체 무엇일까. 말 뜻 그대로 옮긴다면 '세계 표준'이다. 조금 더 길게 말한다면 '세계에서 통용되는 표준'이다. 처음에는 기업 활동과 연관되어 주주권이나 회계 기준을 비롯한 기업 경영 체계를 지칭하는 개념으로 사용되었지만 점차 세계화 개념과 동등한 의미로 보편화해갔다.

글로벌스탠더드의 쓰임새를 옳게 이해하기 위해서는 곧장 신문 읽기로 들어가 구체적 보기를 놓고 논의하는 게 효과적이다. 일간지 1면 머리기사 가운데 '글로벌스탠더드'라는 말을 기사 첫 문장에 써 넣은, 다음 기사(『조선일보』 2005년 4월 15일자)를 읽어보자(사진 43).

한국의 국세청은 과연 글로벌스탠더드에 걸맞은 세무 행정을 펴고 있는 것일까? 사전 통고 한마디 없이 기습적으로 이루어진, 외국계 자본에 대한 집단 세무조사가 외국인들에게는 어떻게 비치고 있을까? (…) 론스타 측은 "사전에 세무조사 통보를 받은 바 없다"고 밝혔다. 한상률 국세청 조사국장은 "국내외 자본 구분 없이 변칙 부당 이익을 취했는지 여부를 검증하는 것은 국세청의 임무"라며 조사 이유를 밝혔다. (…) 하지만 국세청의 이번 세무조사는 조사 시점이나 방식에서 볼 때 문제가 많다는 지적이다. 특히 '일제단속' 식의 투박한 조사 방식은 글로벌스탠더드도 아닐뿐더러, 국익을 도외시한 성급한 행동이란 비판이 나오고 있다. 한 유럽계 투자기관 관계자는

"최근 한국 내 반(反)외국자본 정서 논란이 불거진 민감한 시기에, 왜 하필 국세청이 세무조사의 칼을 뽑아들었는지 이해하기 어렵다"며 "최근 5%룰과 은행의 외국인 이사수 제한으로 경제민족주의에 대한 우려가 높아지는 상황에서 국제 여론의 악화가 우려된다"고 말했다. (…)

이 장문의 기사는 사진에서 보듯이 「외국계 자본에 칼 들이댄 국세청/민감한 때 무더기 세무조사 파문」 제하에 대문짝만 하게 편집됐다. 『조선일보』 기사에 따르면 대한민국 국세청은 '글로벌 스탠더드'에 맞지 않은 세무행정을 편 셈이다. 기자 스스로 "사전 통고 한마디 없이 기습적으로 이루어진, 외국계 자본에 대한 집단 세무조사가 외국인들에게는 어떻게 비치고 있을까?"라고 묻는다. 이어 "최근 한국 내 반외국자본 정서 논란이 불거진 민감한 시기에, 왜 하필 국세청이 세무조사의 칼을 뽑아들었는지 이해하기 어렵다"라는 유럽계 투자기관 관계자의 말을 인용했다. 위 인용문에 서는 지면 관계상 생략했지만, 곧바로 '글로벌스탠더드'가 다시 나온다. "명확한 탈세혐의가 없다면 조사 이유와 대상을 미리 통고하는 게 글로벌스탠더드가 아니냐." 주한외국기업 CEO의 발언이다. 반면에 "미국의 경우도 국세청이 필요한 경우 사전 통고 없이 조사가 가능하다"는 국세청의 반박은 '글로벌스탠더드'가 아니다. 더 나아가 "외자를 하나라도 더 유치해야 하는 한국과 외국 자본이 경쟁적으로 몰려드는 미국을 단순 비교하는 것은 곤란하

사진 43 『조선일보』 2005년 4월 15일자 1면

다는 지적도 있다"며 누구의 지적인지 모호하게—기자 자신의 주
관적 판단을 마치 객관적 여론인 듯 기사화할 때 흔히 쓰는 방식
이다—기사를 작성했다.

　『조선일보』와 같은 날 『한겨레』는 이 기사를 어떻게 구성하고
편집했을까. 먼저 기사부터 읽어보자.

　정부가 외국계 자본에 대해 엄격한 태도로 돌아섰다. 최근 금융기관
의 외국인 이사 수 제한과 5% 규정 개정 등을 둘러싸고 일부 외국언

론과 마찰을 빚고 있는 가운데, 정부가 외국계 펀드 세무조사라는 '칼'을 빼든 것이다. 국세청 한상률 조사국장은 14일 "국제자본도 변칙적이고 부당한 이익이 있는지를 국제적 과세기준에 따라 명백히 검증해 볼 필요가 있다는 게 국세청 입장"이라며, 외국계 펀드에 대한 세무조사 착수 사실을 확인했다. 조사 대상은 론스타 등 2개 대형 펀드인 것으로 알려졌다. 정부가 이런 자세를 취하게 된 배경에는 외국자본에 대해 더는 특별대우를 하지 않겠다는 판단이 깔려 있다. 윤증현 금감위원장이 이날 서울 소공동 롯데호텔에서 열린 '21세기 경영인클럽 조찬강연'에서 "투명하고 공정한 시장원칙을 벗어나 비정상적으로 시장을 교란하는 행위를 통해 부당한 이득을 얻는 것은 국내외 자본 구분 없이 엄하게 규제를 해야 한다"고 말한 것도 같은 맥락이다. 외환위기 직후에는 외자 유치에 나라경제의 사활이 걸려 있었기 때문에 각종 유인책을 내걸고 외국자본 끌어들이기에 주력했지만 이제는 상황이 달라졌다는 게 정부 인식이다. 나라경제도 어느 정도 정상화됐기 때문에 외국자본과의 관계도 정상화해야 한다는 것이다. 정부의 고위관계자는 "사실 2~3년 전부터 이런 문제인식을 가지고 외국자본과의 관계를 재정립해야 했는데, 너무 늦은 감이 있다"고 말했다.

경제현상을 보도하는 데도 같은 사안에 기사, 그것도 뉴스기사 구성이 전혀 다를 수 있다는 사실을 단적으로 보여준다. 『한겨레』는 이 기사를 1면에 「외국계 펀드 전격 세무조사/론스타 등 2개

포함 … 국세청 '부당이득 검증 필요'」라는 제목으로 편집했다. 1면에 이어 관련기사들을 실었다. 『한겨레』는 "외국인들이 정부의 이런 방침에 대해 내놓고 거부감을 보이기는 쉽지 않을 것이라는 의견"을 소개하고 "정부의 태도가 다른 선진국에 비해 유난히 강한 것도 아니고, 대부분 국제기준에 맞춰 하겠다는 것이기 때문"이라고 썼다. 이 기사에서 '국제기준'은 '글로벌스탠더드'로, 『한겨레』는 국세청의 세무조사가 글로벌스탠더드에 어긋나지 않는다고 기사화해 『조선일보』와 정반대의 시각을 보였다.

그렇다면 그 뒤 '글로벌스탠더드'는 어떻게 판명 났을까. 그로부터 8개월 뒤다. 『한국일보』는 「론스타 투항, 공평세정 모범 세웠다」 제하의 사설(2005년 12월 16일자 27면)을 내보냈다. 사설을 읽어보자.

미국계 사모펀드인 론스타가 최근 본사 임원을 우리 정부에 파견해 스타타워 빌딩 매각차익에 대한 국세청의 세무조사에 승복하고 추징된 세금(1,400억 안팎)도 전액 납부하겠다고 밝혔다고 한다. (…) 국세청이 외국계 펀드에 대해 처음 칼을 빼들었을 때 조사의 실효성과 국내외 파장을 우려했던 여러 지적에 비춰 보면, 공평과세의 규율을 재정립한 이번 결과는 참으로 깔끔한 결말이다. 국세청의 완승이니, 론스타의 백기투항이니, 하는 승패개념으로 문제를 보는 시각도 있으나, 보다 큰 결실은 "소득 있는 곳에 과세하고 의혹 있는 곳은 조사한다"는 단순명료한 원칙을 당사자의 반발이나 외국 언론의 견제를 뚫고 대내외에 천명한 것이다.

『한국일보』 사설이 "깔끔하게" 정리하고 있듯이 1000억 원이 넘는 탈세 사실이 드러난 론스타가 승복할 수밖에 없었던 이유는 국세청의 세무행정이 '공정한 준칙'이었기 때문이다. 여기서 우리는 신문기사에 수없이 나오는 '글로벌스탠더드'에 대해 독자가 주체적으로 읽어가야 할 필요성을 절감할 수 있다.

더구나 글로벌스탠더드는 단순히 시사용어의 문제에 그치지 않는다. 독과점 신문의 지면에서 글로벌스탠더드는 곧 세계화이고, 세계화의 핵심은 신자유주의였다. 이는 신문을 읽는 독자들의 일상적 삶에 깊숙이 영향을 끼쳐왔고, 지금도 그렇다. 삶의 현장에서도 '신자유주의＝세계화＝글로벌스탠더드'로 통용되고 있다.

물론, 많은 독자에게 '글로벌스탠더드'나 '세계화'라는 말은 낯익은 반면에 '신자유주의'라는 말은 낯설게 다가올 수도 있다. 곧 자세히 분석해보겠지만, '신자유주의'라는 말이 신문지면에 자주 나타나지 않았기 때문이다.

더러는 '신자유주의'라는 말이 어렵다고 생각하지만 결코 그럴 문제가 아니다. 아마도 신문 독자라면 누구나 기업에 대한 규제를 완화하고 법인세를 대폭 줄여야 하고, 외국 투자자들에게 국내 시장을 모두 개방해야 하며, 공기업을 '민영화'하고 작은 정부를 구현해야 하고 노동시장을 유연화해야 한다는 기사와 사설을 읽었을게 틀림없다. 아니, 그냥 읽었던 게 아니라 그런 주장들의 뒤에는 언제나 '글로벌스탠더드' 또는 '세계화'라는 말이 이어졌을 터다.

　바로 탈규제, 감세, 전면개방, 민영화, 노동시장 유연화 그 다섯 가지가 '신자유주의'의 특성이다. 한국 사회에서 신자유주의의 기점을 언제로 설정할 것인가는 학자에 따라 다르다. 더러는 1970년대 후반까지 거슬러 올라간다. 하지만 아무래도 '신자유주의 시대'라 규정할 시점은 국제통화기금(IMF)의 구제금융을 받은 1997년 이후로 보는 게 타당하다. 실제로 그 이후 한국 사회는 앞서 말한 다섯 가지 특성이 고스란히 현실로 구현되어왔다. 그 결과가 고(故) 김수환 추기경마저 이명박 대통령에게 해결을 당부한 '사회 양극화'다. 더 엄밀하게 말한다면 50 대 50의 양극화도 아니다. 상위 20%와 나머지 80% 사이에 빈부 차이가 점점 커져가는 20 대 80의 사회다.

　그럼에도 대다수 사회구성원들―신문 독자들―은 비정규직 비율이 가파르게 상승하고 부익부 빈익빈 심화 현상이 신자유주의에서 비롯되었다는 정보나 지식에 어둡다. 언론이 민주시민의 '알 권리'를 충족시켜오지 못했기 때문이다. 그 결과다. 신자유주의를 '글로벌스탠더드'로 인식하며 거스를 수 없는 '대세'로 받아들여 순응해왔다.

　2008년 9월, '종주국'인 미국의 금융위기로 신자유주의가 명백한 한계를 드러내면서 일각에서는 신자유주의 문제는 이제 시기가 지난 담론이라고 주장한다. 과연 그러한가. 전혀 아니다. 신자유주의는 한국 사회에서 엄연한 현실이다. 이명박 정부는 미국의 금융위기를 아랑곳하지 않고 신자유주의 정책을 '불도저'처럼 강행했다. 한국 언론이 신자유주의 문제를 의제로 설정한 바가 거의 없었기에 가능한 일이다. 독자들이 신문을 읽으면서 신자유주의와 세계화를 핵심어로 알아두어야 할 이유가 여기 있다.

세계사적으로 신자유주의는 1979년 영국 총선에서 보수당의 대처가 승리한 데 이어 1980년 미국에서 공화당 레이건이 당선되면서 본격화했다. 두 차례나 세계대전의 참상을 겪은 뒤, 전후 자본주의를 이끌어온 케인스주의가 스태그플레이션으로 위기를 맞은 상황이었다. 당시의 신자유주의자들은 시장과 자본의 논리에 국가가 인위적으로 개입했기 때문에 위기를 맞았다고 주장하며 모든 걸 '자유시장'에 맡기자고 주장했다. 실제로 미국과 영국에서 신자유주의는 자본에 대한 국가 규제를 완화하고 생산과정과 노동시장의 유연화, 사회복지 체계의 해체를 강력히 추진했다. 동시에 자본의 논리에 우호적인 언론계와 학계를 통해 신자유주의 담론이 온 세계로 빠르게 퍼져갔다. 가령 신자유주의가 영국과 미국에서 구현되기 시작할 무렵에 한국에서도 전두환 정권은 레이거노믹스를 '공급중시 경제학'이라는 이름 아래 대대적으로 홍보하고 나섰다.

신자유주의들의 주장이 세계적으로 세력을 형성하게 된 데에는 실존 사회주의 국가들의 경제침체에 이은 붕괴가 큰 몫을 했다. 자본주의 국가에서 살아가는 민중은 자신들이 직면한 경제적 어려움을 극복할 대안이 또렷하게 보이지 않는 상황에서 신자유주의자들의 적극적인 공세에 소극적으로 대응할 수밖에 없었고, 그 것이 신자유주의가 전성기를 맞는 데 중요한 요인이 되었다.

물론, 신자유주의자들은 자신들이 복지에 소홀하다는 비판을 받아들이지 않는다. 강력한 사적 소유권과 자유시장, 자유무역의 제도가 개인의 자유를 마음껏 펼칠 수 있게 함으로써 국민복지도 가장 빠르게 개선할 수 있다고 강조한다. 따라서 국가는 그에 적합한 제도적 틀을 만들고 지켜야 한다는 게 신자유주의 논리다. 한국의 독과점 신문들이 즐겨 쓰는 논리이기도 하다.

문제의 핵심은 신자유주의가 내세운 '이상'과 현실이 전혀 다르다는 데 있다. 신자유주의자들이 그것을 현실에 구현할 때 사용한 전략은 '시장만능'이었다. 신자유주의는 자본주의 경제사회의 병리적 현상을 치유할 불가사의한 힘으로 '시장'을 상정하는 고도의 이데올로기였다. 시장만능주의이기 때문에 작은 정부를 추구한다는 통념도 사실과 다르다. 자본에 대해서는 '작은 정부'이지만 노동자에 대해서는 언제나 '크고 힘 센 정부'였기 때문이다. 신자유주의를 비판하는 사람들이 신자유주의에서 '자유'란 보편적 개인의 자유가 아니라 특정 계급의 자유일 뿐이라고 분석한 이유도 여기 있다. 신자유주의 '종주국'인 영국과 미국 사회에 빈곤과 불평등이 확대된 사실이 이를 입증한다. 신자유주의가 진행된 1980년대 이후 부자들은 미국 역사상 가장 많은 돈을 챙겨 상위 20%와 하위 20% 소득 차이가 급속도로 벌어졌다는 사실을 여러 통계에서 확인할 수 있다.

　가령 1970년대 말부터 시작된 미국의 양극화 현상은 미국의 유력 신문들이 공공연하게 '두 개의 미국'을 거론할 정도로 커졌다. 보수적 시사주간지 『타임』의 보도(2008년 5월 26일자)조차 2002~2006년 미국 소득 증가분의 75%가 최고 1% 부자들의 손에 들어갔다는 점을 우려할 정도였다. 또한 신자유주의는 오랜 세월에 걸쳐 만들어온 '복지제도'를 시나브로 파괴했고, 가장 냉혹한 자본주의 논리를 '복권'시켰다.

　『뉴욕타임스』의 보수적 칼럼니스트 토머스 프리드먼조차 "시장의 보이지 않는 손은 보이지 않는 주먹 없이는 제 구실을 하지 못한다"고 고발했을 정도다. 맥도날드는 맥도넬 더글러스(팬텀기를 제조하는 미국의 대표적인 방위산업체) 없이는 번성할 수 없으며, 실리콘 밸리의 기술이 번창하도록 세계를 안전하게 유지해주는 보이지 않는 주먹은 미합중국 육군, 공군, 해병대라는 논리다.

　앞서 말한 대로 한국에서도 이미 전두환 정권 시기에 공급중시 경제학이라는 이름 아래 '레이거노믹스'가 도입되기 시작했지만, 신자유주의가 '개혁'이란 이름 아래 본격 전개된 것은 1997년 외환위기를 계기로 해서다.

　외환위기 때 구제금융의 조건으로 IMF가 제시한 구조조정 프로그램인 '탈규제, 개방화, 민영화, 정리해고 도입'은 신자유주의 체제의 기본 뼈대다. 구제금융을 받는 나라의 자본시장과 무역시장을 철저히 '자유화'하는 신자유주의 체제는 1990년 미국 재무부와 IMF, 세계은행이 이른바 '담합'해 내놓은 '워싱턴 컨센서스

(Washington Consensus)'의 논리 그대로다.

구제금융을 받던 1998년 9월 한국에서 열린 '서울국제민중회의' 참가자들은 선언문을 통해 신자유주의의 개념을 명확하게 정의했다. "신자유주의는 자본과 초국적기업의 부와 권력을 극대화하는 것을 목표로 하는 파괴적이고 살인적인 전략으로, 민중을 단지 생산과 소비의 한 요소로 전락시키는 과정에서 개인, 계급, 국가와 지역 사이의 분열을 초래하고 있다." 서울국제민중회의의 선언문이 여론시장을 독과점한 신문들의 외면을 받은 것은 물론이다. 대다수 독자들의 알 권리가 원천적으로 침해당한 셈이다.

신자유주의는 김대중-노무현 정부를 거쳐 이명박 정부가 들어선 뒤 더 노골적이고 극단적 형태로 관철되어갔다. 이명박은 2008년 2월 대통령에 취임하자마자 기업규제 완화와 감세, 민영화를 강력하게 추진했다. '기업친화'적 노동정책에 더해 준법과 질서를 강조하는 '노조 길들이기'도 강행했다. 대기업 감세 정책으로 투자를 활성화한다는 명분을 내건 법인세와 상속세 인하, 종합부동산세 무력화는 이명박 정부의 공약이자 자본의 숙원사업이었다.

문제는 1997년 이후 신자유주의가 본격 전개되어 실제 경제를 바꿔 나간 지 10년이 넘었는데도 '신자유주의'라는 말이 대다수 사회구성원에게 개념조차 낯선 말이라는 데 있다. 일차적 현실 규정자인 신문이 신자유주의라는 개념 자체를 외면해온 게 가장 큰 원인이다. 우리 신문에서 '신자유주의'라는 말이 얼마나 배제되어 왔는가를 구체적으로 조사해보자.

　먼저 조사 대상으로 신자유주의가 불러온 사회 양극화 문제에 소극적 보도를 해온 조간신문과 석간신문을 하나씩 고르고, 그와 비교할 신문으로 흔히 '진보 매체'로 분류되는 『경향신문』과 『한겨레』를 선택했다. 조사 기간은 신자유주의 문제가 사회구성원 사이에 폭발적으로 분출하기 시작한 2008년 5월 2일(대규모 촛불집회 시작일)을 기준으로 삼았다. 그날을 기준으로 그 이전 1년(2007년 5월 1일~2008년 5월 1일)은 여당과 야당의 대통령 후보 경선이 치러지고 대통령 선거정국이 본격화하면서 총선까지 이어져 그 어느 때보다 언론의 의제설정이 중요한 시기였다. 각 당의 대선 후보를 뽑는 과정부터 새 대통령의 취임과 총선에 더해, 한미FTA 체결과 국회 비준 문제가 겹쳐 가장 큰 쟁점이 '경제 살리기'였다. 바로 그렇기에 '신자유주의'가 우리 언론에 얼마나 중요한 의제로 설정되었는가를 살펴볼 최적의 시기다. 2008년 5월 2일부터 벌어진 촛불집회에서 신자유주의가 '거리의 의제'로 폭발하듯 등장한 시기와 비교해보는 데도 적절하다. 실제 2007년 대선과 2008년 총선 정국의 최대 쟁점은 '경제 살리기'였다.

〈표 1〉 1년간 '신자유주의'가 노출된 기사 비율(2007년 5월 1일~2008년 5월 1일)

(단위: 건)

구분	동아일보	문화일보	한겨레	경향신문
전체	51,566	42,083	45,441	58,721
신자유주의	63	75	366	308
비율	0.12%	0.18%	0.81%	0.52%

그런데 〈표 1〉의 조사 결과에서 볼 수 있듯이 '신자유주의'라는 말을 언급한 기사가 『동아일보』 전체 지면에서 차지하는 비율은 고작 0.12%대에 머물렀다. 가장 많이 언급한 『한겨레』조차 전체 기사의 1%에도 이르지 못했다.

그 흐름은 〈표 2〉에서 볼 수 있듯이 국제통화기금의 구제금융을 받은 직후부터 10년 동안 전체 기사에서 '신자유주의'가 노출된 빈도를 분석해보아도 동일하게 나타난다. 다만 특이할 점은 『경향신문』의 신자유주의 뉴스 기사 비율의 차이다. 외환위기 뒤 10년 동안 신자유주의가 노출된 기사 비율이 0.22%였다가, 대선과 총선이 있던 최근 1년 동안은 0.52%로 2.5배가 늘어났다. 이 점은 신문의 자본 성격이 바뀌면서 지면 내용이 점차 변화한 사실을 시사해준다.

〈표 2〉 10년간 '신자유주의'가 노출된 기사 비율(1998년 1월 1일~2007년 12월 31일)

(단위: 건)

구분	동아일보	문화일보	한겨레	경향신문
전체	448,070	361,288	408,550	446,944
신자유주의	561	684	2,073	962
비율	0.13%	0.19%	0.51%	0.22%

비단 뉴스만이 아니다. 신문편집의 방향이 드러나는 사설을 보면 문제가 더 또렷하게 드러난다. 〈표 3〉에서 볼 수 있듯이 『동아일보』와 『문화일보』는 신자유주의를 언급한 사설이 아예 없거나 단 1건이다(〈표 1〉과 같은 기간). 신자유주의라는 말 자체를 사설의

논의 전개에서 아예 제외한 셈이다. 선거 공론장에서 경제 살리기가 핵심 쟁점이었음에도 그랬다. 『한겨레』와 『경향신문』 사설도 정도의 차이일 뿐 신자유주의를 다룬 사설은 지극히 적다.

〈표 3〉 1년간 신자유주의 사설 비율(2007년 5월 1일~2008년 5월 1일)

(단위: 건)

구분	동아일보	문화일보	한겨레	경향신문
전체	915	931	959	948
신자유주의	0	1	10	14
비율	0%	0.11%	1.04%	1.48%

같은 기간에 사설 아닌 칼럼과 논단에서 '신자유주의'를 언급한 비율도 상대적으로 높을 뿐, 절대적으로는 미미하다. 문제는 『동아일보』와 『문화일보』에 그나마 신자유주의를 언급한 칼럼과 논단들이 일방적으로 신자유주의를 적극 찬성하는 데 있다.

〈표 4〉 1년간 신자유주의 칼럼·논단 비율(2007년 5월 1일~2008년 5월 1일)

(단위: 건)

구분	동아일보	문화일보	한겨레	경향신문
전체	2,370	1,839	1,836	2,026
신자유주의	21	9	81	71
비율	0.89%	0.49%	4.41%	3.50%

구체적으로 『동아일보』의 신자유주의 칼럼이나 논단을 분석해 보면, 내용 자체의 문제 이전에 조야한 논리 전개부터 눈에 띈다. 가령 외부 필자로서 칼럼을 기고한 박철희(서울대 대학원 교수)는

<표 5> 동아일보 신자유주의 칼럼·논단 비율(2007년 5월 1일~2008년 5월 1일)

(단위: 건)

구분	찬성	중도	비판	계	비판 비율
내부 필자	12	3	0	15	0%
외부 필자	4	1	1	6	16.67%
계	16	4	1	21	4.76%

「유권자 두려워하지 않는 오만」(2008년 3월 21일자 34면) 제하의 칼럼에서 "요즘 한국 정치를 보며 묘하게도 일본의 고이즈미 준이치로 전 총리를 떠올린다"면서 신자유주의 정책을 '개혁'으로 규정하고 '기득권 구조' 타파와 연결 짓고 있다. 하지만 신자유주의와 '기득권 구조 타파'는 논리적 모순관계이고 실제로 '고이즈미 개혁'은 일본 내부에서도 오래 전부터 부정적 평가를 받고 있다.(일본에서도 수십 년 만의 정권 교체로 그 평가를 대신했다고 보면 된다.)

『동아일보』 내부 필자들의 칼럼에 나타난 문제점은 더 심각하다. 논설위원이 쓴 「횡설수설 / 대문호 연암」(2007년 7월 25일자 34면)은 연암 박지원의 『허생전』을 소개한다. "남산골에 사는 허생은 변씨한테서 빌린 금 10만 냥으로 장사를 해 거금을 모은다. 그는 이 돈을 백성에게 다 나눠 주고 20만 냥을 변씨에게 갚은 뒤 변씨 등과 함께 경세치국을 논한다"고 간추린 데 이어 "허생의 치부술과 부국이민의 근대 경제관에 무릎을 칠 수밖에 없다"고 썼다. 기자는 바로 다음에 연암을 "우리나라 최초의 신자유주의자"라고 규정한다. 아무리 논평에 주관적 시각이 개입한다고 치더라도 『양반전』으로 당시 지배체제를 신랄하게 비판한 실학자 박지원을 '우리

나라 최초의 신자유주의자'로 규정하는 건 역사적 맥락과 전혀 동
떨어진 억측에 지나지 않는다.

이 신문의 '전진우 칼럼'은 「잃어버린 10년에 대하여」(2007년 6
월 30일자 30면)에서 "세계화와 신자유주의 체제는 우리가 싫다고
거스를 수 없는 상수(常數)로 작용하고 있다"며 불가피한 현실로
단정 짓는다. 그가 칼럼을 쓴 시점에, 베네수엘라나 스웨덴처럼
신자유주의와 다른 정치경제 체제가 엄연히 존재하고 미국 중심
의 신자유주의 체제에 이미 균열이 가고 있던 국제 정치경제의 객
관적 흐름을 아예 외면한 주장이다.

무엇보다 큰 문제점은 '김순덕 칼럼'이다. 편집국 부국장의 직
함을 지닌 그는 대선 정국에서 쓴 「5년 뒤 우리 아이들이 살 나라」
(2007년 11월 9일자 35면)에서 다음과 같은 논리를 전개한다.

> 신자유주의를 공산주의보다 사악한 이데올로기로 몰아붙이는 것 역
> 시 자유다. 그러나 탈규제, 민영화 없는 나라에 내외국인 투자는 일
> 어나지 않는다. 큰 정부든 작은 정부든 정부의 역할은 시장 주도에서
> 시장에 대한 친절한 지원으로 바뀐 지 오래다.

신자유주의와 공산주의를 비교해 반공주의 정서를 자극하는 논
리 전개다. 신자유주의 아니면 공산주의라는 양자택일의 오류를
범하면서 신자유주의의 대안과 관련한 논의를 원천봉쇄하는 주장
이다. 이명박 후보가 당선되고 대통령에 취임한 직후 '김순덕 칼

럼'은 「개구리를 기억하세요」(2008년 2월 29일자 31면)에서 이명박의 부자 내각을 비롯한 편향 인사에 거세게 일어난 비판여론에 맞서 정권을 적극 비호했다.

'벌써 레임덕' 같은 이명박 정부가 인사는 망쳤어도 정책방향은 제대로 잡았다는 점에선 천만다행이다. 작은 정부, 큰 시장 등 새 정부가 추구하는 경제정책은 1978년 덩샤오핑이, 1979년 마거릿 대처가, 1980년 로널드 레이건이 앞장선 이래 세계적으로 성공이 확인된 정책이다. 신자유주의 정책이 빈부 차를 확대시켰을 뿐이라며 주체사상보다 사악하게 보는 사람들을 위해 (…) 세계는 경쟁을 통해 개개인과 기업의 경쟁력을 키우고 있고, 파괴의 불안이 있기에 끊임없는 창조와 발전 역시 가능하다. 그래서 '창조적 파괴' 아니던가. 새 정부가 스마트하게 정책을 집행해 나가면 참 좋겠지만 안 그래도 다음 선거까진 어쩔 수 없다. 대통령 탓할 시간에 내 경쟁력부터 키우는 게 남는 장사다.

여기서도 신자유주의와 '주체사상'을 느닷없이 대비시킨다. 신자유주의에 대한 비판을 원천봉쇄한 데 이어 독자에게 대통령을 비판할 시간에 "내 경쟁력부터 키우는 게 남는 장사"라고 권한다. 신자유주의 아니면 주체사상이라는 양자택일로 다른 선택지들을 원천적으로 배제하는 논리 구성의 허점도 드러난다.

이런 점이 『동아일보』나 『문화일보』만의 문제는 아니다. 시장을 독과점한 『조선일보』와 『중앙일보』에서도 '신자유주의'라는 말 자체가 기피돼 왔으며, 설령 언급하더라도 일방적 찬사이거나 신자유주의 비판론을 조야하게 반박하는 게 절대 다수였다. 따라서 신자유주의를 확산해온 권력과 자본에 대한 언론의 감시와 견제가 온전히 이뤄질 수 없었다.

경제신문도 마찬가지다. 『미디어오늘』의 이정환 기자는 경제신문들이 IMF 외환위기 이후 한국 경제의 구조 변화를 맹목적으로 추동해왔다고 분석했다. "신자유주의 금융 세계화를 선도적으로 받아들였고 글로벌 스탠더드라는 명목으로 자본시장 개방과 외국자본 유치, 공기업 민영화, 대규모 인수합병, 노동시장 유연화, 공공 부문 축소 등을 밀어붙였"고, 그 연장선에서 한미FTA를 전폭적으로 지지했다는 것이다. 구체적으로 '경제=기업=총수 일가'라는 도식이 경제신문 지면의 일관된 논리였다. 경제신문들은 '작은 정부'를 외치면서 끊임없이 복지 축소와 공기업 민영화를 요구했다. 더구나 공공 부문에 효율의 잣대를 들이대어 어이없게도 '수익 창출'을 닦달했다. 심지어 교육과 보건복지, 의료 부문까지 정부의 간섭을 배제하고 시장경쟁 방식을 도입하라고 촉구했다. 부유한 사람들이 더 좋은 서비스를 받도록 하자는 이야기로, 여기서 배제될 수밖에 없는 사람들에 대한 배려는 없었다. 한국의 소득 불평등 정도가 경제개발협력기구(OECD) 나라 가운데 가장 높은 수준이라는 사실, 복지 지출이 전체 재정에서 차지하는 비중이 OECD 전체 평균의 절반 정도에 지나지 않는다는 사실도 거의 알려져 있지 않다.

경제신문에서 드러난 특성은 종합일간지의 경제면에서도 고스란히 나타난다. 특히 『조선일보』 『동아일보』 『중앙일보』는 '기업이 살아야 경제가 산다' 는 단순하면서도 낡은 틀을 경제 문제 전반에 들이대고, 분배보다 성장을 강조하며, 무한경쟁의 시장원리를 사회 전반에 확대 적용할 것을 주문해왔다.

문제의 핵심은 한국 언론이 규제완화, 민영화, 법인세 감세, 노동시장 유연화를 '글로벌스탠더드' 로 일관되게 제시해 여론화하면서, 정작 그것이 신자유주의 경제정책임을 은폐하는 데 있다.

〈표 6〉 1년간 신자유주의 관련 주제 사설 비율(2007년 5월 1일~2008년 5월 1일)

구분	신자유주의	민영화	규제완화	감세	유연화	계
동아일보	0	23	39	12	9	83
문화일보	1	18	50	12	4	85
계	1	41	89	24	13	168

〈표 6〉에서 드러나듯이 신문지면에서 기업 규제완화, 공기업 민영화, 노동시장 유연화, 법인세 감세, 복지 축소, 작은 정부에 대해 일방적으로 찬성하는 논평은 끊임없이 이어졌다. 〈표 3〉의 조사와 같은 기간에 '신자유주의' 라는 개념에 대해 언급조차 없었던 『동아일보』는 '민영화' 를 일방적으로 찬양하는 사설을 23건이나 썼다. 『문화일보』도 18건을 써서 공기업과 금융기관 '민영화' 를 적극적이고도 공격적으로 주문했다. '규제완화' 를 요구하는 사설

은 『동아일보』가 39건, 『문화일보』가 50건이나 내보냈다. '감세'
는 두 신문이 모두 12건의 사설을 편집했다. 노동시장 유연화도
『동아일보』 9건, 『문화일보』 4건이다.

결국 『동아일보』와 『문화일보』는 '신자유주의' 언급은 사실상
전혀 하지 않으면서 신자유주의적 정책의 핵심 내용은 적극 여론
화해 나갔다. 단순 산술비교로 하면 두 신문에서 168배의 현저한
불균형이 드러난다. 두 신문이 의도했든 아니든 공기업 민영화,
대기업 규제 완화, 법인세 감세, 노동시장 유연화를 강조하면서도
독자들이 그것을 총체적으로 인식할 수 있는 길을 가로막았다는
게 객관적 지표로 나타난 셈이다.

신자유주의를 글로벌스탠더드로 등식화한 신문들의 보도 행태
는 대통령 시절 노무현의 인식마저 틀 지웠다. 2007년 1월 23일
TV 3사가 모두 생중계한 '신년연설'에서 노무현은 한미FTA가 대
세라며 그에 반대하는 사람들을 '쇄국'으로 몰아세웠다. 그는 그
전제 위에서 '진보 세력'을 거명해 '충고'도 했다. 노무현은 "우리
사회의 진보개혁 세력이 앞으로 정치적·사회적으로 주도적인 세
력이 되기 위해서는 개방에 대한 인식을 바꾸지 않으면 안 된다"
며, "역사의 대세를 수용해야 그래야 역사의 주류 세력이 될 수 있
다"고 주장했다. 그는 FTA 반대를 '정보화 시대의 컴퓨터 반대운
동'에 비유하기도 했다. 『조선일보』는 노무현의 그 발언을 「盧대
통령 주요발언 내용」 제하에 보도했다(2007년 1월 24일자).

언론이 경제 쟁점에 대해 일방적이고 단편적인 정보만 부각해

신자유주의에 대한 개념적 인식을 저해함으로써 국민 대다수가 신자유주의 문제점을 총체적으로 파악하지 못할 때, 그것을 넘어서는 정책이나 실천이 구현될 가능성은 사실상 사라진다. 신자유주의와 다른 경제정책이 얼마든지 가능하다는 사실을 보여주지 않고, 신자유주의만이 '글로벌스탠더드'로서 선진국으로 가는 유일한 길임을 지속적으로 여론화하기 때문이다.

일찍이 루카치는 "사회생활의 하나하나의 사실들을 역사적 발전의 계기로서 총체성 속으로 통합시키는 연관 속에서야 비로소 사실들의 인식은 현실 인식이 될 수 있다"고 지적했다. 굳이 총체성이 아니더라도 신자유주의에 대한 개념적 인식을 가로막는 신문지면은 신자유주의가 구체적 현실로 전개되는 실제와 어긋난다.

신문들이 신자유주의라는 말을 아예 배제한 것은 아니다. 한국에서도 10여 년 넘도록 신자유주의 흐름이 지배적이어서일까. 마침내 확고한 신념으로 신자유주의를 전면에 걸쳐 편집한 신문이 있다. 『동아일보』 2008년 9월 1일자 3면의 「신자유주의 특집」이 그 보기다(사진 44).

『동아일보』는 「신자유주의 70년… 세계경제 빛과 그늘은」이라는 문패 제목에 이어 주먹만 한 크기로 표제를 강조했다. 「작은 정부 큰 시장 지향… "결국 세상을 바꿨다"」 제하의 기사는 다음과 같이 시작한다.

신자유주의(neoliberalism)가 지난달 30일로 세상에 등장한 지 70년

신자유주의 70년… 세계경제 빛과 그늘은

신자유주의 흐름

- 1938년 8월 30일: '월터 리프먼 콜로키움' 창설, 발터 오이켄, 프리드리히 하이에크, 레옹 이롱, 리프먼 등 26명 참여
- 1947년 4월 10일: 하이에크 주도로 몽펠르랭 학회 창설, 철학자 카를 포퍼, 밀턴 프리드먼(미국 시카고학파의 태두) 등 39명 참여
- 1948년: 루트비히 에르하르트 서독 경제장관, 몽펠르랭 학회 이념 토대로 '라인강 기적'으로 이어지는 개혁 시작
- 1970년대: 밀턴 프리드먼 등 통화주의자, 주도세력으로 부상
- 1974년: 하이에크의 노벨경제학상 수상을 시작으로 현재까지 공동포함 8명이 노벨경제학상 수상

대처리즘
- 대처 전 영국 총리의 경제개혁정책
- 복지정책의 문제점을 개선하고 감세, 국영기업의 민영화, 노동조합 활동 규제 등을 통해 민간의 자율적 경제활동을 중시
- 영국병 등 치료
- 재임기간(1979년 5월∼1990년 11월)

레이거노믹스
- 레이건 전 미국 대통령의 경제정책
- 감세, 정부 규제 완화, 안정적 금융정책을 통해 경제에 활력을 불어넣는다는 것이 주요 내용
- 재정적자 확대 등 비판도, 당시 미국 장기호황의 발판을 마련했다는 평가
- 재임기간(1981년 1월∼1989년 1월)

작은 정부 큰 시장 지향… "결국 세상을 바꿨다"

1938년 전체주의 비판 '파리 모임'에서 출발
2차대전후 현실 접목 '라인강 기적' 이뤄
80년대 '영국병' 치유-美 장기호황 발판 마련
한편선 "미국 주도 경제패권 정당화" 비판도

'신자유주의 산실' 시카고학파는 '노벨상 산실'

역대 경제학상 수상 24명
시카고대 경제학과 '인연'

사진 **44** 「동아일보」 2008년 9월 1일자 A3면

이 됐다. 신자유주의는 시간의 흐름에 따라 명멸하는 '학계의 조류(潮流)'에 그치지 않고 미국, 영국 등을 중심으로 현실 경제정책에 실제로 접목되면서 20세기 세계사를 바꾼 이론으로도 평가받는다.

독일 일간 프랑크푸르터 알게마이네 차이퉁은 이날 "프리드리히 하이에크와 그의 신자유주의 동료들은 처음에는 공산주의 창시자인 19세기의 카를 마르크스처럼 조롱을 받았지만 결국 세상을 변화시켰다"고 평가했다.

신자유주의는 1938년 8월 30일 프랑스 파리에서 결성된 '월터 리프먼 콜로키움'에서 출발했다. 당시 많은 국가가 대공황을 전후한 경제 혼란의 책임을 시장경제에 돌리고 계획경제로 향하면서, 자유주의는 수세에 몰린 상황이었다. 이 모임은 쇠퇴하던 자유주의의 이념을 되살리기 위한 것으로 그 이름을 전체주의 비판에 앞장선 미국 언론인 리프먼에게서 따왔다. 그때까지만 해도 유럽 학계에 잘 알려지지 않았던 오스트리아 출신의 자유주의 경제학자 프리드리히 하이에크가 그 모임에 참석했다. (…)

그런데 『동아일보』가 자신만만하게 1938년까지 거슬러 올라가 '신자유주의 70년'이라는 특집을 내건 그 이념은 이미 그렇게 보도하던 시점에 미국의 서브프라임 모기지 사태로 적잖은 국내외 전문가들로부터 한계에 이르렀다는 지적을 받고 있었다. 그럼에도 실학자 연암 박지원이 '최초의 신자유주의자'라거나 '대통령 탓할 시간에 신자유주의에 맞춰 경쟁력 갖추는 게 살 길'이라고 부르대온 『동아일보』로서는 표면화하기 시작한 위기가 위기로 다가오지 않았을 게 틀림없다. 문제의 특집기사를 읽어보자.

> 최근 들어 신자유주의에 대한 비판의 목소리가 나온다. 신자유주의가 미국 주도 경제의 패권을 정당화하는 이론이라는 주장도 있다. 또 지난해 이후 미국에서도 서브프라임 모기지(비우량 주택담보대출) 사태 이후 신용경색이 확산되면서 규제를 강화해야 한다는 목소리도 커지고 있다. 그러나 신자유주의 이념이 개인의 자유가 경제의 기반이 돼야 한다는 인식을 확산시켜 시장에 비해 '능력이 떨어질 수밖에 없는' 정부의 개입을 최소화한 것은 두고두고 평가를 받을 대목이라는 일반적인 평가다.

『동아일보』는 그 기사와 맞물려 상자기사로 「'신자유주의 산실' 시카고학파는 '노벨상 산실'」이란 제목 아래 "역대 경제학상 수상 24명"을 부제로 부각했다. 기사는 "프리드먼이 기반을 닦은 시카고학파의 성공은 잇단 노벨상 수상이라는 성과로 이어졌다. 지난해까지 역대 노벨경제학상 수상자 61명 가운데 3분의 1이 넘는 24명이 시카고대학 경제학과 교수이거나 졸업생 등 인연을 맺은 사람"이라고 썼다. 이 특집을 읽은 독자는 신자유주의의 '권위'를 감히 의심하기 어려울 듯하다.

『동아일보』는 특집에 이어 민경국(강원대 교수·경제학, 한국하이에크소사이어티 회장)이 쓴 「세상을 바꾼 신자유주의」 제하의 시론을 편집했다(2008년 9월 3일자). 민경국은 "20세기 역사를 통해 우리가 얻은 소중한 경험이 하나 있다. 세상을 바꾸는 것은 실용이 아니라 이념이고, 그래서 이념이 중요하다는 점"이라며 다음과 같이 썼다.

> 이를 입증하는 사례가 20세기 지독한 전체주의와 집단주의의 질곡에서 인류를 구원해 개인의 자유와 번영을 확립하는 세상을 만든 신자유주의이다.

민경국은 이어 "얼마나 철저하게 확신과 신념을 갖고 신자유주의 이념과 시장경제 원칙을 따랐는가가 개혁의 성패를 좌우한다"면서 "신자유주의는 미국의 세계적 패권을 정당화하는 이론이라는 터무니없는 음모론에서부터 빈곤과 실업 등 모든 사회악을 야기하는 이데올로기라는 극단적인 지적 등 신자유주의에 대한 근거 없는 비판의 목소리도 다양하다"고 주장했다. 그는 마지막 문장에서도 신자유주의의 역사적 위업이 "정부의 개입은 될 수 있는 대로 줄여야 한다는 점을 또렷하게 보여줬다"고 강조했다.

하지만 『동아일보』가 '신자유주의＝세계화＝글로벌스탠더드'임을 확신하고 종합면 3면 전면에 걸쳐 편집하던 바로 그 순간, 신자유주의 종주국 미국에서 신자유주의는 곪아 터지고 있었다. 신문 독자들이 앞으로 세계화와 신자유주의 문제를 어떻게 읽는 게 옳은지 성찰할 절실한 이유가 여기에 있다. 한국 신문의 '권위'에

눌러 무비판적 신문 읽기에 매몰될 때 자칫 세계 정치경제의 흐름을 놓치기 십상이다. 신자유주의식 세계화가 아닌 세계화, 지구촌의 모든 나라가 호혜와 연대의 틀로 연결되는 새로운 세계화의 상상력을 신문의 틀이 가두고 있기에 더욱 그렇다.

미국과 영국에서 신자유주의가 실패했다는 담론이 퍼져가고 있는데도, 이명박 정부가 세계적 흐름과 동떨어진 채 '세계화=신자유주의'의 등식을 여전히 고집하며 국가 경제정책을 추진하고 있는 이유는 다른 데 있지 않다. 독과점 신문이 신자유주의의 문제점을, 아니 신자유주의 자체를 의제로 설정한 사례가 거의 없기 때문이다. 신문이 한 사회의 발전을 어떻게 가리틀고 있는지를 보여주는 적실한 보기다. 바로 그렇기에 독자가 신자유주의 문제를 정확히 짚으며 신문을 읽어가야 옳다. 세계적으로 신자유주의가 퇴조하고 있음에도, 한국 사회에선 독과점 신문의 엄호 아래 지금 이 순간도 그 체제가 지배적 정치경제 체제로 국민 대다수의 삶, 바로 독자의 삶을 억압하고 있기 때문이다.

민중. '세계화'나 '글로벌스탠더드'와 달리 대다수 독자에게 낯선 말이다. 독자에 따라선 듣기 거북할 수도 있다. 더러는 1980년대의 낡은 '운동권 용어'로 여긴다. 독자들이 그 말에 불편한 이유도, 그것을 1980년대의 운동권 용어로 넘기는 이유도, 바로 신문 읽기에 있다. 가랑비에 누구나 옷 젖게 마련이다.

기실 우리 신문에서 '민중'이란 말이 기피언어가 된 지는 오래다. 1980년대 '제도언론' 가운데 진실을 보도하려고 노력했던 『동아일보』에서도 1990년대 들어 '민중'이란 말은 공공연하게 '금기어'가 되었다. 1991년 『동아일보』 '기자윤리강령제정위원회'의 공식 회의 자리에서 당시 경영진의 대표로 나온 편집담당 이사는 기자들이 작성한 윤리강령 초안에서 '민중'이란 말을 빼라고 강요했다. 이유가 더 황당했다. 민중이란 말이 '좌경화된 용어'인데 왜

자꾸 쓰냐는 논리였다. 실제로 그 뒤 『동아일보』 신문지면에서 '민중'이란 말은 시나브로 사라져 갔다. 『조선일보』와 『중앙일보』 지면은 더 말할 나위가 없다.

하지만 민중은 좌경 용어가 아니다. 영어 'people'이 어디 '좌경 용어'인가? '피플'은 '사람들'을 뜻한다. 영어 '피플'은 '남성, 여성, 어린이들(men, women, and children)'이다. 영영사전을 찾아보면 피플은 "정부나 상류계급과 대조되는 일반 남성과 여성(ordinary men and women, in contrast to the government or the upper classes)"의 뜻으로 사용된다.

바로 이때 우리는 링컨의 게티스버그 연설 "government of the people, by the people, for the people"의 참뜻을 온전히 음미할 수 있다. 흔히 국민의, 국민에 의한, 국민을 위한 정부라고 풀이하지만, 피플을 '국민'으로 옮겨서는 그 뜻이 온전히 살아나지 않는다. '국민의 국민에 의한 국민을 위한 정부'보다 '인민의 인민에 의한 인민을 위한 정부'가 정확히 옮긴 말이다. 우리 사회에서 '인민'이란 말이 금기어가 되었다고 해서 '국민'으로 옮길 문제는 아니다. 우리말에는 '민중'이라는 더 적실한 말이 있기 때문이다.

국어사전에서 민중의 뜻은 "국가나 사회를 구성하는 일반 국민"이다. 사전은 이어 "피지배 계급으로서의 일반 대중"을 이른다고 풀이했다. 영영사전의 풀이와 거의 같다. 링컨 이야기가 나온 참에 세계적 명연설로 알려진 게티스버그 연설을 당시 신문이 어떻게 보도했는가를 짚고 가자. 1863년 11월 19일, 링컨이 게티스버

그를 방문하고 남북전쟁 희생자들을 기리며 한 저 유명한 연설에 대해 당시 미국의 한 신문기자는 "지적인 외국인들에게 우리 미합중국 대통령이라는 사람이 무미건조하고 답답하고 싱거운 연설을 지껄인 통에 우리 모두가 심한 수치심을 느껴야 했다"라고 보도했다. 물론, "명문 중의 명문"이라고 보도한 신문도 있었지만 냉소와 비난이 더 많았다. 미국 신문기자들이 '민중의 민중에 의한 민중을 위한 정부'라는 연설에 담긴 의미를 제대로 파악하지 못했기 때문이다.

결국 민중은 좌경화된 용어도, 낡은 개념도 아니다. '네티즌'으로 불리는 사람들이 바로 민중이다. 이 책을 읽고 있는 바로 당신이 민중이다. 생산직은 물론 사무직에서 노동계약을 맺고 임금을 받으며 일하는 모든 노동자, 농민, 자영업자, 실업자, 청년학생 들이 민중이다. 바로 신문 독자 대부분이다.

특정 국가의 구성원이라는 뜻에서 체제 순응을 암암리에 요구하는 '국민'이란 말보다 주권자의 의미가 듬뿍 담긴 말이 '민중'이다. 그럼에도 한국 신문이 '인민'은 물론, '민중'이란 말까지 배제하려고 안간힘을 쓰는 데는 이 땅에서 신문이 아래로부터의 요구를 언제나 배제한 사실과 맞닿아 있다. '민중'이란 말을 금기시하는 보도는 실제 민중의 삶을 억압하고 민중의 요구를 배제하는 지면으로 나타난다. 구체적 보기를 들어 논의해보자.

『조선일보』 2008년 8월 22일 사회면을 펼치면 「기륭전자에선 무슨 일이」라는 큼지막한 활자가 자극적인 컬러 사진과 맞물려 머

1094일째 천막 농성… 그동안 회사는 '거덜'

기륭전자에선 무슨 일이

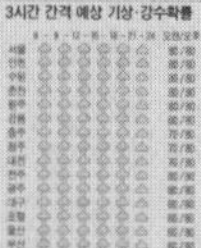

● 비정규직 투쟁 본산으로

3년전 '정규직 요구' 회사 점거… 32명 해고

최근 각종 단체·정당 가세, 온종일 구호 넘쳐

● 생산라인 중국으로 옮긴 회사

혼재근무 '잘못'은 인정… 해고는 무죄 판결

4년전 220억 흑자, 지난해에는 269억 적자로

'커피 프린스' 출연 탤런트 이언, 오토바이 사고로 숨져

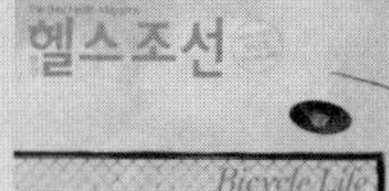

사진 45 『조선일보』 2008년 8월 22일자 A11면

리기사로 실렸다(사진 45). 부제는 "1094일째 천막 농성… 그동안 회사는 '거덜'"이다. 제목과 맞물린 사진은 기사작성 시점에서 볼 때 석 달이 더 지난 2008년 5월 11일 서울시청 앞 광장에서 전국 금속노조 기룡전자분회 소속 여성 노조원들이 "서울시가 '하이 서울' 축제를 위해 세운 철탑에 올라가 시장과의 면담을 요구하며 시위를 벌이"던 모습이다. 우리가 살아가는 한국 사회가 지금 몇 시인가를 생생하게 가르쳐주는 기사이니 조금 길더라도 찬찬히 읽어보자.

크고 작은 공장이 오밀조밀 모여 있는 서울 금천구 가산동 공단지대. 20일 오후 9시쯤 검은색 철문 앞에선 각종 악기 소리에 맞춰 '바위처럼 살아가보자'는 노래와 "기룡전자 비정규직을 정규직으로 전환하라"는 구호가 흘러 나왔다. 대학생과 40·50대 중년 여성 등 50여 명이 참석했다.

이곳은 '금속노조 서울지부 남부지회 기룡전자분회' 노조원들이 기룡전자 정규직 전환을 주장하며 농성을 벌이는 곳이다. 농성이 시작된 것은 2005년 7월 5일. 이날로 1094일째를 맞았다. 농성을 이끌고 있는 김소연(39·분회장)씨와 유흥희(39)씨는 67일째 소금과 효소만 먹고 단식 농성을 벌이다 16일 병원에 입원해서도 단식을 이어가고 있다고 한다. 농성 1000일째를 넘어서며 금속노조와 참여연대, 민주노동당, 진보신당 등 각종 사회단체와 정당이 이곳으로 몰려들었다. 현재 노동계에선 기룡전자 공장은 '비정규직 투쟁의 본산(本

山)' 처럼 인식되고 있다. (…) 기륭전자는 위성라디오와 내비게이션 등을 만드는 중소기업이다. 2004년 매출 1711억원, 220억원 흑자를 냈다. 그러나 노조 파업으로 인해 지난해 매출은 447억원으로 급감했고, 269억원 적자가 났다. 노사 분규 3년 동안 회사가 거덜난 것이다. 그사이 대주주는 아세아시멘트에서 세 번이나 바뀌었고, 대표이사는 네 명이 바뀌었다. 노조는 회사 정문 앞 천막 농성 외에도 대주주와 대표이사가 바뀔 때마다 사무실, 집, 고향을 찾아가 데모를 했다. 지난 5월 구로역과 서울광장 철탑에 올라가 고공 시위를 벌이고 6월 광화문 도심에서 3보1배 시위를 벌인 데 이어 7월에는 한나라당 원내대표실 점거 투쟁을 벌여 여론의 관심을 끌었다. 결국 회사 측은 지난해 10월 공장의 모든 생산 라인을 아예 중국 상하이로 옮겼다. 현재는 연구소와 영업 부문만 남아 있다. 이 과정에서 정규직 근로자 70여 명도 희망퇴직 형식으로 사표를 내고 회사를 떠났다.

대법원이 '해고가 정당하다'고 판결한 사안인데도 노동계의 대표적인 '비정규직 투쟁'의 상징이 된 데는 사태가 장기화되면서 다른 노조와 시민단체, 정당까지 개입했기 때문이다. 또한 기륭전자 분회를 이끌며 단식 농성을 이어가고 있는 김소연 씨는 IMF 금융위기 당시(1997년) 부도가 났던 갑을전자 노조위원장 출신이다. 김씨는 2000년 9월 1일부터 부도난 갑을전자의 대표이사를 상대로 파산 위로금(6억원)을 받기 위해 155일간 본사 점거 농성을 벌였던 인물이다. 김씨는 2001년 9월 '서울민주노동자회'라는 이적단체를 구성해 국가보안법을 위반한 혐의로 법원으로부터 집행유예 2년형을 선고받기도 했다. 이어 김씨는 2002년 6월 기륭전자의 협력업체에 입사했다. 1000일 넘게 이어져 오던 기륭전자의 노사 분규는 지난 14일 회사 측과 노조 측이 합의안을 마련하면서 극적인 타결 직전에 이르기도 했다. 당시 합의안은 기륭전자측이 협력회사를 설립하고 농성에 참가하고 있는 노조원 10명이 직업훈련을 거쳐 취업한다는 내용이었다. 또 생활비로 농성 중인 노조원에게 월 80만원씩 생계비를 지급하는 내용도 있었다. 그러나 서명 당일 회사와 노조 측이 보상금 문제로 의견 차이를 보여 결렬됐다.

이 신문만 봐서는 모든 원인이 기륭전자의 비정규직 노동자에게 있다. 비정규직 노동자들이 외부와 연계해 한 중소기업을 거덜냈다는 게 기사의 뼈대다. 『조선일보』는 기사로도 만족하지 않아 다음날(8월 23일)에 「기륭전자, 1095일 농성 기록 세우고 노사(勞使) 함께 망하다」 제하의 사설을 썼다. 사설과 기사가 '유기적 연관성'을 맺고 여론화해 나가는 전형적 사례다.

사설이 얼마든지 주관적 주장을 펼 수 있는 지면이긴 하지만, "좌파 노동계와 정치권은 회사와 비정규직 농성자를 살리겠다는 것보다 어떻게든 기륭전자 사태를 이용해먹겠다는 생각뿐"이라고 단정 짓는 주장을 독자들은 어떻게 읽어야 할까.

『조선일보』는 기사에 이어 사설, 다시 기사로 비판여론을 조성해간다. 사설을 쓰고 사흘 뒤(2008년 8월 26일자) 사회면(12면)에 「진보신당의 '기륭전자 괴롭히기' / 해외 바이어에 '거래관계 끊어라' 이메일 보내/ 외국신문에 규탄 광고 추진도… 업무방해 논란」 제하의 기사를 싣는다. 앞서 첫 보도를 한 기자의 기사다. 기사는 "진보신당이 비정규직 해고문제로 1000일이 넘도록 노사분쟁을 겪고 있는 기륭전자의 주요 고객사에 '기륭전자와의 거래관계를 끊으라'고 요구하는 이메일 보내기 운동을 벌여 논란이 되고 있다"로 시작한다. 이미 사설에서 쓴 내용에 살을 붙인 기사다.

기사에서 명토박았듯이 『조선일보』는 중국으로 공장 이전과 경영 적자의 책임을 노조 파업 탓으로 몰아세웠다. 게다가 분회장의 과거를 캐내 공개하면서 색깔론을 들이댔다. 국가보안법 사례는 물론, 분회장이 전 직장에서 벌인 노조활동에 대해서도 악의적으로 썼다.

하지만 그 모두는 전혀 사실이 아니다. 당사자인 분회장이 왜곡 보도를 좌시하지 않겠다며 나섰고, 언론중재위원회를 거쳐 결국 『조선일보』는 다음과 같은 정정보도문을 내야 했다(사진 46).

본지 8월 22일자 A11면 「기륭전자에선 무슨 일이」 제하의 기사와 관련, 기륭전자가 공장을 중국으로 이전한 것은 노조파업과 무관하며, 적자의 주된 이유는 노조파업이 아니라 다른 경영상 이유인 것으로 밝혀져 이를 바로잡습니다. 또한 기륭전자 노조는 노사합의가 결렬된 주된 이유는 보상금이 아니라 재고용 및 고용보장 기간의 문제 때문이었으며, 김소연 분회장이 2000년 당시 부도난 갑을전자를 상대로 농성한 것은 위로금이 아니라 퇴직금, 체불임금을 받기 위해서였

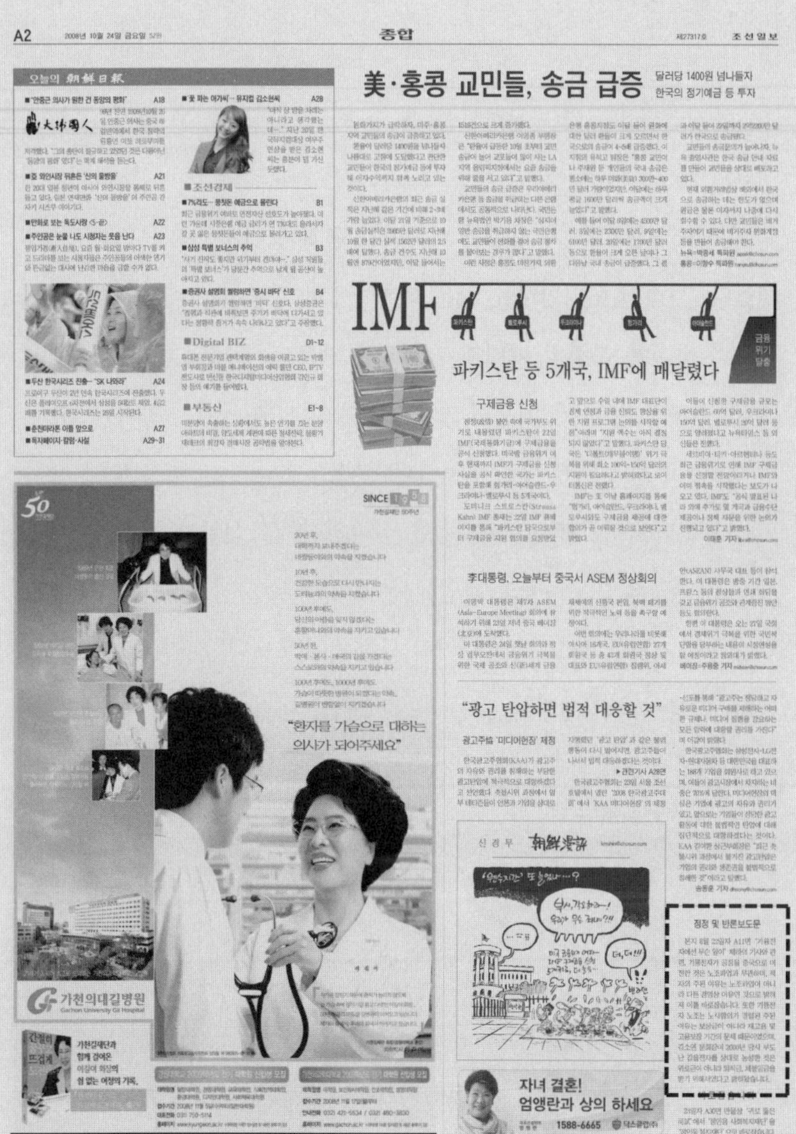

사진 46 『조선일보』 2008년 10월 24일자 A2면

다고 밝혀왔습니다.

하지만 '정정 및 반론보도문'은 첫 보도가 나가고 두 달이 지난 뒤인 2008년 10월 24일자에, 그것도 2면에 보일락 말락 편집되었다. 앞서 8월 22일자 사회면 머리기사 편집과 비교하면 큰 차이가 있다. 사회면 머리기사를 읽은 독자들에게 기릉전자 비정규직 노조의 싸움은 부정적 이미지가 덧칠될 대로 덧칠되었을 터다. 두 달 뒤 정정보도문을 읽으며 그 이미지를 씻어낼 독자가 얼마나 될까. 아니, 챙겨 읽은 사람이 얼마나 될까.

그 속에 담긴 '정정'의 내용은 심각하다. 『조선일보』는 기릉전자 비정규직 노동자들의 파업 때문에 중국으로 생산라인을 이전했다고 기사를 썼고 그에 근거해 사설을 내보냈다. 진실은 정반대다. 기릉전자 경영진이 일방적으로 생산라인을 중국으로 이전할 계획을 세웠고 파견 계약을 해지했다. 파견 노동자들에게 '문자'로 해고를 통보했다. 바로 그것이 노조가 파업에 나선 이유다. 『조선일보』 기사와 인과관계가 정반대다. 그럼에도 이 신문은 아무런 사과도 없이 "기릉전자가 공장을 중국으로 이전한 것은 노조파업과 무관하며, 적자의 주된 이유는 노조파업이 아니라 다른 경영상 이유인 것으로 밝혀져" 이를 바로잡는다고 대단히 건조한 문체로 아주 작은 지면에 정정보도를 했다.

더구나 노조 분회장에 대해 기릉전자에 입사하기 전의 '과거'까지 들먹이며 "부도난 갑을전자의 대표이사를 상대로 파산 위로금

(6억 원)을 받기 위해 본사 점거농성을 벌였던 인물"이라고 매도했다. 그 기사만 읽은 독자들에게 기륭전자 노조 분회장의 모습은 어떻게 다가왔을까. 이 또한 진실은 전혀 다르다. 폐업된 회사(갑을전자)를 상대로 노동자들이 법적으로 보장된 퇴직금과 체불임금을 받으려고 나선 사실을 일러 '파산 위로금'으로 매도했다.

결국 『조선일보』의 기륭전자 보도는 '비정규직 노동자들의 이기주의 행동으로 공장을 해외로 이전해 망했다'는 거짓 논리를 확산하고, 비정규직 노동운동에 나선 노동자를 돈만 챙기는 파렴치한 인물로 몰아세우는 노골적 선동이었다.

더구나 비정규직의 현실은 단순히 '사회경제적 약자'의 문제가 아니다. 비정규직 문제는 엄연히 사회적 다수의 문제다. 그럼에도 『조선일보』의 기륭전자 보도에서 단적으로 드러났듯이 비정규직 노동자들에 대한 신문들의 적대와 외면은, 신자유주의를 세계화의 글로벌스탠더드로 보도해온 논조가 지닌 '동전의 양면'이다.

1997년 외환위기 뒤 본격 도입된 신자유주의 세계화로 비정규직 노동자가 전체 노동자의 절반을 넘어선 상황—그것은 지금 초중고와 대학에 다니는 젊은이들이 취업할 때 비정규직이 될 확률이 절반을 넘는다는 뜻이다—에 주목한다면, 더구나 그들이 노동기본권을 온전히 보장받지 못한 채 차별받고 있는 현실을 고려한다면, 신문이 의제로 설정하고 여론 형성에 나서야 할 일은 자명하다. 비정규직의 확산을 막고 비정규직과 정규직의 차별을 줄이는 방안을 찾는 데 공론장 구실을 해야 옳다.

하지만 보기로 든 『조선일보』 기사와 사설을 읽은 독자들에게 비정규직 노동자들은 더불어 논의할 만한 대상으로 다가오지 않는다. 아무런 힘도 없는 노조 분회장을 겨냥해 '국가보안법'의 굴레나 전 직장에서 있었던 일까지 왜곡해서 보도하는 이 신문의 모습은 민중의 아래로부터의 요구에 '색깔'을 칠해 불온시하거나 배제해온 한국 언론의 오랜 전통과 맞닿아 있다.

앞서 살펴본 촛불집회와 관련된 신문기사들을 꼼꼼히 읽어보아도 그 사실을 확인할 수 있다. 기실 촛불집회는 기존 언론이 함구하던 신자유주의에 대한 불만이 폭발적으로 분출된 사건이었다. 2008년 5월 2일부터 8월 15일까지 100회에 걸쳐 이어진 촛불집회에서 많은 시민들이 독과점신문인 『조선일보』 『동아일보』 『중앙일보』를 대상으로 구독거부에 이어 '광고주 불매운동'까지 벌인 사실은, 언론에 대한 시민들의 비판의식이 얼마나 높은가를 입증해주었다.

세 신문의 보도와 논평에 따르면, 미국산 쇠고기와 신자유주의는 전혀 무관할 뿐만 아니라 둘 다 한국 사회가 적극 수용해야 옳다. 반면에 촛불집회 참가자들은 광우병 자체를 신자유주의의 산물로 파악했다. 기원전 5000년 무렵부터 인간과 더불어 살아온 소에게 갑자기 20세기 말에 광우병이 발병한 배경에는 초식동물인 소에게 소뼈가 들어간 사료로 먹인 자본의 이윤 논리가 깔려 있기 때문이다. 거기에 더해 영국 대처 총리가 이끌던 신자유주의 정부가 식품위생안전 기구를 '민영화'해 검역을 소홀히 함으로써 문제를 더욱 악화했다. 기실 신자유주의 논리는 농수산물과 식료품 전반의 안전성을 갈수록 위협하고 있다.

촛불집회 과정에서 미국산 쇠고기 전면 수입 문제뿐만 아니라 '민영화'와 경쟁 중심의 교육정책에 대한 비판이 많이 나온 사실도 주목할 일이다. 촛불집회에서 공론장 구실을 한 〈다음〉의 토론 광장 '아고라'에는 신자유주의를 정면으로 '조준'한 글들이 날마다 올라왔다. 하지만 신문들은 촛불집회 과정에서도 신자유주의 문제를 계속 외면했다.

첫 촛불집회부터 100회(8월 15일)까지 신문 보도(2008년 5월 2일~8월 16일자)를 분석해보자. 〈표 7〉에서 볼 수 있듯이 『동아일보』는 사설에서 '신자유주의'라는 말을 오직 한 번 언급했다. 『문화일보』는 전혀 없다. 칼럼과 논단에서도 인색하기 이를 데 없다. 언급한 것 또한 긍정적 맥락이다. 『한겨레』와 『경향신문』이 신자유주의를 언급한 칼럼과 논단은 각각 31건과 29건이다. 하지만 두 신문 또한 신문사의 주장을 담은 사설에선 거의 언급하지 않았다는 사실을 발견할 수 있다. 두 신문이 신자유주의 문제를 본격적으로 의제로 설정하기 시작한 시점은, 촛불집회가 끝난 뒤 미국에서 금융위기가 터진 2008년 9월 이후다. 종이신문에서 읽을 수 있는 세상과 인터넷에서 소통되는 세상 사이에 큰 '균열'이 있음을 새삼 확인할 수 있다.

한편 〈표 8〉에서 볼 수 있듯이 같은 기간 동안 '반미'를 언급한 논평은 '신자유주의'를 언급한 건수를 압도한다. 『동아일보』 사설

〈표 7〉 촛불집회 100회 동안 '신자유주의' 언급 건수(2008년 5월 2일~8월 16일)

구분	동아일보	문화일보	한겨레	경향신문
사설	1	0	2	3
칼럼-논단	5	3	29	26
계	6	3	31	29

은 반미 언급이 신자유주의 언급의 11배, 『문화일보』의 사설과 칼럼은 10배 이상이다. 『한겨레』와 『경향신문』의 사설도 '신자유주의'에 비해 '반미'를 5~6배 언급했다. 물론, 두 신문의 '반미' 언급은 부당성을 지적하는 방어적 성격을 띠고 있지만, 결국 거대 언론의 보도 틀(프레임)에 갇힌 셈이다.

〈표 8〉 촛불시위 100회 동안 '반미' 언급 건수(2008년 5월 2일~8월 16일)

구분	동아일보	문화일보	한겨레	경향신문
사설	11	17	11	18
칼럼-논단	21	15	15	21
계	32	32	26	39

기실 신자유주의를 외면하거나 촛불 공론장에 낡은 시대의 색깔공세를 폈던 주체는 신문기자들만이 아니다. 미국산 쇠고기의 전면수입에 반대해 촛불시위가 한창 벌어지던 때 정년퇴임한 고려대 최장집 교수는 고별강연에서 한국 대학의 현주소를 날카롭게 비판했다. 최 교수는 "한국 민주주의 발전에 있어 대학에 어떤 역할도 기대하기 어렵다"며 "대학이야말로 오늘날 모든 문제의 출

발"이라고 비판했다. 최 교수는 "대학이 신자유주의적 세계화를 추동하는 본산이자 동시에 그 세계화의 부정적 결과가 그대로 집중되는 곳"이라고 지적했다(경향신문 2008년 6월 21일자).

실제로 주요 신문에 신자유주의 내용, 곧 기업 규제완화, 공기업 민영화, 노동시장 유연화, 법인세 감세, 복지 축소, 작은 정부론을 적극 찬양하는 글을 기고한 사람들의 대다수는 현직 대학교수들이다. 주류 학계와 거대 언론이 정치권력과 더불어 신자유주의 논리를 적극 옹호해온 것이 그동안의 전개 과정이었다.

2008년 9월에 미국의 금융위기가 터지면서 신자유주의에 대한 비판적 담론이 신문에 나타나기 시작하지만, 기존의 인식 틀이 여전히 완강하게 지면을 지배하고 있다. 그 때문에 미국 금융위기의 실체를 올바르게 인식하는 데도 실패했다. 신자유주의 자체의 문제점이 아니라 운용의 문제일 뿐이라는 안이한 인식이 신문 '여론면' 또는 '오피니언 면'에 넘쳐났다.

하지만 신자유주의는 본국인 미국과 영국을 비롯해 세계 곳곳에서 논리적 파산을 맞았고 그에 따라 민중의 분노도 폭발했다. 2009년 들어서서 두 차례의 총파업이 벌어진 프랑스가 대표적 보기다.

2007년 5월, 한국보다 앞서 치러진 프랑스 총선에서 집권한 사르코지는 세금 감면, 정부조직 축소, 임금인상 억제를 '개혁정책'이란 이름으로 추진해갔다. 이명박이 당선된 뒤 강행한 정책은 그 '판박이'라 해도 지나친 말이 아닐 정도다. 사르코지가 집권했다고 해도 프랑스와 한국은 사회보장 수준에서 큰 차이가 있다. 사르코지가 사회보장이 밑절미로 깔려 있는 사회에서 신자유주의 정책을 추진했다면, 이명박은 사회보장이 사실상 거의 안 되어 있는 사회에서 신자유주의 정책을 강행했다.

그럼에도 프랑스 노동자들은 총파업을 결행했다. 2009년 1월 29일의 총파업 투쟁에 이은 3월 19일 2차 총파업에 300만 명이 참여했다. 다음날인 3월 20일자 신문에 나타난 프랑스 파리의 모습은 신문에 따라 천차만별이었다.

『한국일보』는 국제면에 큼직하게 편집했다. 표제도 「"사르코지 개혁 못믿어" 佛 계급투쟁 조짐」으로 구성했다(사진 47). 프랑스 민중 300만 명이 거리로 나와 외친 구호는 "당신들의 위기를 우리에게 넘기지 말라"였다. 사르코지의 신자유주의 정책에 맞서 "저임금, 불안정 고용, 해고 더 이상 못 참겠다"고 외쳤다. 대중교통, 병원, 은행의 총파업 참여로 프랑스 시민들은 큰 불편을 겪어야 했다. 총파업은 더러 '폭력적 양상'을 보였다. 그럼에도 프랑스 시민들은 80% 가까이 총파업을 지지했다. 노동자의 기본권인 총파업에 대해 '마녀사냥'을 하는 언론은 없다.

그런데 한국의 여론시장을 독과점한 신문들은 총파업 다음날 엉뚱한 기사를 내보냈다. 총파업 소식을 아예 보도하지 않았음은 물론, 엉뚱한 기사를 내보내기도 했다. 가령 『동아일보』를 읽는 독자들은 전혀 다른 프랑스를 만나게 된다. 총파업 기사는 아예 없다. 다만 「불황과 타협한 파리」 제하에 섹션 전면을 화려하게 편집

"사르코지 개혁 못믿어" 佛 계급투쟁 조짐

2차 총파업 가열·확대 … 국민 78%가 "지지"

"프랑스는 지금 심각한 계급투쟁 단계에 직면해 있다. 투쟁은 사르코지의 개혁을 송두리째 망가뜨릴 수 있다." 프랑스의 대형 광고업체 퍼블리시스 그룹의 모리스 레비 대표는 대규모 총파업에 돌입한 프랑스의 내부 갈등을 심각하게 진단했다. 레비는 19일 파이낸셜타임스(FT)에 "프랑스 국민은 정말 화가 나있다. 정부가 분노를 부채질하고 있다"고 말했다. 국가 예산이 거덜날 정도로 은행에 대규모 공적자금을 투입했지만, 정작 중산층과 서민의 소비 촉진을 위한 임금인상 정책은 내놓지 않고 있기 때문이다. 특히 은행 경영진에 대한 보너스 지급, 부유층에 대한 세금우대 조치가 최근 잇따라 발표되면서 파업은 계급투쟁 양상으로 변하는 모습이다.

니콜라 사르코지 대통령에 대한 프랑스 국민의 분노는 여론조사에서도 확인된다. 주간지 파리마치의 여론조사에 따르면 응답자의 78%가 "이번 파업이 정당하다"며 적극 옹호했다. 프랑스 시청각위원회(CSA) 스테판 로제 대표는 "파업을 통해 사르코지에 대한 반대의사를 확실히 표현했다"고 분석했다. 또 다른 여론조사에서는 극좌파인 '반자본주의 연대' 올리비에 브장스노 대표가 가장 신뢰받는 대통령감으로 뽑혀 충격을 주기도 했다.

사르코지 대통령은 세금감면과 정부 조직 축소, 임금인상 억제 등을 개혁정책으로 내세웠다. 로제는 "이 같은 정책은 효과적이지도, 공정하지도 않다는 인식만 심어줬고 '사르코지는 부유층의 친구'라는 이미지만 강화시켰다"고 진단했다. 은행과 부유층은 살리면서 노동자는 해고하고 임금인상은 억제한다는 인식이 퍼져있다는 것이다. 문제는 여론이 더 악화할 수 있다는 점이다. 레비는 "정부와 노동자, 사용자 간 타협안이 아무리 합리적이라고 해도 노동자 계급의 승리나 패배 개념으로만 해석될 수 있다"고 경고했다. 악사그룹의 클로드 베베아르 대표도 "프랑스는 지금 자신들의 세력 강화를 위해 투쟁하는 극히 위험한 상황에 직면해 있다"고 강조했다.

한편 프랑스 노동계는 공공부문과 민간부문 8개 산별 노동단체가 참여해 19일 정부의 경제위기 대책과 개혁정책에 항의하는 2차 연대 총파업에 돌입했다. 공공부문 위주로 100만 명이 참여했던 1월 29일 1차 총파업 때보다 규모가 더 큰 데다, 대학개혁 방침에 반발하는 대학생 시위가 폭력 양상으로 치닫고 있어 정부를 곤혹스럽게 하고 있다. 노동계는 공공부문의 구조조정 계획을 철회하고 경기부양 예산을 구매력을 높이는 데 사용해야 한다고 주장하고 있다.

강철원기자 strong@hk.co.kr

사진 47 『한국일보』 2009년 3월 20일자 16면

사진 48 『동아일보』 2009년 3월 20일자 주말에디션

한 지면이 나타난다(사진 48). 「불황과 타협한 파리」가 전하는 파리의 모습을 읽어보자.

파리는 여자다. 때로는 수다스럽지만 가슴이 시릴 정도로 무심한 여자다. 맨얼굴에 낡은 실크 스카프를 두르고도 근사한 그녀는, 방브 벼룩시장과 영화 '비포 선 셋'으로 친근해진 중고 책방 '셰익스피어 앤드 컴퍼니'에서 오래된 것들의 진가(眞價)를 찾는다. 노점의 과일 가게, 발길 닿는 곳마다 '파리다운' 마레 지구의 골목길, 몽테뉴대로 와 포부르 생토노레 거리의 화려한 상점들….

『동아일보』에서 파리는 총파업이 아니다. 패션이다. 더구나 표제도 「불황과 타협한 파리」이다. 기사는 여기서 그치지 않는다. 섹션 2면으로 이어진다. 이 장문의 기사를 다 소개할 필요는 없다. 그 가운데 몇몇 대목만 읽어보자.

금색 모피 조끼를 입은 한 모델은 클레오파트라 같았다. 하늘색 투명 드레스를 입은 또 다른 모델은 가는 T팬티로 은밀한 부위만 가린 탐스러운 엉덩이를 흔들며 무대를 누볐다. 쇼 음악 소리는 더욱 커졌다. "난 오늘 일하기 싫어요. 섹시한 여자친구를 집에 데려와 쉬고 싶어요. 스트레스 받지 말고 마음 편히 먹자고요. (…)" 펑키한 영국 브랜드 '비비안웨스트우드'의 쇼는 육감적 여배우 패멀라 앤더슨을 모델로 세웠다. 진달래색 티셔츠와 무릎까지 오는 긴 양말에 연분홍색

발레리나 튀튀를 마치 날개처럼 단 앤더슨이 나타나자 패션쇼장은 열광의 도가니로 변했다. 쇼 비즈니스의 속성을 누구보다 잘 아는 앤더슨은 한 발짝 한 발짝 내디딜 때마다 금발 머리를 손으로 헝클며 '섹시 스타'의 힘을 내뿜었다. 그녀가 반바지에 티셔츠를 입고 나났을 땐 큰 가슴으로 인해 재킷 단추가 떨어져 나갈 듯했다.

아무리 '섹션 특집기사'라고 하지만, 총파업 기사는 외면한 채 파리를 선정적으로 묘사한 이 기사의 마지막 문장은 "파리는 만인이 흠모하는 신비로운 여자다"이다. 신자유주의에 맞선 300만 명이 총파업을 벌인 파리를 "가는 T팬티로 은밀한 부위만 가린 탐스러운 엉덩이를 흔들며"로 묘사하고 "만인이 흠모하는 신비로운 여자"로 기사화한 이 신문의 뒤틀린 보도는 여기서 그치지 않았다.

같은 날 종합면에 통단제목으로 전면에 걸쳐 노동운동을 매도하는 기사를 편집했다(사진 49). 「"정치파업-잇단 비리에 신물"…노동운동 '제3의 길' 모색」이라는 큼직한 표제 아래 종합면 전면에 걸쳐 민주노총을 비난하는 기사를 편집한 『동아일보』 독자에게 신자유주의 구조조정에 반대하는 프랑스 시민 300만 명의 총파업은 '없는 사실'이다.

정부 정책에 맞서서 300만 명이 총파업을 벌이는 프랑스는 『조선일보』『동아일보』『중앙일보』의 논리에 따르면 경제가 망할 수밖에 없는 나라다. 하지만 그렇게 보도하지도 않는다. 프랑스는 "만인이 흠모하는 신비로운 여자"이기 때문이다.

A4 2009년 3월 20일 금요일   제3노총 탄생하나   제27260호 동아일보

"정치파업-잇단 비리에 신물"… 노동운동 '제3의 길' 모색

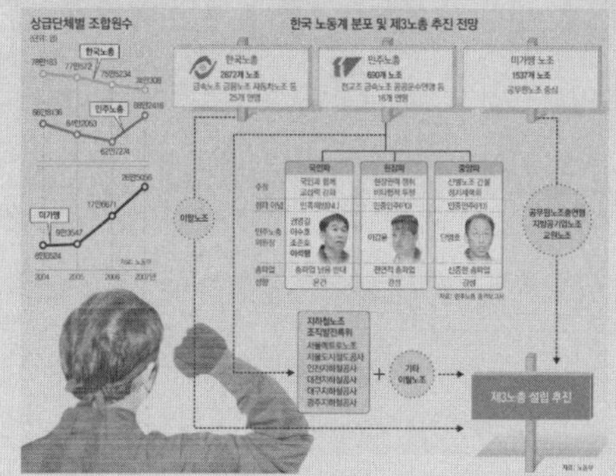

6개 지하철 노조, 지방공기업-공무원 노조 연대
내년 복수노조 허용되면 노동계 지각변동 가속

'韓'도 '民'도 싫다… 미가맹 노조원 26만명

근로자 10명중 1명 노조 가입
한노총 74만·민노총 68만명

현대차 노조 "공장간 일감 나누겠다"

(광고)

간단한 필러로 젊어진다!!

www.ilovebeauty.co.kr
아이러브성형외과
02) 566-7575

여드름흉터, 넓은 모공 — 레이저 치료

통증 적고 다음날이면 출근가능

아이러브 피부과의원
상담문의 02-5533-100

사진 49 『동아일보』 2009년 3월 20일자 A3면

기실 프랑스만이 아니다. 신자유주의 체제가 위기를 맞으면서 세계 곳곳에서 민중운동이 활발하게 일어나고 있다. 파리 총파업이 벌어지던 시점에 그리스의 아테네, 러시아 블라디보스토크, 헝가리 부다페스트에서도 정부의 경제정책을 비판하며 노동권 보호를 주장하는 노동자들의 파업이 일어났다. 에스파냐에서도 대학생들의 시위가 전국에서 벌어졌고, 바르셀로나에서는 시위대와 경찰이 충돌해 80명이 부상했다. 다만 한국 신문들이 그 뉴스들을 소홀히 하거나 외면했을 뿐이다.

노동운동을 바라보는 한국 국민의 인식과 프랑스를 비롯한 유럽 국민의 인식이 상당한 차이가 있는 데에는 역사적 요인이 크다. 하지만 그 못지않게 신문의 노동운동 죽이기가 직접적 요인이 되어왔다.

비정규직 노동자들의 노동운동을 '기업을 망하게 하는 운동'이란 틀로 보도하는 신문이나 '민중'이란 말 자체에 '색깔'을 칠하는 신문, 300만 명이 가담한 프랑스 총파업을 한 줄도 쓰지 않고 현지의 현란한 패션쇼만 전면에 걸쳐 보도하는 신문, 민주노총의 위상을 집요하게 추락시키려는 신문들의 공통점은 한마디로 말해서 '민중 배제'다. 신문 읽기에 나선 독자들이 '민중'이라는 주제를 지면에 숨어 있는 '핵심 지층'으로 인식할 이유가 여기 있다.

다시 강조하지만, 민중은 다름 아닌 신문 독자 자신이다. 스스로 민중이면서도 민중이란 말을 낯설게 여기는 현실은 신문의 여론 지배력에서 비롯한다.

신문을 읽을 때 글로벌스탠더드의 차원을 염두에 두어야 하듯이 민중의 시각에서 신문을 읽는 게 절실하다. 무엇보다 민중이 스스로 민중임을 자각하는 게 그 출발점이다. 지금 이 책을 읽고 있는 독자 자신부터 민중의 한 구성원임을 적시하기를 바란다. 세계화를 신자유주의와 글로벌스탠더드로 등식화하고 그것을 신념화하며 민중을 배제하고 억압해가는 신문들의 편집 틀은 단지 지면 읽기의 문제에 그치지 않는다. 우리의 경제생활은 물론이고 투표행위와 같은 정치생활에도 직접 영향을 끼치고 있다.

지금까지 신문을 깊이 읽을 때 탐색할 지층으로 '세계화'와 '민
중'을 들여다보았다. 독자의 삶에서 가장 중요한 객관적 현실의
핵심으로서 신자유주의적 세계화를 톺아본 데 이어, 그 체제에서
살아갈 주체로서 민중을 짚었다.

사람의 삶 자체가 주체와 객체의 연관이듯이 '세계화'와 '민중'
의 지층은 서로 중첩해 있다. 신문 깊이 읽기의 마지막 지층은 세
계화와 민중이 겹치는 지점에 자리한다. 독자들이 신문을 깊이 읽
을 때 염두에 둘 세번째 지층, 바로 이해관계다. 이해관계는 세계
화와 민중의 두 지층을 이어준다.

이해관계란 말 그대로 서로 이해(利害)가 걸려 있는 관계를 이
른다. 흔히 어떤 문제를 두고 이해관계를 꼼꼼하게 따지면 점잖지
못한 일로 여기는 사람이 많지만, 일찍이 단재 신채호는 신문 칼

럼에서 '옳고 그름' 보다 이해관계가 근본임을 강조했다. 「낭객의 신년만필」 제하의 칼럼(동아일보 1925년 1월 2일자)에서 신채호는 "옛날의 도덕이나 금일의 주의란 것이 그 표준이 어디서 났느냐? 이해(利害)에서 났느냐? 시비(是非)에서 났느냐?"고 물었다. 이어 "나무의 그늘에서 삼복의 더위를 피하고는 겨울에 그 나무를 베어 불을 때는 인류며, 소를 부리어 농사를 짓고는 그 소를 잡아먹는 인류"를 예로 들어 시비, 곧 옳고 그름으로 따지자면 "인류보다 더 죄악 많은 동물이 없은즉 먼저 총으로 폭탄으로 대포로 세계를 습 격하여 인류의 종자를 없애버려야 할 것이 아니냐"고 반문했다. 결국 신채호에게 "인류는 이해문제뿐이다. 이해문제를 위하여 석 가도 나고 공자도 나고 예수도 나고 마르크스도 나고 크로포트킨 도 났다." 이어 신채호의 칼럼은 다음과 같이 '조선 사람' 들을 통 렬하게 통박한다.

우리 조선 사람은 매양 이해 밖에서 진리를 찾으려 함으로, 석가가 들어오면 조선의 석가가 되지 않고 석가의 조선이 되며, 공자가 들어 오면 조선의 공자가 되지 않고 공자의 조선이 되며, 무슨 주의가 들 어와도 조선의 주의가 되지 않고 주의의 조선이 되려 한다. 그리하여 도덕과 주의를 위하는 조선은 있고 조선을 위하는 도덕과 주의는 없 다. 아, 이것이 조선의 특색이냐? 특색이라면 특색이나 노예의 특색 이다.

신채호의 촌철살인은 오늘의 신문 읽기에서도 교훈을 준다. 흔히 보수신문과 진보신문으로 구분하지만 보수와 진보를 따지기 이전에 신문 깊이 읽기에서 무엇보다 중요한 독법은 독자가 자신의 이해관계를 냉철하고 꼼꼼하게 짚어보는 일이다.

앞서 우리는 비정규직 노동자들의 생존권 요구를 왜곡하고 민주노총의 위기를 침소봉대해 '노동운동 죽이기'에 나선 지면을 살펴보았다. 독자들로서는 당연히 의문이 들 수 있다. 왜 신문들은 노동운동 죽이기에 나서는 걸까? 기실 그 이유는 명백하다. 자본주의 사회에서 신자유주의에 맞설 유력한 세력은 '조직된 노동자들'이기 때문이다. 신문지면에서 쉽게 볼 수 있는 '노동운동 죽이기'와 '신자유주의 세계화'는 동전의 양면이다.

그렇다면 신문들은 왜 신자유주의에 친화적일까? '이해관계'로 찾으면 명쾌하게 해답이 나온다. 기업으로서 신문사의 이익 추구에, 신자유주의가 가장 효과적이라고 판단하기 때문이다. 어차피 광고는 대기업 중심으로 이뤄진다. 신자유주의에 반대하고 민중을 배제하는 지면 편집의 깊은 지층에는 그것이 자신들의 이윤 추구에 가장 적합하다는 이해관계가 깔려 있다.

기실 기업에 대한 규제완화와 법인세 감세, 노동시장 유연화는 그 자신도 엄연한 기업인 신문사로선 몹시 선호하는 정책일 수밖에 없다. 신문사 사주(자본가)와 경영진 스스로 자본의 논리를 추구하기에 더 그렇다. 노동운동이 활성화할 때 자본의 이윤이 줄어든다는 사실도 본능적으로 인식하고 있다. 특히 한국의 신문처럼 특정 가문이 주식을 독점하는 현실에선 자본의 논리가 그대로 지면에 관철될 수밖에 없다. 노동운동 죽이기는 비단 사회면이나 경제면의 기사에서만 나타나지 않는다. 세계적 흐름을 전하는 국제뉴스에서도 확인할 수 있다.

앞서 우리는 프랑스 사르코지 정권 하의 300만 노동자 총파업을 한국의 독과점 신문들이 어떻게 모르쇠 했는지를 짚어보았다. 한국의 신문들이 전반적으로 국제뉴스를 소홀히 편집해온 관행이라고 '변호' 할 수도 있다. 과연 그럴까. 아니다. 프랑스 기사가 1면 머리로 등장할 때도 있다. 다름 아닌 사르코지가 2007년 5월, 대통령 선거에서 이겼을 때다. 『조선일보』는 프랑스 대선 다음날(2007년 5월 8일자) 1면 머리기사 제목을 다음과 같이 구성했다. 「프랑스는 '성장과 親美' 선택했다」(사진 50).

비단 『조선일보』만이 아니었다. 『동아일보』 1면 표제도 큼직하고 자극적이었다. 「더 일해 더 벌자」. 『중앙일보』도 1면에 「'성장을 통한 강한 프랑스' 선택」이라고 표제를 붙였다. 세 신문이 모두 대대적으로 다뤘듯이, 프랑스 대선에서 집권 우파 대중운동연합의 니콜라 사르코지 후보는 결선 투표에서 좌파 사회당의 세골렌 루아얄 후보를 제치고 당선됐다. 표제에서 보았듯이 이를 가장 부각해 편집한 『조선일보』는 '성장과 친미'를 강조하면서 "세계 頂上 중 부시가 제일 먼저 축하 전화"라는 부제까지 달았다.

세 신문의 보도는 같은 사안을 다룬 다른 신문의 기사와 비교해보더라도 차이가 또렷하다. 가령 『한국일보』는 1면 머리기사로 올

사진 50 『조선일보』 2007년 5월 8일자 1면

렸으면서도 표제를 「첫 전후 세대·이민2세 '엘리제 주인'」으로 달았다. 기사에서도 "프랑스인의 피가 한 방울도 섞이지 않은 이방인"이라거나 "이름조차 이국적 냄새"가 강하다고 썼다. 『서울신문』도 「이민2세 전후세대 엘리제궁 주인되다」 제하의 1면 기사에서 사르코지가 이민2세일 뿐만 아니라, 170cm가 안 되는 작은 키, 엘리트의 산실인 '그랑제콜'을 졸업하지 않은 프랑스 정계의 비주류임을 부각했다.

위의 비교를 통해 우리는 신문들이 한 기사에 자신의 가치판단을 깊숙이 담고 있음을 확인할 수 있다. 『조선일보』『동아일보』

『중앙일보』를 읽을 때 프랑스 대선의 핵심어는 '성장과 친미'다. 2007년 5월의 프랑스 대선 보도에서 그해 12월에 치를 한국 대선에서도 '성장과 친미'를 주요 의제로 삼겠다는 신문사의 '의도'를 읽었다면, 이미 신문 깊이 읽기 단계에 한발 들어갔다고 자부해도 좋다. 그 이유까지 파악해 읽었다면 더 그렇다.

한미FTA 보도에서도 확인할 수 있듯이, 세 신문은 '미국식 체제'와의 '친화'가 세계의 큰 흐름임을 부각해왔다. 결국 프랑스 대선 보도를 통해 독과점 신문들은 자신들의 이해관계에 맞는 신자유주의가 '글로벌스탠더드'임을 거듭 강조하고, 곧이어 치를 한국 대선에서도 한나라당 후보가 당선되는 게 큰 흐름이라는 여론 형성에 나선 셈이다. 『한국일보』와 『서울신문』으로 프랑스 대선을 읽을 때 핵심어가 '비주류'로 떠오른다는 점에서 이는 비교해볼 만한 편집이다.

한국에서 신문 읽기는 정치 읽기와 연결돼 있다. 신문의 주장과 정가의 논평이 서로 맞물려 있을 때가 많기 때문이다. 이를테면 한나라당 대변인 나경원은 대선과 관련한 논평에서 "사르코지 후보의 승리는 노동시장 유연화와 감세정책 등 우파적 경제정책이 주효했다는 것이 전문가들의 분석"이라며, "우리의 국가 과제도 프랑스와 크게 다르지 않다"고 주장했다. 당시 그 당의 대선 예비후보인 이명박은 주한 프랑스 대사관에 이런 축전을 보냈다.

"같은 보수의 기치를 내걸고 있는 정신적 동지로서, 금년 말 대선을 위해 준비하고 있는 노선과 유사한 점이 많아 누구보다 먼저 축하하고 싶다."

엉뚱하기는 『중앙일보』 사설 「유럽에 부는 우파 바람」(2009년 5월 12일자)이 압권이다. 사설은 "요람에서 무덤까지라는 유럽 특유의 사회복지 모델을 버리고 효율과 경쟁, 성장 중심의 미국식 자본주의가 유럽 대륙을 휩쓸고 있"다며 다음과 같이 썼다.

> 유럽에서는 10년 주기로 대대적인 좌우파간 정권교체가 이뤄지는 경향이 있다. 우파가 경제성장으로 파이를 키워놓으면 좌파가 등장해 분배와 복지를 향상시키는 식이다. 이를 통해 유럽 국가들은 성장과 복지를 조화시키며 발전해왔다. 이 공식은 60년대 이후 거의 맞아떨어졌는데, 2000년대 들어 서유럽 대부분의 국가가 우파 정권으로 교체됐다. 이번 프랑스 선거가 그 하이라이트였다. 이 같은 유럽인의 선택은 12월 대통령 선거를 치르는 우리에게도 시사하는 바가 많다 하겠다.

유럽의 좌우 정권 교체가 대체 무엇을 '시사' 한다는 것일까? 몇몇 교수들이 신문에 기고하면서 노무현 정권을 서슴지 않고 '좌파 정권' 으로 규정하는 무지와 같은 논리에 서 있다.

편향된 해석에 근거한 의도적 편집은, 보도해야 할 사실을 보도하지 않는 데까지 이르렀다. AFP통신에 따르면, 사르코지는 당선이 확정된 다음날(2007년 5월 7일) 아내, 아들과 함께 프랑스의 '언론재벌' 뱅상 볼로레의 제트기에 올랐다. 섬으로 날아가 호화 요트를 타고 3일간의 휴가에 들어갔다. 길이 60m에 12인승인 호화 요트는 성수기에는 일주일 빌리는 데 20만 유로(한화 2억5000만 원)가 든다.

프랑스 일간지『라 데페슈 뒤 미디』는 사르코지의 호화 요트 유람에 대해 "포커에서 잭폿을 터뜨린 졸부 같다"며, "하지만 엘리제궁은 복권이 아니다"라고 날카롭게 비판했다. 사회당은 "권력에서 얻어낼 것이 많은 기업가의 후원으로 휴가를 즐긴" 당선자를 꼬집으면서, "열심히 일하는 사회를 주장하던 사르코지가 선거 직후 요트 유람을 즐기는 것은 유권자들에게 모욕을 주는 행위"라고 비판했다. 심지어 사르코지에게 우호적인 보수신문『르 피가로』조차 "사르코지의 많은 친구들이 우려하고 있다"고 보도했다.

한국의 신문들도 국제면(2007년 5월 10일자)에서 사르코지의 행태를 보도했다. 하지만 사르코지 당선을 가장 크게 부각해 편집했던 세 신문은 이 일을 묵살하거나 축소 보도했다.『동아일보』는 같은 날「사르코지 호화 휴가 구설」제하의 기사를 보도하기는 했다. 그런데 프랑스 언론재벌인 '뱅상 볼로레'를 '억만장자'로 보도했다. '언론재벌'이라는 표현을 쓰지 않고 굳이 '억만장자'로 쓴 까닭은 뭘까.

『동아일보』가 '은폐'하려고 했던 언론재벌·언론권력의 문제는 사르코지의 당선 배경에 깊숙이 똬리 틀고 있다. 사르코지 정권의 출범에 프랑스 미디어 재벌의 영향이 컸기 때문이다. 프랑스 신문과 방송들은 대선 직전까지 수년 동안 사르코지를 의지와 행동의 인물, 능력 있는 행정가로 그리는 데 앞장섰다. 사르코지가 출마 선언을 하기 전부터 프랑스의 이른바 '주류 언론'은 '사르코지 대통령'을 외쳐댄 것이나 다름없다는 지적도 나왔다. 예비후보 시절부터 사르코지의 언론 노출은 다른 정치인들에 비해 두드러져 "사르코지는 '저녁 8시 뉴스의 새로운 진행자'"라는 비아냥거림까지 들었다.

사르코지의 호화 휴가 행태가 알려지게 된 과정도 짚을 필요가 있다. 호화 휴가의 첫 보도는 종이신문이 아니었다. 인터넷신문이었다. 사르코지는 선거가 끝난 날 밤에도 파리 상젤리제의 최고급 호텔에서 하룻밤을 보내 구설수에 올랐다. 선거운동 중에 이미 사회당으로부터 언론재벌과 유착했다는 비판을 받았다.

사르코지의 호화 요트 휴가를 모르쇠 한 『조선일보』는 바로 그날 「서로 통하는 '카우보이'」 제하의 상자 기사에서 부시 미 대통령과 사르코지의 사진을 마주보게 편집하고 '닮은 꼴'이란 말을 표제를 덧붙였다(사진 51). 기사는 "그의 친미 성향은 이미 공인된 사실. 좋아하는 작가와 영화배우로 미국의 어니스트 헤밍웨이와 실베스터 스탤론을 꼽고, 미국의 근로윤리와 아메리칸 드림에 대한 호감을 공공연히 드러낸다"면서 "대선에 승리하면 축하곡으로 미국 팝송 '아이 윌 서바이브'를 쓰고 싶다고도 했다"고 사르코지의 친미 성향을 강조했다.

결국 프랑스 총선을 앞뒤로 한국의 독과점 신문들은, 그해 12월 대선에서 한나라당 후보가 '대세'임을 부각하는 데 유리한 사실은

서로 통하는 '카우보이'

'붉은 체크무늬 셔츠에 청바지와 카우보이 부츠….' 미국 텍사스 출신의 조지 W 부시 대통령 얘기가 아니다. 프랑스 대선에서 승리한 니콜라 사르코지(Sarkozy) 당선자의 모습이다. 그는 지난달 1차 투표 이틀 전, 시골의 한 목장에서 이런 복장으로 기자들을 만났다. 그의 키처럼 작은 백마를 탄 모습에는 자부심이 배어 있있다.

급하고, 직설적이고, 운동 좋아하고… 부시·사르코지 닮은 꼴

현지 신문 리베라시옹은 "텍사스 목장의 부시와 엇비슷하게 닮은 꼴"이라고 평했다. 텍사스 목장은 부시가 각국 정상들 중에서도 '진짜 친구'만을 초대하는 별장. 사르코지의 전임자인 자크 시라크(Chirac) 대통령은 초대받지 못했다. 그 이유를 묻는 질문에 부시는 "우리는 좋은 카우보이를 원한다"고만 했다. 이라크 전쟁 등을 놓고 미국과 이견을 보였던 시라크에 대한 불만이 느껴지는 대목이다.

그러나 사르코지의 텍사스 목장행(行)은 무난해 보인다. 그의 친미(親美) 성향은 이미 공인된 사실. 좋아하는 작가와 영화배우로 미국의 어니스트 헤밍웨이(Hemingway)와 실베스터 스탤론(Stallone)을 꼽고, 미국의 근로윤리와 아메리칸 드림에 대한 호감을 공공연히 드러낸다. 최근 본 영화 중 눈물을 흘릴 만큼 감동했다는 영화도 미국 감독 로버트 알트만(Altman)이 만든 '어 프레리 홈 컴패니언'을 꼽는다. 대선에 승리하면 축하곡으로 미국 팝송 '아이 윌 서바이브'를 쓰고 싶다고도 했다.

'텍사스 사나이' 부시와는 급한 기질에 직설화법까지 빼닮았다. 술을 입에 대지 않는 것이나 운동을 좋아하는 것도 흡사하다. 부시 못지않게 자전거 타기도 즐긴다.

닮은꼴 두 정상은 다음달 독일 베를린에서 열리는 주요 8개국(G8) 정상회의에서 처음 얼굴을 마주한다.

전병근 기자 bkjeon@chosun.com

사진 51 『조선일보』 2007년 5월 10일자 A16면

적극 부각했고, 불리한 사실은 외면했다. 주요 외신을 이해관계에 따라 보도하는 한국 신문의 추한 모습은 이명박 대통령 당선 뒤에도 노골적으로 드러났다. 신문과 방송 겸영 문제가 그것이다. 프랑스 언론재벌의 도움으로 정권을 장악한 사르코지가 집권 이후 추진한 미디어 정책을 한국 언론이 어떻게 보도했는지 읽어보자.

「신문·TV·라디오 겸영 통해 / 글로벌 미디어 그룹 키워야」. 『중앙일보』가 종합면에 크게 편집한 기사의 표제다(2009년 1월 9일자 2면). 부제는 "프랑스 정부, 개혁안 사르코지에 23일 보고"이다. 기사의 첫대목을 읽어보자.

프랑스 정부가 신문·방송 겸영을 통해 글로벌 미디어를 육성한다는

내용을 골자로 한 보고서를 완성했다. 어려운 여건에 있는 신문업계를 살리기 위해 기업이 신문사에 투자할 경우 세제 혜택을 주는 내용도 포함돼 있다. 미디어 개혁의 큰 축을 이루게 될 이번 보고서는 니콜라 사르코지 대통령 보좌관인 에마뉘엘 미뇽이 '인쇄매체 대책위원회'라는 한시적 외부 기구와 협의해 만들었다.

기사는 이어 "보고서는 신문·잡지·TV·라디오 등을 모두 소유한 종합 미디어 그룹의 탄생을 정부가 적극 지원해야 한다고 강조했다. 현재 대형 신문사와 지상파 방송의 동시 소유를 어렵게 하고 있는 방해요인을 제거해야 한다는 것이다"라고 썼다. 같은 날 『동아일보』도 「佛 신문-방송 겸영 허용 구체화」라는 큼직한 표제 아래 다음과 같은 문장으로 시작하는 기사를 내보냈다.

니콜라 사르코지 프랑스 대통령의 특보인 에마뉘엘 미뇽 씨가 이끄는 특별위원회가 방송과 신문의 겸영을 허용하는 것을 골자로 한 언론개혁 보고서를 8일 크리스틴 알바넬 문화부 장관에게 제출했다. 사르코지 대통령은 23일 신년 기자회견에서 이 보고서를 토대로 최종 언론 개혁방안을 밝힐 것으로 보인다.

그런데 그로부터 일주일 뒤다. MBC 뉴스데스크(2009년 1월 16일자)는, 「'신문의 방송 소유' 해외 보고서 왜곡 보도?」 제하에 두 신문의 보고서 내용이 '왜곡'됐다고 정면으로 비판하는 보도를 방송했다. 방송은 두 신문이 인용한 보고서를 확인해본 결과 68쪽에 이르는 보고서 어디에도 두 신문의 기사와 같은 내용은 나와 있지 않다고 보도했다.

『중앙일보』는 사흘 뒤에 첫 기사를 쓴 파리 특파원이 쓴 「MBC 기자의 '이상한 취재'」 제하의 후속기사(1월 19일자 2면 취재일기)를 내보내, MBC 보도가 "상당 부분 사실과 다르"고 "보도 태도에는 '악의적인 의도'가 담겨 있다"고 반박했다. 이 칼럼은 "다른 언론매체 기사의 오류 여부를 검증한다고 하면서 정작 자신들은 기본적인 확인 절차조차 소홀히 하고, 잘못된 비판보도까지 한 것"이라며, "남의 잘못을 지적하려면 성실한 취재와 기본 양식이 우선돼야 한다"고 마무리했다. 같은 날 『동아일보』 파리 특파원도 「프랑스 언론보고서 왜곡 보도한 MBC」 제하의 칼럼('기자의 눈')에서 "16일 밤 MBC 뉴스데스크 보도를 보고 할 말을 잃었다"며 MBC 기자가 프랑스어를 모른다고 당차게 꼬집었다.

독자들로서는 무엇이 진실일까 궁금할 법하다. 진실은 곧 밝혀졌다. 국회에서 한나라당 의원이 방송통신위원회에 질의해 받은 '2009년도 임시국회 서면 답변' 자료가 그것이다. 방송통신위원회가 사실관계를 분석한 결과, 프랑스 보고서 원문에는 『중앙일보』가 보도한 '신문·TV·라디오 겸영 통해 글로벌 미디어 그룹 육성'이나 『동아일보』가 보도한 '신문-방송 겸영 허용 구체화'가 없다는 게 확인됐다.

하지만 『동아일보』 파리 특파원은 방송통신위원회의 국회 답변에 대해 "졸속 답변에 유감"이라고 재반박 기사를 썼다. 기자는 이어 "이 답변을 근거로 '동아일보 등이 허위보도를 했다'고 주장하는 일부 군소매체의 대담함이 놀랍다"고 주장했다.

문제의 『동아일보』 기사는, 자신이 쓴 기사의 잘못을 인정하지 않고 합리화하려는 기자의 전형적 보기다. "보고서의 권고는 신문 방송 겸영 금지의 완화를 의미한다"는 기사 내용에서 나타나듯이 기자 자신의 주관적 '의미 부여'로 슬그머니 후퇴했다. 사실관계를 정확하게 써야 할 기사에 기자가 '의미'를 부여해도 괜찮을까.

물론, 사르코지 대통령이 자신과 '친분'이 두터운 미디어 그룹들의 소유 집중을 원했던 것은 사실이다. 그런데 '신문의 위기' 타개를 명분으로 프랑스 정부 차원에서 구성한 '인쇄매체 대책 위원회'의 논의 결과, 사르코지의 주장은 받아들여지지 않았다. 인쇄매체 대책위가 정부에 제출한 보고서의 "골자"는 "신문시장 내에서 '집중'보다는 '창업'을 지원하는 쪽으로 정부의 정책이 펼쳐져야 한다"는 권고다. 따라서 "신문 방송의 겸영을 허용하는 것을 골자로 한 언론개혁 보고서"라는 『동아일보』와 『중앙일보』의 보도는 명백한 허위보도다.

그렇다면 왜 이들은 사실과 다른 주장까지 펴는 걸까? 바로 그들 자신이 방송을 겸영하고 싶어서다. 이명박 정부와 한나라당에 신문과 방송의 겸영을 허용하는 법안을 만들라고 촉구해온 신문들이 그 여론을 조성하기 위해 사실 왜곡을 서슴지 않는 모습은, 신문 읽기에서 이해관계를 보는 눈이 얼마나 중요한가를 가르쳐

준다. 결국 2009년 7월 한나라당이 신문과 방송의 겸용을 허용하
는 미디어 악법을 국회에서 날치기 처리함으로써 신문사들의 욕
망은 그 '뜻'을 이뤘다.

신문 읽기에서 이해관계의 지층이 적나라하게 드러난 또 다른
보기는 바로 '종합부동산세(종부세) 파동'이다. 종부세는 지방자
치단체가 부과하는 종합토지세 외에 일정 기준을 초과하는 토지
와 주택 소유자에게 국세청이 별도로 누진세율을 적용해 국세를
부과하는 제도다. 노무현 정부 시절 서울 강남 아파트를 중심으로
부동산이 폭등하면서 뒤늦게나마 투기를 근절하기 위한 목적으로
도입했다. 2005년 8월 31일 정부가 발표한 '8·31 부동산 종합대
책'이 그 출발점이다. 바로 다음날 『중앙일보』는 「무한정한 정부
개입, 부동산 시장 왜곡 뻔하다」라는 제하의 사설에서 "부동산 정
책의 목표가 강남 집값 안정에서 집부자·땅부자 때려잡기로 슬
그머니 바뀌었다"라며 다음과 같이 비난했다.

> 정부는 집값과 땅값의 상승이 투기꾼들의 농간 때문이라고 몰아붙이
> 더니만 어느덧 부동산 대책의 타깃을 다주택 소유자와 고가주택 소
> 유자, 대규모 토지 소유자에 대한 응징으로 바꿔 잡았다. 왜곡된 통
> 계까지 동원해 부동산 편중 소유 현상을 부풀려 부동산 소유에 대한
> 반감을 부추겼다. 이러니 정책의 목표가 집값 안정인지, 부동산 보유
> 자체를 죄악시해 계층 갈등을 증폭시키겠다는 것인지 헷갈리는 것이
> 다. (…) 대규모 부동산 보유자와 고가주택 보유자에 대한 세금 중과

에 초점이 맞춰지면서 당초의 취지가 흐려졌다. 세금 부담의 증가가 전 국민의 2%인 부동산 부자만 해당된다는 정부 당국자의 설명은 이번 세제개편이 무엇을 지향하고 있는지를 보여준다.

'부자 때려잡기'라는 원색적 규정은 같은 날 『조선일보』 사설 「8·31 부동산 정책 후유증 잘 대처해야」에서도 드러난다. 사설은 "무엇보다 근본적인 문제는 정부의 이런 세금정책이 국민을 '가진 자'와 '못 가진 자'로 편가름하는 이념적 편향을 밑바탕에 깔고 있는 것"이라고 주장했다. 『동아일보』가 예외일 순 없었다. 같은 날 사설 「부동산 필패 장담할 수 있나」에서 이 신문은 "초정밀 유도 세금폭탄을 때리는 것"이라고 주장했다. 이어 "부자와 가난한 자, 강남 거주자와 비강남 거주자 등으로 편가르기를 하고 가진 자의 부를 빼앗아 나눠준다는 개념을 노골적으로 반영한"정책이라고 비난했다. 『동아일보』가 규정한 '초정밀 유도 세금폭탄'은 며칠 뒤엔 '네이팜탄'으로 '진화'했다. 논설위원이 쓴 「2% 죽이기」제하의 칼럼은 '8·31 부동산 종합대책은 '서울 강남을 겨냥한 네이팜탄'" "투기 여부와는 관계없이 국민의 '2%'를 뚝 잘라서 타깃으로 삼은 정책"(2005년 9월 8일자 34면)으로 규정했다.

이들 신문들이 국민 가운데 2%만 부담해야 할 종합부동산세에 '세금폭탄'이니 '초정밀 유도 폭탄'이나 '네이팜탄'으로 규정했음에도, 부동산 투기를 막자는 여론 때문에 종합부동산세는 입법화되었다. 심지어 2007년 대선에서도 종부세를 원점으로 돌리겠다는 공약을 내놓은 후보는 아무도 없었다.

대선이 끝나고 이명박 정권이 들어서자 상황은 바뀌었다. 독과점 신문들은 종부세의 부당성을 끊임없이 여론화했다. 마침내 헌법재판소가 종부세의 근본 취지와 정당성은 인정하면서도 가구별 합산과세 규정에 '위헌' 결정을 내려 종부세의 근간을 흔들었다. 앞서 세금폭탄을 주장했던 신문들이 일제히 환영하고 나선 것은 두말할 나위 없다. 대표적 보기가 「노무현 정부 '종부세 대못' 뽑혔다」 제하에 1면 머리로 실은 『중앙일보』 기사다(사진 52).

결국 종부세는 무력화되었다. 그 과정에서 한국 신문들이 여론을 어떻게 형성했는가를 돌아보면 이해관계의 중요성을 새삼 확인할 수 있다. 종부세에 '일부 위헌' 결정을 내린 헌법재판소 재판관 9명 가운데 8명이 종부세 과세 대상자로, 그 가운데 7명이 위헌 결정에 손을 들었다는 사실은, 상위 2%의 '계급의식'이 판결에 그대로 반영된 것이라고 하지 않을 수 없다. 아니, 헌재 재판관에게만이 아니다. 이명박 대통령은 물론, 청와대 수석들과 내각의 장·차관들, 한나라당의 지도부에게도 종부세는 불편한 세금이었다. 신문 읽기에서 빼놓지 말아야 할 사실은 세 신문사의 고위 편집 간부들 대다수가 서울 강남에 살고 있다는 점이다. 이미 전두환 정권 시절 서울 지역의 언론인들 가운데 다수가 서울 강남에 '기자 아파트'를 특혜로 분양받은 사례도 있다.

무릇 사람이 모여 살아가는 사회에서 이해관계와 무관한 정책은 원천적으로 불가능하다. 다만 민주주의 사회는 그 이해관계를

사진 52 『중앙일보』 2008년 11월 14일자 1면

최대한 이성적으로 조율해가는 사회다. 종부세를 둘러싼 언론과 정치권의 모습은 국민 2%만의 이익을 꾀하는 정책이 어떻게 모든 국민을 위한 정책으로 여론화하고, 더 나아가 어렵게 제정한 법마저 무력화시키는가를 상징적으로 보여준다.

2008년 미국 대선에서 버락 오바마가 '99% 감세, 1% 증세'의 슬로건으로 집권에 성공한 사실과 비교해보면, 종부세 파동의 신문 읽기는 더욱 의미있다. 1% 부자들에게는 많은 세금을 매기고 99%의 절대다수 국민에게는 세금을 내리겠다는 오바마의 공약에 미국의 유권자들은 호응했다. 자신의 이익을 대변할 사람이 누구인가를 냉철하게 평가했기 때문이다. 하지만 여기에는 '조건'이 있다. 독자가 자신의 이해관계를 정확히 보지 못하게끔 여론을 조작하는 신문들이 시장을 독과점하고 있지 말아야 한다.

신문과 방송 겸영에 대한 보도와 종부세 보도에서 독자가 잊지 말아야 할 신문 읽기의 교훈은 단연 이해관계다. 어느 신문이 누구의 이익을 대변하는가, 누구의 이익을 전체 국익으로 호도하는가를 탐색할 때, 신문을 깊이 읽는 눈을 갖출 수 있다.

신자유주의적 세계화가 일방적으로 추구되고 있는 현실에서 신문 읽기를 통해 자신이 민중임을 자각하고 살아가는 데 '매개(미디어)'가 바로 이해관계의 정확한 인식이다. 그때 독자들은 자신의 정치경제적 이해관계를 더는 수동적으로만 읽는 데 머물지 않고 주체적 신문 읽기의 길로 들어서게 된다. 실제로 우리는 신문 읽기의 지형이 근본적으로 변하고 있는 전환기에 살고 있다.

넷째 마당

주권 시대의 신문 읽기

신문이 객관적 사실을 보도한다는 '상식'을 뒤집은 『신문 읽기의 혁명』1권이 선보인 1997년 이후 여러 요인이 맞물리면서 신문 읽기의 지형은 크게 바뀌었다. '언론개혁시민연대'의 결성(1998년)을 비롯한 언론운동의 활성화와 더불어 인터넷 상용화가 지형 변화를 앞당기는 데 기여했다.

지형 변화의 모습은 두 가지로 간추릴 수 있다. 신문에 대한 비판적 인식이 확산되면서 전개된 신문 독자들의 '실천적 신문 읽기' 움직임과, 지구촌 차원에서 일어나 한국 언론계에도 일어난 '인터넷혁명'이 그것이다. 두 사건으로 신문 지형은 과거와 확연히 달라졌다.

먼저 신문 독자들의 실천적 신문 읽기부터 톺아보자. 1997년 12월에 김대중 후보가 대통령에 당선됨으로써 '정권 교체'를 이루며 한국의 민주주의 수준은 크게 높아졌다. 또한 1990년대 중반 들어 활발하게 전개된 시민운동과 맞물려 언론의 궁극적 주권자가 신문 독자라는 인식도 퍼져갔다. 단순히 신문에 대한 비평적 읽기를 넘어 독자들이 자신의 권리를 찾으려는 실천적 신문 읽기는 여러 모습으로 나타났다. '안티조선운동'이 대표적 보기다. 1998년 11월에 『월간조선』이 당시 대통령정책기획위원장 최장집의 사상을 검증하겠다며 나서고, 『조선일보』가 최 위원장을 '친북인사'로 몰아갈 때, 시민사회단체를 중심으로 '조선일보 허위·왜곡보도 공동대책위'가 꾸려졌다. 이어 『조선일보』에 기고하거나 인터뷰를 거절하는 본격적인 안티조선운동이 전개되었다. '조선일보바로보기'(조선바보) 시민모임이나 '조선일보 없는 아름다운 세상을 만드는 시민들의 모임'(조아세)이 줄지어 등장했다. 신문은 신문사가 만들고 독자는 그 지면을 읽는 데 머무르는 일방향의 시대는 마침표를 찍었다.

더러는 독자들의 실천적 신문 읽기가 결과적으로 실패한 게 아니냐고 회의적 눈길을 던진다. 2009년 10월 현재, 『조선일보』의 발행부수가 여전히 1위인 것도 사실이다. 하지만 현상으로 드러난 사실에만 집착할 때, 사안의 본질을 놓치기 쉽다. 두 가지 점에서 그렇다.

첫째, 독과점 신문에 맞선 독자운동은 2002년 대선에서 언론개혁운동에 적극 동조해온 노무현 후보의 당선을 낳는 데 크게 기여했다. 『조선일보』 비판운동을 활발하게 벌였던 사람들 대부분이

'노사모'와 겹쳤다. 『조선일보』는 물론, 『동아일보』와 『중앙일보』가 노골적으로 지지했던 이회창 후보가 노 후보에게 패배한 데는 평범한 독자들의 언론주권운동이 배경으로 깔려 있었다. 다만, 아쉬움은 있다. 노무현 정부의 출범 이후 그 가운데 적잖은 사람이 '정파적 신문 읽기'의 함정에 매몰되었기 때문이다. 그 결과 노무현 대통령의 잘잘못을 따져 그가 올바른 방향으로 갈 수 있도록 유도하기보다 독과점 신문과의 정치적 갈등에만 비중을 두었다. 대통령이 주요 정책에서 독과점 신문과 같은 길을 걸어갈 때도 그를 비호하면서 '정파적 신문 읽기'의 한계는 또렷하게 드러났다.

둘째, 독자들의 언론주권운동으로 『조선일보』의 영향력은 과거에 비해 크게 떨어졌다. 이제 더는 『조선일보』가 설정한 의제대로 국민 여론이 좌우되지 않는다. 『조선일보』가 여전히 발행부수 1위이기는 하지만 그 신문의 유가발행 부수는 안티조선운동이 처음 벌어지던 시점과 견주어 절반 가까이 떨어졌다는 분석도 나오고 있다. 그럼에도 1위인 까닭은 『조선일보』만이 아니라 『동아일보』와 『중앙일보』도 발행부수가 크게 줄어들었기 때문이다. 『신문 읽기의 혁명 1』이 나올 때에 비해 한국 사회의 전체 신문구독 가구가 절반 수준으로 급감한 통계자료가 이를 입증한다.

독자들의 실천적 신문 읽기는 2008년 촛불항쟁을 거치면서 새로운 양상으로 나타났다. 대표적 보기가 '언소주'다. 2008년 8월 30일 시민들 스스로 나서서 언소주, 곧 '언론소비자주권 국민캠페인'(언소주)을 결성했다. 초대 대표를 포함해 언소주를 주도했던 사람들 대부분은 촛불집회가 시작되기 전까지만 해도 사회운동과는 전혀 거리가 먼 평범한 시민, 곧 신문 독자들이었다.

촛불을 '좌파'가 주도한다며 '폭력성'을 부각한 『조선일보』『동아일보』『중앙일보』 보도를 비판하던 시민(독자)들이 포털 〈다음〉의 인터넷 카페를 구심점으로 하나둘 모여 결성한 게 언소주다. 출범 당시 회원 수가 5만5000명이었다. 언소주의 결집력은 10년 남짓 벌여온 안티조선운동이 밑절미가 되었다. 언소주의 활동 중에서 특히 주목할 사실은 신문 광고주를 상대로 한 불매운동이다.

왜곡 보도에 실망하고 분노한 시민들이 그 신문의 광고지면을 채운 기업들에 전화를 걸어 상품을 사지 않겠다는 뜻을 전달하고 나섰다. 그런 전화가 하루에 수백 통이 걸려오자 기업으로선 부담을 느낄 수밖에 없었다. 광고를 더는 게재하지 않겠다고 밝힌 기업이 늘어나기 시작했다. 특히 제약회사, 의류·신발업체, 식품·유통업체는 소비자 움직임을 모르쇠 할 수 없었다. 2008년 6월 초부터 10여 개 기업이 "국민정서를 고려해 광고를 일시 중단한다"는 공지를 홈페이지에 올리기 시작했다.

대상이 된 세 신문사는 광고주 불매운동 초기까지 이를 대수롭지 않게 여겼다. 하지만 실제 광고 중단 움직임이 퍼져가자 사태의 심각성을 깨닫기 시작했다. 그럼에도 이를 직접 지면화하기 어려웠던 신문사들은 전경련(전국경제인연합회)을 비롯한 경제단체를 찾아가 맞대응을 요청했다. 촛불이 수그러들었음에도 시민들의 광고주 불매운동이 지속되자 세 신문은 마침내 지면을 통해 정면으로 비난하고 나섰다. 포털 〈다음〉에 카페 게시물 차단을 요구한 데 이어, 불매운동에 참여한 시민들을 검찰에 고소했다.

세 신문의 검찰 고소에 이명박 정부는 곧바로 화답했다. 검찰은 언소주에서 활동하는 시민들을 상대로 곧장 수사에 들어갔다. 불매운동을 벌인 네티즌을 상대로 무더기 출국금지 조치한 데 이어 압수수색과 소환조사를 벌였다. 사전구속영장 청구, 구속 수감, 기소까지 '신속한 처리'가 이어졌다. 광고주 불매운동의 대상이 된 신문사들은 독자이자 민주시민들의 광고주 불매운동을 "동아 백지광고 사태 때와 마찬가지로 언론자유를 위협하는 행동"으로 몰아세웠다. 하지만 '동아 백지광고 사태'는 박정희 군사독재가 자행한 언론탄압이었다. 독자 스스로 왜곡보도에 항의해 나선 일과 비교하기엔 맥락이 전혀 다르다.

비록 정권의 개입으로 '사법처리'되는 해괴한 사태로 이어졌지만, 광고주 불매운동의 의미는 크고 깊다. 이 책의 첫째 마당에서 분석했듯이 광고주인 자본이 자신의 이해관계를 관철하는 무기로 이용한 광고지면을 거꾸로 독자들이 언론주권을 찾는 무기로 활용하는 모습은 획기적 변화다. 1990년대 후반에 잠깐 선보였던 스포츠신문의 선정적 지면에 맞선 광고주 불매운동과 달리, 한국의 여론을 좌우해온 종합일간지의 보도에 맞선 운동이기에 더 그렇다.

흥미로운 사실은 광고주 불매운동에 대한 법원의 판결이다. 검찰의 수사와 기소에 이어 법원마저 유죄판결을 내렸지만, 판결문의 취지를 정확히 읽을 필요는 있다. 2009년 2월 19일 서울중앙지

법은 광고주 불매운동을 호소했다는 이유로 기소된 24명의 네티
즌 전원에게 유죄판결을 내리면서도 "인터넷 사이트에 광고주 리
스트를 게재하거나, 게재된 광고주 리스트를 보고 소비자로서 불
매의사를 고지하는 등 각종 방법에 의한 호소로 설득활동을 벌이
는 것은 광고게재 여부의 결정을 광고주의 자유로운 판단에 맡기
는 한 허용된다"며 '광고중단운동'의 합법성은 인정했다.

법원은 다만 '허용된 범위'를 넘었다며 이들에게 '업무방해죄'
를 적용해 유죄판결을 내렸다. 이는 결국 법원이나 검찰이 주관적
으로 허용하는 운동만 인정하겠다는 논리로, 소비자운동을 보장
한 헌법 조항(제124조)과 어긋나는 판결이다. 하지만 광고주 불매
운동 자체의 정당성은 법원도 인정한 셈이다.

광고주 불매운동에 대해 1심 판결이 나온 다음날, 『조선일보』는
예민하게 반응했다. 『조선일보』 사설은 독자주권운동에 나선 시민
들을 '협박꾼'으로 규정하며 이렇게 썼다(사진 53).

협박꾼들은 이날 법정에서도 "사법부는 죽었다"고 소리를 지르며 소
란을 피웠다. "소비자운동 탄압하는 정치 검찰 물러가라"는 구호도
외쳤다. 작년 11월엔 피고인측 참관인들이 증인으로 법정에 나온 피
해 여행사 직원을 협박 폭행하는 일도 있었다. 불법을 저지르는 방종
만 알고 피해자들의 자유와 권리는 철저히 무시하는 이들 눈에 법이
보일 리 없다.

법원 "광고주 협박은 소비자운동 빙자한 불법"

서울중앙지법은 작년 6월 조선·동아·중앙일보에 광고하는 기업들에 광고 중단을 요구하며 욕설·협박을 퍼부어 업무를 마비시켰던 네티즌 24명에게 전원 유죄를 선고했다. 법원은 포털 다음에 '언론소비자주권 국민캠페인' 카페를 개설한 이모씨 등 주동자 5명에게 징역 4~10월에 집행유예 1~2년을, 적극 가담자 19명에겐 100만~300만원의 벌금형을 선고했다.

법원은 "피고인들이 집단으로 기업에 전화를 걸어 욕설을 하고 세를 과시하며 집단 괴롭히기를 한 것은 위력에 의한 업무방해이고 광고주들의 자율의사를 억압한 것"이라고 밝혔다. 서울중앙지법은 작년 11월 이들이 카페에 올린 기업 명단과 직원 전화번호를 삭제토록 한 방송통신심의위 결정에 불복해 낸 '게시물 복구 가처분신청' 재판에서도 "광고주 협박은 적법한 광고계약에 따른 신문사의 권리를 침해한 위법행위"라며 기각했었다. 이들은 "정당한 소비자운동"이라고 우겨왔지만 법원은 일관되게 소비자운동의 한계를 넘는 '불법 협박'이라고 판단한 것이다.

이 협박꾼들은 이날 법정에서도 "사법부는 죽었다"고 소리를 지르며 소란을 피웠다. "소비자운동 탄압하는 정치 검찰 물러가라"는 구호도 외쳤다. 작년 11월엔 피고인측 참관인들이 증인으로 법정에 나온 피해 여행사 직원을 협박 폭행하는 일도 있었다. 불법을 저지르는 방종만 알고 피해자들의 자유와 권리는 철저히 무시하는 이들 눈에 법이 보일 리 없다.

법원이 이들에게 피해를 본 것으로 인정한 기업은 13곳이다. 이 기업들은 피해상황을 밝히지 말라는 네티즌들 압박을 무릅쓰고 검찰에서 피해를 진술하고 법정에서 증언했다. 언제든 정당한 기업활동의 발목을 잡을 수 있는 협박과 폭력을 그대로 둬선 안 된다는 생각에서였을 것이다. 한국광고주협회도 작년 10월 "광고주는 정당하고 자유로운 미디어 구매를 저해하는 어떤 규제나 압력에도 대항할 권리를 갖는다"는 '미디어헌장'을 발표했다. 법과 시장경제 질서도 무시하는 '테러집단'의 폭력은 온 사회가 적극 맞서야 없앨 수 있다.

사진 53 『조선일보』 2009년 2월 20일자 A27면

사설의 마지막 문장에는 『조선일보』의 증오감이 가득 묻어난다. 사설은 거침없이 단언한다. "법과 시장경제 질서도 무시하는 '테러집단'의 폭력은 온 사회가 적극 맞서야 없앨 수 있다." 신문 독자들의 주권운동을 '테러집단의 폭력'으로 몰아세우는 '언어폭력'이다. 아니, 신문 독자를 겨눠 엄벌을 집요하게 촉구하고 있으므로 단순한 언어폭력도 아니다. 신문이 자신의 이해관계에 따라 헌법 조항까지 자의적으로 해석함은 물론, 막말을 서슴지 않는 모습을 보자. "이번 사건은 오랜 시간 뒤 역사라는 이름의 배심원이 다시 한 번 판결을 내리게 될 것"이라는 1심 판결에서의 한 독자의 최후변론이 더 의미 있게 다가오는 까닭이 여기에 있다. 신문의 논리대로 한다면 용산 철거민들도, 언론주권운동을 펴는 독자들도 모두 '테러범'이다. 사법부의 최종판결과 무관하게 '역사의 법정'에서 볼 때 언소주 운동은 언론주권운동의 획기적 진전이다.

기실 이명박 정권이 2008년 촛불항쟁을 폭력적으로 탄압하고 나설 때 『조선일보』『동아일보』『중앙일보』가 정부를 적극 비호하고 나선 것은 정권과 세 신문의 '이해관계'가 맞아떨어졌기 때문이다. 이명박 정권이 광고주 불매운동에 탄압을 가한 데 이어 신문과 방송의 겸영을 허용하는 쪽으로 법을 개정하겠다고 발표한 이유도, 또 2009년 7월에 그것을 기어이 날치기 입법한 까닭도 세 신문의 '정권 비호'에 대한 '보은'의 성격이 짙다.

실천적 신문 읽기의 또 다른 모습은 대안언론 구독운동이다. 언소주와 같은 시기에 시민들 스스로 '진실을 알리는 시민'(진알시) 모임을 만들었다. 언소주는 구독 거부와 광고주 불매운동을 벌이고, 진알시는 돈을 모아 『경향신문』과 『한겨레』 무료배포 운동을 벌였다.

대안언론으로 『경향신문』과 『한겨레』의 발행부수를 늘려가는 운동은 신문시장의 독과점을 독자 스스로 해소해가겠다는 의지의 구현이다. 『한겨레』는 1988년 '국민주신문'으로 창간했고, 재벌 신문이던 『경향신문』은 1998년 '사원주주 신문'으로 거듭났다. 『한겨레』의 출현과 『경향신문』의 변화는 각각 1987년 6월항쟁과 1997년 IMF의 구제금융 체제를 배경으로 하고 있다. 『한겨레』에 이은 『경향신문』의 변화로 과거의 신문지형에 비해 다양성은 확보됐지만, 이미 물적 토대를 강력하게 갖춘 『조선일보』『동아일보』『중앙일보』가 증면과 판촉으로 독과점한 신문시장에서 두 신문의 구독률은 여전히 낮은 게 현실이다. 더구나 삼성그룹이 불법 비자금 사건 보도를 계기로 두 신문에 광고를 전면 중단한 데서 볼 수 있듯이, 대기업 광고주들은 자신들에 비판적 신문에 우호적이지 않다. 광고를 많이 받지 못할 때 자본 부족으로 지면 확대나 판매망 확장이 어려울 수밖에 없는 것은 필연이다. '진실을 알리는 시민' 모임의 무료배포 운동이 촛불항쟁 과정에서 일어난 이유가 바로 이것이다. 자본 부족이 빚은 판매망과 홍보력의 한계로 독자에게 더 다가가지 못하는 구조적 요인을 시민의 참여로 넘어서려는 노력이다.

신문 독자들이 자신의 주권을 확보하려는 적극적 움직임은 입법운동으로도 나타났다. 전국언론노조와 시민언론운동 단체들의 연대기구인 언론개혁시민연대(언론연대)가 1998년 8월 창립하면서 신문의 독자주권을 목표로 한 입법운동이 본격화했다. 언론연대는 2004년 9월에 기존 정기간행물등록법(정간법)을 대체하는 '신문 등의 기능보장에 관한 법률' 입법청원안을 냈다. 하지만 2005년 1월 1일 열린우리당과 한나라당이 '합의'해 통과시킨 신문법은 핵심 조항인 '소유 구조 개혁'에 대해 아무런 언급도 없었다. 1권에서 살펴본 신문사 피라미드 구조의 정점에 있는 1인 사주, 그의 절대 권력을 제한하지 않았을 때 '편집 독립'은 모래판 위 집짓기에 지나지 않는다. 게다가 편집위원회, 편집규약, 독자권익위원회 설치조차 의무 조항 아닌 '권고 조항'으로 합의했다.

결국 오랜 세월 군부독재와 결탁해오면서 사세를 확장해온 신문 사주들의 지면 편집권 독점을 개혁하는 과제에 신문법은 전혀 다가서지 못했다. 2004년 봄 탄핵 정국 뒤 민주시민의 도움으로 과반 의석을 지니게 된 열린우리당의 무능과 의지 부족이 빚은 '누더기 입법'이었다. 입법하기 전에 열린우리당 문화관광위 의원들이 기자회견을 열고 소유 구조를 개혁하겠다고 공언했던 모습에 비교하면 극히 실망스러운 수준이었다. 그나마 2008년 총선에서 국회를 장악한 한나라당 주도로 미디어법 지형은 크게 후퇴했다. 좌고우면했던 열린우리당이나 노무현 정부와 달리, 한나라당과 이명박 정부는 '날치기 입법'으로 신문과 대기업의 방송 진출을 허용했다. 이로써 여론시장에서 자본의 힘, 자본의 권력은 더 강화될 전망이다. 바로 그만큼 신문 읽기의 중요성도 더 커졌다.

미디어법을 둘러싼 정치적 공방은 언론과 정치가 얼마나 밀접한 관련을 맺고 있는가를 생생한 현실로 웅변해준다. 따라서 신문 개혁과 관련한 앞으로의 과제는, 언론연대를 비롯해 언론운동 단체들이 줄기차게 요구해온 신문 소유 구조의 개혁과 그와 긴밀히 연계되어 있는 편집의 자율성 확보다. 그것을 법과 제도로 현실화할 수 있는 길은 언론운동을 벌여나가는 주체들이 언론개혁에 대한 '국민적 동의구조'를 어떻게 만들어가느냐의 문제와 직결되어 있다. 입법부의 다수 의석 확보는 물론, 헌법재판소의 결정도 국민적 동의 구조와 여론 형성력에 달려 있다고 해도 지나친 말이 아니다.(언론개혁의 정책과 방법에 대한 더 깊은 논의는 『우리 언론 무엇으로 다시 살 것인가』를 참조.)

희망은 있다. 앞서 살펴보았듯이 2008년 촛불항쟁 과정에서 신자유주의 논리를 '글로벌스탠더드'로 여론화하며 민주시민을 '친북 좌파'로 몰아세운 신문들에 대해 주권을 찾으려는 움직임이 활발하게 벌어졌기 때문이다. 만일 그 역동적 움직임이 신문을 정파로 읽는 함정을 뛰어넘어, 경제와 정치 사이에 다리를 놓고 신자유주의적 세계화와 민중의 이해관계를 냉철히 짚어보는 '신문 깊이 읽기'와 이어진다면, 언론주권을 실현하는 길은 그만큼 더 빨라질 수 있다.

공론장의 핵심 기제로서 사회적 공공성을 지닌 신문지면의 주권을 자본의 논리에, 그것도 자신의 나라를 침략한 제국주의 국가나 민주주의 헌법을 유린한 군부독재 정권들과 '야합'하며 몸을 부풀려온 천박한 자본의 논리에, 전적으로 맡길 수는 없다. 신문지면의 주권을 찾는 길은 '신문다운 신문'들이 여론을 형성해가는 건강한 민주주의 사회를 일궈가는 길과 이어져 있다. 동시에 그것은 독자가 일상생활은 물론, 자신이 몸담으며 살아가는 사회에서 자신의 정치경제적 이해관계를 온전히 구현하는 길이기도 하다.

진실하지도 공정하지도 않은 신문들의 여론 독과점에 맞선 독자들의 주권 찾기 운동은 실천적 신문 읽기로서 특정 신문 불매나 구독, 입법운동과는 다른 차원의 새로운 지평을 열어가고 있다. 독자 스스로 기자로 활동하는 혁명적 변화가 그것이다. 그 변화가 가능하게 된 기반은 '인터넷혁명'이다.

1990년대 들어 보편화하기 시작한 인터넷은 '신문'이라는 매체의 고정관념을 흔들며 신문 자체의 지형에 혁명적 변화를 불러왔다. 우리가 미처 의식하고 있진 못했지만, 기실 인터넷은 정치·경제·사회·문화 전반에 걸쳐 현대인의 일상생활에 큰 변화를 일으켰다. 본디 '냉전시대'에 미국이 군사기술로 개발한 인터넷은 20세기 말, 21세기 초에 걸쳐 온 세계로 퍼져가면서 인류 역사에 새로운 가능성을 열어놓았다.

먼저 인터넷을 활용한 신문의 창간은, 기존의 일방적 여론 형성 지형을 바꾸어갔다. 세계 최초의 인터넷신문은 1992년 미국『시카고 트리뷴』이 웹에 기반을 두며 선보였다. 한국에서는 그로부터 3년 뒤『중앙일보』가 인터넷에 기반을 둔 뉴스 서비스를 시작했고, 곧이어『조선일보』와『동아일보』로 퍼져갔다. 기존 신문의 인터넷 판과는 별개인 독자적 인터넷신문은 〈딴지일보〉(1998년 7월)와 〈대자보〉(1999년 1월)처럼 웹진의 형태로 출범했다. 2000년 들어 틀을 갖춘 인터넷신문이 곰비임비 나타났다. 1월에 금융·증권 전문의 인터넷신문 〈머니투데이〉에 이어, 2월에 〈오마이뉴스〉가 문을 열었다.

일간신문에 맞선 대안 신문을 본격적으로 표방하고 나선 〈오마이뉴스〉의 창간은 독자의 참여를 적극 권장하며 기존의 여론 형성 지형에 큰 변화를 일으켰다. 〈오마이뉴스〉는 2002년 대통령 선거를 거치면서 급속도로 성장했다. 기존의 신문과 갈등을 빚으며 언론개혁을 주장했던 노무현 후보의 '바람' 과 함께 〈오마이뉴스〉 조회수는 급증했다. 일례로 선거일을 하루 앞두고 정몽준이 노무현과의 후보단일화를 파기했을 때 조회수는 폭발적이었다. 노무현도 대통령에 당선된 뒤 첫 인터뷰를 〈오마이뉴스〉와 했다. 당시 외국의 한 신문은 그를 '세계 최초의 인터넷 대통령' 으로 기사화했다.

2000년대의 첫 10년 동안 인터넷신문은 급속도로 퍼져갔다. 모든 종이신문사는 물론, 방송사들도 인터넷 서비스를 시작했다. 인터넷신문 등록제를 도입한 첫해인 2005년 말 293개이던 인터넷신문은 불과 2년 만인 2007년 10월 말에 859개를 넘었다. 등록하지 않은 중소 규모 신문사까지 포함하고, 개인사업자로 등록한 인터 넷신문까지 포괄한다면, 대한민국에만 수천 신문사가 활동하고 있는 셈이다.

〈대자보〉나 〈오마이뉴스〉 외에도 〈프레시안〉〈참세상〉〈민중의 소리〉〈레디앙〉을 비롯해 편집 틀도 다채롭다. 영국 일간지 『인디 펜던트』가 이미 2006년에 「인터넷의 미래를 알려면 한국을 보라」 는 특집기사를 내보냈을 정도다. 인터넷신문이 봇물을 이루듯 창 간되면서 이제 신문 읽기 또한 기존의 문화와는 다른 독법이 요구 되고 있다.

인터넷신문의 보편화 이후 신문 읽기는 세 유형으로 나뉜다. 먼 저 종이신문만을 통해 뉴스를 보는 전통적 독자가 첫 유형이다. 반면, 인터넷신문만 읽는 독자 유형도 생겨났다. 마지막 유형은 종이신문과 인터넷신문을 넘나들며 두 매체를 서로 보완하는 매 체로 활용하는 독자들이다.

어떤 유형이 지배적인가는 세대에 따라 확연히 다르다. 나이 든 세대는 여전히 종이신문만 신문으로 여기는 전통적 신문 읽기를 고수한다. 하지만 젊은 세대 사이에선 종이신문을 외면하는 현상 이 또렷하다. 앞으로 시간이 갈수록 인터넷신문만 읽는 비율이 늘 어날 전망이다. 이 책에서 살펴보았듯이 만일 종이신문들이 자본 중심의 편집과 마녀사냥 논조를 바꾸지 않는다면 갈수록 외면당 할 가능성은 커질 수밖에 없다.

물론, 인터넷신문과 종이신문의 차이는 명백하다. 인터넷신문이 따라오기 어려운 장점을 종이신문이 지니고 있기 때문이다. 가령 한국신문협회는 인터넷이 "'방대한 정보와 신속성'을 무기로 신문의 영역을 위협"한다고 분석하면서도 "과거 신문은 TV 등 공중파 매체가 등장하며 영향력이 다소 위축됐지만 여전히 건재한 것처럼 인터넷 시대에서도 최고 미디어로서의 위상은 변하지 않을 것"이라고 자부하며 다음과 같이 덧붙인다.

> 왜 그럴까요? 인터넷은 장점만큼 단점도 많습니다. 우선 정보가 걸러지지 않아 신뢰도가 낮습니다. 정보가 많은 대신 원하는 자료를 재빨리 찾기 어렵습니다. 여러 번 화면을 바꿔야 하는 불편도 따릅니다. 이에 반해 신문은 누구든 쉽게 구해 때와 장소에 관계없이 펼쳐 놓고 개별 기사와 관계 기사까지도 한눈에 읽을 수 있습니다. 무엇보다 정제된 정보, 우수한 해설, 고도의 전문성과 균형 감각을 두루 갖춘 고급 정보원으로서 여론을 선도하는 역할을 합니다. 따라서 여론의 동향을 읽어내는 데는 신문만한 매체가 없습니다. 더구나 신문은 사회 각 분야의 환경 감시 기능도 있습니다. 신문은 그래서 지금까지 살아남았고 갈수록 그 역할이 커지는 것입니다.

그러나 신문협회가 주장하는 근거는 주관적이다. 과연 오늘의 한국 신문이 "정제된 정보, 우수한 해설, 고도의 전문성과 균형 감각을 두루 갖춘 고급 정보원"으로서 제 구실을 다하고 있는지 성찰이 필요하다. 대다수 독자가 그 '자부'에 회의적일 수밖에 없지 않을까.

다만, 하루에 일어난 중요한 사실들을 일목요연하게 지면이라는 한 공간에 편집해서 독자가 손에 쥐고 읽을 수 있게 만든 매체로서 종이신문의 특장은 여전히 존재한다. 종이신문 고유의 그 장점을 인터넷신문이 대체하기는 어렵다. 신문지면의 주권을 찾는 독자들의 실천적 신문 읽기가 불매운동이든 입법운동이든 여전히 필요한 이유도 여기 있다.

그럼에도 인터넷신문의 등장은 기존의 신문이 독점하고 있던 의제설정 권한을 무너뜨렸다는 점에서 큰 의미를 지닌다. 인터넷신문은 전자게시판, 이메일, 손전화와 함께 역동적인 공론장을 형성해가고 있다. 2002년 대통령 선거의 경험을 통해 우리는 기존의 신문들이 더는 의제설정을 독과점할 수 없다는 사실을 이미 확인했다. 2007년 대선은 노무현 정권 시기에 비정규직이 늘어나고 부익부 빈익빈이 심화되면서 '경제 살리기'라는 의제가 다른 의제들을 압도했고, 그 시대적 의제 앞에 이명박 후보가 '747'이라는 기만극으로 가장 단순하고 명료하게 선거전략을 세운 게 주효했을 뿐이다.

인터넷신문을 비롯해 인터넷이 연 새로운 가능성의 고갱이는 누구나 자신의 정치적 견해를 표명할 수 있는 공간에 있다. 인터넷이 대중화하기 전까지 독자들이 시사적인 글을 쓸 수 있는 공간은 기껏해야 신문지면의 '독자투고란'이었다. 그 좁은 공간조차 신문사 편집진의 '입맛'에 맞는 글만 실렸다. 그 때문에 신문 고위 간부나 대학교수 중심의 칼럼니스트들이 지면을 독과점하고 대다수 사회구성원들은 그들의 글을 수동적으로 읽는 데 그칠 수밖에 없었다.

하지만 인터넷신문의 창간으로 동시대인과 자신의 의견을 나눌 수 있는 공간은 사실 무한정으로 확대되었다. 물론, 모든 미디어가 그렇듯이 인터넷에도 비판적 인식은 필요하다. 인터넷의 파당성에서 빚어진 여론의 파편화나 인터넷 중독과 같은 부정적 현상들도 나타난다. 그럼에도 독자들이 언제든 자신의 정치적 의견을 글로 쓸 수 있는 시대가 열렸다는 사실만으로도 인터넷의 의미는 혁명적이다.

비단 신문의 형태에 그치지 않는다. 2008년 촛불항쟁 때 포털 〈다음〉의 '아고라'는 민주시민의 광장으로 사랑받았다. '촛불'이 명징하게 보여주었듯이, 인터넷은 기존 신문의 의제설정을 벗어나 새로운 공론장을 형성할 수 있는 토대를 마련해주었다. 더러는 구텐베르크의 인쇄혁명에 버금가는 혁명이 20세기 말, 21세기 초에 인터넷을 통해 일어났다고 분석한다.

인터넷에 대한 종이신문의 반응은 복합적이다. 그들 스스로 가장 먼저 인터넷 서비스를 시작했으면서도 위기의식이 짙게 깔려 있다. 종래 종이신문이 독과점했던 정보 전달과 여론 형성력이 시나브로 떨어지고 있기 때문이다. 종이신문이 인터넷에 대해 때로는 매도라 할 만큼 비판적인 기사들을 편집하는 이유도 여기 있다.

"인터넷 집단지성, 오해와 착시가 만든 허구"

보수·진보 지식인에게 듣는다/소설가 이문열씨 '관훈클럽' 강연

사진 54 『중앙일보』 2009년 2월 20일자 21면

가령 「인터넷 집단지성, 오해와 착시가 만든 허구」 제하의 기사를 보자(사진 54). 스스로 "아시아 최초의 인터넷신문"을 자처할 만큼 인터넷 서비스를 처음 시작한 『중앙일보』가 편집한 기사다. 기사는 소설가 이문열의 강연 내용을 소개하며 그의 입을 빌려 인터넷과 집단지성을 싸잡아 비난한다. 이문열은 "인터넷 광장에서 오해와 착시를 활용한 여론조작과 다수 위장은 '집단지성'이란 허구를 만들어냈다"며 "감각으로 수용한 정보의 파편들을 지성으로 착각한 사팔뜨기 지식인들은 대의 민주정의 폐지까지 공공연히 외치는 지경에 이르렀다"고 독설을 퍼부었다.

이문열과 품격은 전혀 다르지만 2007년 노벨 문학상을 수상한

도리스 레싱도 수상 연설에서 인터넷을 우려하고 나섰다. 레싱은 "오늘날 선진국 젊은이들이 TV와 인터넷 등에 빠져 책에 흥미를 잃고 있다"면서 온 세대를 어리석음으로 유혹하고 있는 인터넷이 우리의 정신을 어떻게 바꿔놓게 될지 궁금하다고 경고했다. 그는 또 "교육받은 젊은이와 여성들이 세계에 대해 아무것도 모르고 아무것도 읽지 않으며 컴퓨터 같은 것들에 대해서만 아는 일이 일상적인 일이 되어버렸다"고 한탄했다.

레싱은 인터넷을 비판하며 상상력을 강조했다. 상상력을 제한하는 인터넷에 레싱은 부정적이다. 일리 있는 말이다. 인터넷에서는 별다른 성찰 없이 쉽게 댓글을 쓰며 상대를 함부로 낙인찍는 살풍경을 자주 볼 수 있다.

레싱의 발언에 『타임스』의 칼럼니스트 데이비드 아로노비치는 "인터넷은 오히려 인간 사고의 깊이와 폭을 넓히고 다른 사람들과 지식 교류를 할 수 있는 장을 제공하고 있다"며 정면으로 반박했다. 그는 "인터넷 시대의 십대들이 자신이 어렸을 때보다 훨씬 더 많은 지식들을 접하고 있으며 이를 활용하고 있다"는 걸 근거로 제시한다. 이어 '쌍방향의 참여'가 가능한 인터넷 시대가 텔레비전 시대보다 훨씬 낫다면서 사람들은 소비를 좋아하지만 동시에 생산과 공유도 원한다고 분석했다.

기실 문제는 인터넷 자체가 아니라 인터넷을 어떻게 이용하는가에 있다. 바로 그 점에서 인터넷 시대의 신문 읽기는 종이신문만 애호하는 전통적 독자들의 그것과 달라야 한다. 앞서 언급한 신문독자의 세 유형 가운데, 종이신문과 인터넷신문을 넘나들며 두 매체를 서로 보완하는 매체로 활용하는 독자가 바람직하다.

그 말은 단순히 종이신문과 인터넷신문을 병독하라는 뜻이 아니다. 종이신문과 인터넷신문을 서로 비교하며 읽어가라는 소극적 권유만도 아니다. 신문지면의 비판적 읽기에 머물 게 아니라 정보를 주체적이고 능동적으로 재구성해야 옳다는 뜻이다. 특히 사회에서 주요 쟁점으로 불거지는 사안일 경우, 여론시장을 독과점한 종이신문들은 자신들의 이해관계에 따라 사실 자체를 비트는 사례가 많으므로 맹목적 신뢰는 금물이다. 자칫 사실을 거꾸로 알거나, 물구나무 선 현실을 고정불변의 진실로 믿을 수 있다.

한 예로 대학 등록금 문제를 짚어보자. 한나라당은 야당 시절 자신들이 집권하면 등록금을 절반으로 줄이겠다고 약속한 바 있다. 하지만 집권 뒤 그것을 추진하겠다는 의지를 조금도 보이지 않았다. 등록금 절반을 요구하는 학생들 앞에서 한나라당 국회의원 공성진은 한국의 사립대 등록금이 되레 싸다고 거침없이 주장했다. 한나라당이 '등록금 반값'을 공약하지 않았느냐는 대학생들의 항의에 공성진은 '집권 전 이야기'라고 답했다.

한나라당만이 아니다. 고려대 재단과 한몸인 동아일보가, 성균관대 재단과 삼성으로 연결되어 있는 중앙일보가, 사주가 연세대 재단이사장을 맡고 있는 조선일보가 '대학 등록금 반값'을 의제로 설정할 리 없다. 세 신문의 기자들 또한 자녀들의 대학등록금 전액을 신문사로부터 지원받고 있기에 절실하지도 않다. 끝내 언론이 '등록금 반값'을 의제로 설정하지 않자 대학생들 스스로 문제를 해결하려고 나섰다. 2009년 4월 10일, 청와대 입구에서 '등록금 인하'와 '청년실업 해결'을 촉구하는 전국 대학생 대표자들의 농성 선포식이 있었다. 선포식에 이어 한국대학생연합 의장을 비롯해 20명의 대학생 대표자들이 집단 삭발에 나섰다. 삭발식이 벌어지자 경찰은 '불법 시위'라고 세 차례 경고방송을 한 뒤 곧장 강제연행에 나섰다. 대학생 49명이 경찰에 끌려갔다.

다음날 아침 신문들은 대학 등록금 인하를 요구하는 학생들의 삭발 시위를 어떻게 보도했을까. 『조선일보』『동아일보』『중앙일보』는 아예 보도하지 않거나 보일락 말락 편집하는 데 그쳤다. 세 신문 독자들에게 삭발 시위는 '없는 사실'이 된 셈이다.

반면에 〈오마이뉴스〉는 사건 당일 「반값 등록금 요구 대학생 49명 경찰 연행 / 전국대학생대표자, 청와대 청운동 동사무소 앞서 삭발식 단행」 제하에 기사를 실었다(사진 55).

특히 기사는 홍익대 총학생회장 한아름이 삭발 도중에 감정이 북받쳐 눈물을 흘리는 장면을 사진으로 담았다. 한아름은 등록금 걱정하는 친구들이 떠올라 울컥했다고 토로했다. 함께 삭발한 이원기 부산대 총학생회장(한대련 의장)도 가위 소리가 들리는 순간 억울한 감정을 느꼈다고 털어놓았다. 기존 종이신문들은 외면했지만, '눈물의 삭발식'을 보도한 〈오마이뉴스〉 기사는 나흘 동안(4월 14일 오전 9시 30분 현재) '클릭수' 110만 9661회를 기록했다.

만일 인터넷이 없었다면 100만 명 넘는 사람들이 삭발 기사를

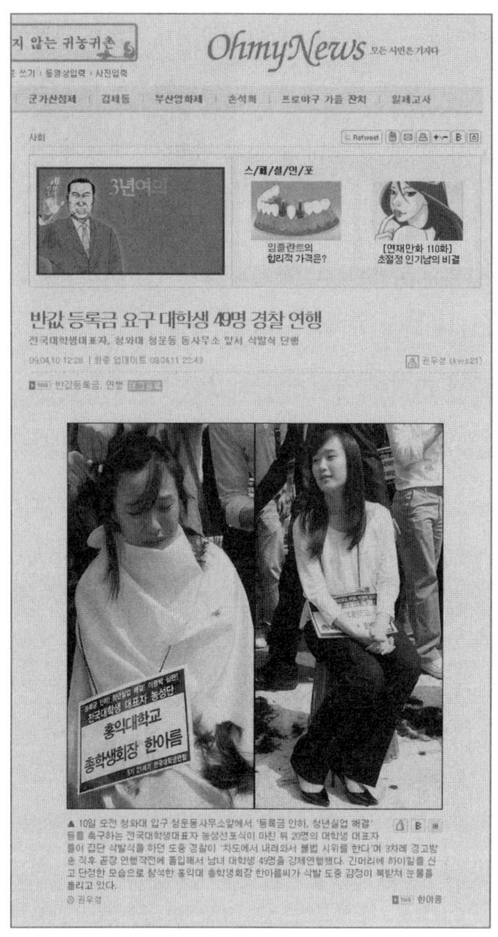

사진 55 〈오마이뉴스〉 2009년 4월 10일자

볼 수 없었을 터다. 인터넷 이전에 거의 모든 사람이 정보를 얻는 통로는 신문과 방송이었다. 방송 뉴스는 특정 시간에 한정되어 있었기에, 신문은 사실상 정치경제의 흐름을 파악하는 유일한 창문이었다. 하지만 인터넷이 보편화하면서 기존의 종이신문이 독과점했던 의제설정과 여론 형성력은 무너져 가고 있다.

무엇보다 인터넷을 밑절미로 신문을 읽는 독자들이 직접 '기사'를 써가는 시대가 열렸다. 딱히 인터넷신문을 통해서만도 아니다. 독자가 정치경제에 대한 자신의 생각을 얼마든지 표현할 수 있는 통로가 언제나 열려 있다. 개개인이 시사와 관련한 글, 곧 '기사'를 씀으로써 여론 형성에 주체가 될 수 있는 시대로 진입한 사실은 분명 언론주권의 혁명적 전환이다.

이러한 전환을 구체적으로 보여준 보기가 '미네르바 현상'이다. 2008년 3월부터 인터넷에 필명으로 정부의 경제정책을 비판하는 글을 올린 '미네르바'는 그해 8월 말에 미국 리먼브러더스의 파산을 예측했고 그것이 적중하면서 네티즌들로부터 한때 '경제 대통령'으로 불렸다. 미네르바가 인터넷에서 글을 쓰고 있을 때 『한겨레』는 「경제학자 뺨치는 '인터넷 스타 논객'」 기사(2008년 10월 24일자)를 내보내기도 했다.

물론, 미네르바의 전망이 모두 맞지는 않았다. 논리적 구성이 허술하기도 했다. 하지만 부끄러워해야 마땅한 사람은 '전문대 출신'으로 '무직자'인 미네르바가 아니라, '747' 따위의 허무맹랑한 분석과 예측을 일삼았던 대통령, 장관, 종이신문, 종이신문과 연결된 재벌 연구소, 신자유주의 도입에 앞장선 경제학 교수들이다.

독학으로 경제학을 공부한 전문대 출신의 한 젊은이는 우리에게 '민중의 슬기'를 새삼 확인해주었다. 그럼에도 미네르바가 체포된 뒤로 신문들은 그를 집요하게 조롱했다. '미네르바 죽이기'는 물론, '좌파 지식인, 좌파 언론인'을 싸잡아 매도했다. 「미네르바를 다시 생각해본다」(2009년 1월 14일자) 제하의 『조선일보』 사설은 "그(미네르바)의 글은 '가진 자들'이란 표현이 수도 없이 등장하는 데서 드러나듯이 사회에서 성공한 사람이나 대기업에 대한 욕설과 저주, 증오로 가득하다"고 주장했다. 『조선일보』가 왜 미네르바 죽이기에 열정을 쏟는지 확인할 수 있는 대목이다.

신문들의 저주가 잇따랐음에도 미네르바는 2009년 4월, 1심 재판에서 '무죄' 판결을 받고 풀려났다. 『조선일보』는 「미네르바에 휘둘린 우리 사회의 수준이 더 문제다」 제하의 사설(2009년 4월 21일자)을 내보냈다. 『동아일보』도 「1심 무죄라고 '미네르바 현상' 바람직한 건 아니다」 제하의 사설을 썼다.

기실 미네르바에 대한 무죄판결은 대한민국 사법부에 '정치법관'만 있는 게 아님을 드러내주었다. 판결을 한 서울중앙지법 유영현 판사는 법리적으로 무죄판단을 했을 뿐 외부 요소는 전혀 고려하지 않았다고 말했다. 유 판사는 검찰이 제출한 증거자료를 "꼼꼼히 살펴봤더니 그것만으로는 유죄라고 하기에 부족했다"고 밝혔다. 일선 판사의 판단력과 용기가 돋보이는 지점이다. 그와 견주면 『조선일보』 사설은 여전히 고리타분하다. 미네르바 흠집내기도 변함이 없다.

사설은 어김없이 미네르바를 "경제학을 전문으로 공부한 적이 없었던 30세의 무직 청년 박씨"라고 먼저 규정한다. 이어 "인터넷에 돌아다니는 경제지식과 경제정보를 짜맞춰"라고 폄하한다. 학벌 중심, 권위 중심의 사고가 물씬 묻어난다. 바로 그렇기에 "박씨

예언은 운이 좋아 그럴듯하게 들어맞은 것도 있지만 틀린 게 더 많다"는 주장이 무람없이 나온다. 운이 좋았다고 한 근거는 "작년 9월 리먼브러더스 파산 등을 예측한 것"이다. 사설은 그 예측이 "우연하게 맞아떨어지면서 그의 글을 37만 명까지 조회하는 일이 생겨났다"고 썼다. 하지만 그보다 더 중요한 게 있다. 독학으로 경제를 공부한 미네르바가 리먼브러더스 파산을 예측한 바로 그 시점에 『조선일보』가 리먼브러더스 인수를 주장했다는 사실이다.

『조선일보』 논설실장의 칼럼 「누가 월스트리트를 두려워하랴」(사진 56)는 "베어 스턴스라는 대형 증권회사가 맥없이 무너진 후 메릴린치증권, 리만 브러더스를 비롯, 중소형 은행과 증권회사, 보험회사의 몸값이 뚝 떨어졌다"며 "잘 고르면 몇 년 후 엄청난 수익을 거둘 만한 물건들"이라고 썼다. 이어 "그러려면 먼저 정부가 외국 금융회사 M&A(인수합병)에 일일이 개입하지 말아야 한다. 자동차 수출해 달러를 벌어오는 회사에는 온갖 혜택을 주면서도, 돈을 투자해 달러를 벌어오는 금융회사에는 시시콜콜 간섭하는 일은 없어야 한다"고 강조했다.

이어 경제부 데스크가 쓴 「월스트리트 울리고 웃긴 産銀」 제하의 칼럼(2008년 8월 27일자 A30면)은 "최근 뉴욕 월스트리트에서는 한국의 산업은행이 화제였다. 예전에 북한이 핵무기를 보유하고 있다고 해도 눈도 꿈쩍 않던 월스트리트 주가는 산업은행의 미국 리먼브러더스 인수 소식에 희비가 엇갈렸다"고 시작해 "만년 금융 후진국인 우리가 요즘과 같은 가격에 세계 일류를 인수할 기회는

사진 56 『조선일보』 2008년 8월 9일자 A30면

자주 오지 않는다. 리먼의 위험만큼 기회가 커 보이는 것은 그 때문"이라고 썼다.

물론, 두 칼럼은 기자 개인의 의견만이 아니다. 『조선일보』의 '신념'이다. 2008년 1월에 일찌감치 「100년 만의 글로벌 금융시장 진출 기회가 왔다」 제하의 사설(1월 12일자)을 통해 미국의 금융위기가 "한국이 글로벌 금융시장에 진출할 수 있는 다시 없는 기회인 것만은 사실"이라며 심지어 "외환보유액을 활용하기 어렵다면 연·기금을 이용하는 다른 대안이라도 생각해볼 만하다"고 주장한 논리와 같은 맥락이다.

그래서다. 자신들이 인수할 것을 촉구한 리먼이 파산했을 때 『조선일보』는 얼마나 당황했을까. 반면 파산을 예측하고 글을 쓴 '전문대 졸업의 무직자'는 다만 "운이 좋았을 뿐"이다.

비단 미네르바에 대해서만이 아니다. 종이신문들은 인터넷신문에 '견제' 차원을 넘어 저주와 폭력적 증오감까지 서슴지 않고 드러낸다. 그 적나라한 보기가 『조선일보』의 대표논객 김대중 고문의 칼럼이다. 조선닷컴에 실린 「김대중 고문 특별기고」 제하의 칼럼(2009년 4월 21일)은 제목부터 "손도끼와 골프퍼터와 전기총(銃)"이다.(『주간조선』 2052호에 게재) 김 고문은 다음과 같이 쓴다.

> 인터넷에 들어가 보면 우리는 비참하리만치 비겁하고 상스럽고 악에 받치고 약 올리는 대화들을 목격한다. 우리가 길거리에서 당하는 봉변과 모욕과 폭력은 여기에 비하면 유치하리만치 급(級)이 낮다. 거리의 무뢰한이나 깡패는 보이기나 하고, 정 죽기살기로 나서면 한번 붙어볼 수도 있다. 누구처럼 도끼나 골프퍼터로라도 어떻게 해볼 수 있다. 그러나 인터넷의 저질들은 보이지도 않고 총이 있어도 쓸 수가 없다. 잡으려 해도 쉽게 잡히지 않는다. 한마디로 더럽고 비겁하다.

독자들은 여기서 숨을 고르고 성찰할 필요가 있다. 무엇이 『조선일보』 김대중 고문에게 인터넷을 저토록 증오하게끔 했을까. 1980년대와 90년대에 걸쳐 자신들이 독점하고 있던 의제설정 권한을 잃어버리고 있다는 상실감일까. 아니면, 자신들보다 더 정확하게 경제를 전망한 '전문대 졸업'의 '백수'에 대한 지적 열등감일까.

하지만 미네르바를 다룬 신문기사와 논평에서 우리가 깊이 읽어야 할 지점은 종이신문 칼럼니스트들의 저주나 울뚝밸이 아니다. 미네르바의 '진실'이다. 그가 평범한 시민이었다는 사실이 오히려 더 상징적이다. 경제학을 전공하지도 않은 전문대 졸업자가 독학으로 경제를 공부하고 인터넷 자료들을 읽으며 자신도 경제에 대해 글을 써왔다는 사실, 그것이 '미네르바 현상'의 고갱이다.

촛불을 든 민주시민들과 미네르바 현상은 우리에게 새로운 시대가 열리고 있음을 생생하게 실감케 해주었다. 미네르바를 비롯한 수많은 '아고라' 논객들의 글쓰기 또한 긴 시간대의 안목으로 볼 때 서로 보완해가며 자연스럽게 '집단지성'을 만들어갈 수 있을 것이다.

21세기 독자들은 '신문'이라는 '권위'에 더는 주눅 들거나 매몰되지 않는다. 단순히 비판적 읽기나 지면을 해체해서 재구성해 읽기에 그치지도 않는다. 신문, 더 정확히 말하자면 종이신문이 독점적으로 정보를 공급하던 시대가 종언을 고했기 때문이다. 독자들도 단순히 기자가 쓴 기사를 읽는 데 머물지 않는다. 스스로 기사를 써가는 시대다. 바로 그것이 인터넷을 밑절미로 진행되고 있는 언론주권의 혁명적 전환에 담긴 고갱이다.

여론 형성에서 종이신문의 독점적 지위는 인터넷으로 흔들리고 있지만, 독자들이 수동적 신문읽기에 머물 때 언론주권의 혁명적 전환은 더딜 수밖에 없다.

가령 날마다 경제기사를 독자들에게 내놓는 신문들은 자신들의 경제 틀(프레임)로 구성한 경제기사를 읽어야 부자가 된다고 서슴없이 자부한다. 신문 읽기가 '부자 나라 되는 길'이라고 무람없이 단언한다. 가령 「신문은 지식사회의 기반…10대 신문강국 모두 富國」이라는 큼직한 통단제목으로 편집된 기사를 읽어보자(사진 57).

신문은 가치 있는 정보를 제공해주는 지혜의 보고다. 단순히 읽을거리를 넘어서 상상력, 비판정신, 논리적 사고와 세상을 바라보는 안목

사진 57 『매일경제』 2009년 4월 6일자 A10면

을 키워준다. 신문은 건전한 여론 형성은 물론이고 지식정보화 사회의 기반을 다진다. 선진국일수록 국가경쟁력 차원에서 신문 읽기 활성화에 팔을 걷어붙이고 있는 이유다. 영상매체와 인터넷이 눈부시게 성장해도 읽기를 외면하는 나라에는 미래가 없다는 전략적 판단이 깔려 있다. 신문산업이 발전한 나라일수록 민주주의가 발전하고 경제적으로도 풍요로운 나라다. 노르웨이 일본 핀란드 스웨덴 스위스 영국 독일 룩셈부르크 네덜란드 덴마크 등 '세계 10대 신문강국'은 부자나라로 통한다.

기사는 이어 개탄한다. 한국에서는 "젊은 세대의 신문 기피현상, 방송과 인터넷 포털의 강세, 무료신문의 범람 등으로 인해 신문 구독률이 갈수록 떨어지면서 신문산업이 위기에 처해 있다." 신문의 날을 앞두고 같은 날 1면에 편집한 「초중고생에게 신문을 읽게 하라」 제하의 특집기사에선 "신문 읽기가 나라의 미래를 좌우한다"고 강조한다. 기사도 썼듯이 실제로 노르웨이, 일본, 핀란드, 스웨덴, 영국을 비롯한 세계 10대 '신문강국'들은 모두 '선진 민주국가'들이다. 정부 차원에서 신문 읽기를 적극 권장하는 정책을 펴기도 한다. 『매일경제』 기사는 앨빈 토플러와 백남준까지 동원해 신문 읽기를 역설한다.

"아침 일과를 세계의 신문 6~7종을 읽는 것으로 시작한다"는 앨빈 토플러나 "미래를 덮고 있는 커튼을 걷어내는 데 가장 필요한 지식의 원천은 신문이다"라고 주장하는 존 나이스빗, "상상력의 근원이 신문이며 모든 지식과 정보를 신문에서 얻는다"고 했던 백남준 등 세계적인 미래학자들과 예술가들은 모두 신문을 통해 지식과 정보를 얻었다고 한목소리로 말한다. 그야말로 신문은 '지식과 정보의 보고(寶庫)'이자 '사회와 세계로 열린 창'이라는 것이다.

심지어 기사는 한 언론학자의 말을 빌려 "신문을 많이 읽으면 선진국이 된다"며 "핀란드 스웨덴 네덜란드 등 교육 선진국으로 불리는 나라의 학생들이 학업 성취도가 뛰어난 것은 신문을 활용한 읽기와 토론 수업의 결과"라고 쓴다.

핀란드와 스웨덴의 교육제도와 방침이 우리와 전혀 다른 사실을 아예 무시한 이데올로기적 주장이다. 더구나 '신문강국' 들이 제작하는 신문의 질과 한국 신문의 질은 차이가 크다. 사실과 달리 '색깔' 을 칠하며 '마녀사냥' 을 일삼는 보도를 과연 '선진국' 언론에서 얼마나 찾을 수 있을까. 또 있더라도 그 발행부수가 얼마나 될까를 짚어볼 필요가 있다.

스웨덴 사민당 정부 초청으로 2003년 스웨덴을 방문했을 때다. 스톡홀름에서 현지 노동조합 간부에게 물어보았다.

"스웨덴에서는 노동운동에 대해 사실과 달리 보도하거나 '마녀사냥' 을 하는 신문에 대해 어떻게 대응하는가?"

스웨덴 노동조합 간부는 질문을 이해하지 못하겠다는 듯이 고개를 갸우뚱했다. 한국 언론이 무시로 자행하는 왜곡 보도의 보기를 들어 질문을 보충하자, 그가 마침내 반응을 보였다. 전혀 예상하지 못한 '반응' 이었다. 그는 반문했다.

"아니, 그런 신문을 대체 누가 본단 말인가?"

국민 대다수―그 말은 곧 독자 대다수를 뜻한다―인 민중의 이해관계에 정면으로 어긋나는 신문이 어떻게 현실에 발붙일 수 있는지 도저히 이해할 수 없다는 표정이었다. 스웨덴에서 그런 문제는 아예 성립할 수 없다는 뜻이다. 반면에 한국 사회에선 노동운동을 마녀사냥하고 민중의 이해관계에 적대적인 신문들이 돈으로 깔아놓은 강력한 판매망을 밑절미로 발행부수 1, 2, 3위를 차지하고 있는 게 엄연한 현실이다.

그 이유는 무엇일까. 혹 우리의 신문 읽기가 정파적 신문 읽기에 매몰된 채 한 걸음 더 나아가지 못하고 있어서가 아닐까.

이 책에서 살펴보았듯이 우리 삶의 가장 중요한 '환경'인 정치경제 체제를 '감시'하기는커녕 그것을 '고정불변'의 질서로 '숙명'처럼 받아들이게 하는 지면이 이어져왔기 때문이다. 우리가 미처 의식하지 못할 뿐, 독자들 개개인에게 경제의 본질을 호도하는 기사들이 주는 경제적 피해는 클 수밖에 없다.

경제정책이나 경제체제는 엄연히 우리 선택—다시 강조하지만 바로 이 지점에서 정치와 경제가 연결된다—의 문제인데도, 아예 독자의 선택 가능성을 없애버리는 보도와 논평이 날마다 되풀이되고 있다. 심지어 사실 왜곡까지 서슴지 않는 보도와 주장으로까지 이어진다.

삼성경제연구소의 보고서와 부자신문들의 여론몰이에 시나브로 젖어든 노무현 정부는 자신이 대선 때 공약한 '분배를 통한 성장' 정책에서 갈수록 후퇴해갔고 마침내 한미FTA를 체결하겠다고 나섰다. 노무현 정부의 일방적 정책 추진을 놓고 찬반논쟁이 한창이던 2007년 봄의 일이다. 『동아일보』는 종합면에 「FTA의 힘」이라는 큼직한 제목의 기사를 편집했다(사진 58). 부제는 "싱가포르와 작년 발효 후 수출 20%−무역흑자 56% 급증"이다.

정부 보도자료에 근거해 '한국−싱가포르 FTA 발효 전후의 대(對) 싱가포르 무역수지'라는 표까지 편집한 기사는 이른바 '객관

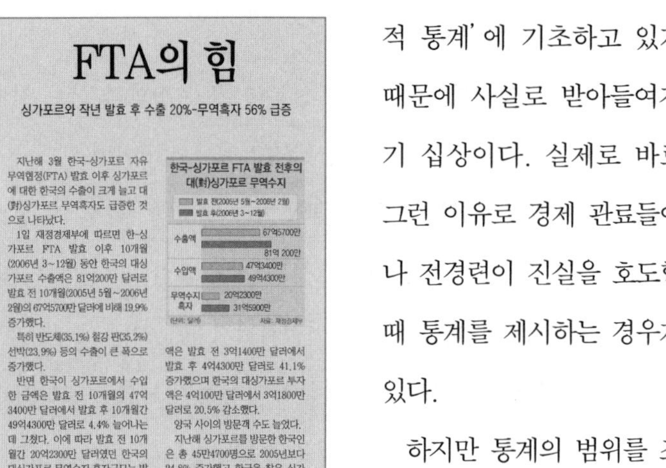

사진 58 『동아일보』 2007년 3월 2일자 A4면

적 통계'에 기초하고 있기 때문에 사실로 받아들여지기 십상이다. 실제로 바로 그런 이유로 경제 관료들이나 전경련이 진실을 호도할 때 통계를 제시하는 경우가 있다.

하지만 통계의 범위를 조금 넓히면 전혀 다른 사실이 드러난다. 발효 후 무역흑자가 급증한 것도 사실이지만 발효 전에는 더 늘어났기 때문이다. 따라서 그 이전 증가율에 비해서는 되레 줄어든 셈이다. 그 진실을 무시하고 발효 후 수치만 따져 무역흑자가 급증했다고 주장하는 게 과연 사실 보도일까. 더구나 한국-싱가포르 FTA에서는 개성공단 생산품을 한국산으로 인정받은 것을 비롯해 한국의 '실익'이 어느 정도 보장되었지만, 한미FTA 협상 과정은 정반대로 미국의 요구를 대부분 들어주는 '퍼주기 협상' 행태로 진행되었다.

시민사회의 목소리를 외면하고 협상을 강행하던 노무현 정부가 자신들에게 유리한 방법으로 통계를 조작해서 낸 보도자료를 『동아일보』는 그대로 받아썼고, 그 왜곡된 기사를 근거로 같은 날 「FTA 반대를 '進步'라고 우기는 수구 좌파」 제하의 사설을 내보

FTA 반대를 '進步'라고 우기는 수구 좌파

한국-싱가포르 자유무역협정(FTA)이 발효된 지 1년 만에 대(對)싱가포르 수출이 20%, 무역수지 흑자가 56%나 증가하는 등 다각적 효과가 나타나고 있다. 한-칠레 FTA의 효과도 마찬가지다.

세계 제1의 경제대국 미국과 FTA를 맺으면 다른 FTA와는 비교할 수 없을 정도로 엄청난 효과를 기대할 수 있다. 당장 우리 기업들은 경쟁국 기업들보다 유리한 조건으로 미국 시장에 진출할 수 있다. 우리 산업을 고도 첨단제조업 및 금융 유통 의료 법률 통신 정보 등 고부가가치 서비스업 쪽으로 발전시키는 데도 큰 도움이 된다. 한미동맹 및 군사안보에 대한 우려도 크게 줄일 수 있다. 한마디로 교역과 개방을 통해 국력을 키우고 민생을 살찌울 수 있다.

역사 발전이란 사회 구성원들이 억압과 빈곤 등 각종 구속으로부터 자유로워지고 삶이 윤택해져 인간으로서의 존엄을 확보해 가는 과정이다. 이 방향을 진보(進步)라 하고, 거스르는 것을 수구(守舊)라 한다. 국민 삶의 질을 개선하는 실용주의(實用主義)가 진보이며, 공허한 이념에 매몰돼 국민 사람살이를 힘들게 하면 반(反)진보다. 그런데도 한미 FTA에 대한 찬반을 놓고 '교조적 진보'니 '유연한 진보'니 하며 논란을 벌이는 것은 코미디다. FTA 반대는 역사 발전과 변화에 역행하려는 수구좌파의 퇴행적 행태다.

자칭 진보세력은 농민 등 개방으로 손해를 볼 계층을 위해서 한미 FTA를 반대한다고 한다. 그러나 사회적 취약계층을 위해서라도 FTA를 적극 활용해 해당 산업의 경쟁력을 강화하고, 타(他) 산업에서의 고용 기회를 늘려 국가의 부(富)를 축적함으로써 사회안전망을 강화해야 한다. 대안 없는 반대는 이들을 빈곤 상태에 묶어두거나 더 가난하게 만드는 무책임한 행위다. 산업혁명 초기 영국에서는 '기계공업이 일자리를 빼앗는다'고 외치며 기계파괴운동(러다이트운동)을 벌인 사람들이 있었다. 반FTA가 그 꼴이다. 아무리 잘 봐줘도 맹목적 진보이고 실제는 수구일 뿐이다.

한미 FTA 협상은 그동안 빠른 진전을 보여 이제 8분 능선까지 온 듯하다. 하지만 6월에 끝나는 미 의회의 무역촉진권한(TPA) 기한에 맞추려면 이달 말이 사실상 협상시한이다. 실익(實益)을 최대화한 타결에 총력을 기울여야 한다. 근거 없는 반대 주장이나 불법 시위에 더는 끌려 다닐 여유가 없다.

사진 59 『동아일보』 2007년 3월 2일자 A31면

냈다(사진 59). 사설은 재경부가 발표한 한-싱가포르 FTA 수치를 근거로 "세계 제1의 경제대국 미국과 FTA를 맺으면 다른 FTA와는 비교할 수 없을 정도로 엄청난 효과를 기대할 수 있다"고 예단하고, "한마디로 교역과 개방을 통해 국력을 키우고 민생을 살찌울 수 있다"며 '한미FTA'를 체결하기만 하면 '한-싱가포르 FTA'처럼 큰 이익을 얻을 것이라고 주장했다.

잘못된 기사에 근거해 잘못된 주장으로 일관하는 사설의 대표적 보기다. 미국과 FTA를 체결한 나라들이 모두 부익부 빈익빈이 심화되었다거나 비정규직 노동자들이 늘어났다는 통계를 아예 무시한 일방적 선전이다.

『조선일보』『동아일보』『중앙일보』가 한미FTA를 비롯해 노무현

정권의 신자유주의 정책을 적극 지지해준 이유는 그들과 이해관계가 같기 때문이다. '정파적 신문 읽기'를 벗어나야 할 정당성을 여기서 새삼 확인할 수 있다. 독자가 수동적 신문 읽기만 넘어설 게 아니라 자신이 살아가는 정치경제 생활과 삶의 전략 차원에서 신문 읽기를 깊이 성찰해야 할 이유도 이것이다.

직업적 기자들이 만드는 신문에서 우리의 시대적 과제와 현실적 문제가 무엇인지 인식하고 그것을 해결하기 위한 여론 형성을 기대하기 어렵다면, 우리가 선택할 길은 무엇일까. 우리 스스로 풀어가야 할 문제를 발견하고 여론화해야 한다. 바로 그곳에서 '신문 읽기의 혁명'의 새로운 차원이 열린다.

신문 읽기의 주체인 독자가 직접기자로 여론형성에 나서는 시대는 단순히 신문 읽기 차원의 혁명이 아니다. 역사의 혁명적 전환, 새로운 사회를 열어가는 서곡이다. '직접기자'라는 말에 더러 저항감을 느낄 수도 있다. 하지만 우리 삶에서 일어난 사실을 보도하고 논평함으로써 의제로 설정하거나 여론화하는 게 지금까지 직업적 기자들이 가진 독점적 기능이었다면, 인터넷이 보편화한 21세기의 풍경은 전혀 다르다.

물론, 독자 가운데는 인터넷에서 '직접기자'들의 활동을 보면서 과연 그것을 '혁명적 전환'이라고 할 수 있을까에 회의적인 사람도 있을 듯하다. '혁명'이라 평가하기엔 변화가 너무 더딜뿐더러 극우 또는 수구 성향의 인터넷 매체라든가 '알바'라고 불리는 집단적 안티세력도 보이기 때문이다.

하지만 창문을 열면 파리도 들어오게 마련이다. 중요한 사실은 신문이라는 창문을 통해서만 세상을 읽어온 독자들이 그 '창문'을 열고 직접기자로서 활동할 공간이 열렸다는 데 있다.

이미 『타임』지는 2006년 올해의 인물로 "You"를 선정했다. 누구인가? 바로 인터넷 앞에 앉아 있는, 이 책을 읽고 있는 '당신'이다. 같은 해 언론학자 댄 길모어는 『우리가 미디어(We the Media)』라는 책을 출간했다.

교과서적 정의로 기자는 '시사적인 정보와 의견을 대중에게 전달하는 일을 하는 사람'을 의미한다. 뿌리로 더 가까이 다가가 물을 수 있다. 왜 시사적인 정보와 의견을 사람들에게 전달하는 노동이 필요할까? 미국 언론계와 학계가 2001년에 공동으로 낸 연구 결과물(『The Elements of Journalism』)은 그 이유를 간명하게 밝혔다. "사람들이 자유로워지고 자기통치(free and self-governing)하는 데에 필요한 정보를 제공"하는 일, 바로 그것이 저널리즘이다. 여기서 주목할 개념은 '자기통치'다. 자기통치는 민주주의의 고갱이인 주권의 원칙을 한마디로 응축하고 있다.

미국 신문편집인협회도 윤리강령 제1조에서 "뉴스와 여론을 수집하고 전파하는 가장 큰 목적"을 "국민에게 그 시대의 문제가 무엇인가를 알려주고, 그에 대해 판단할 수 있게 함으로써 전체적 번영에 봉사하기 위한 것"이라고 명문화했다. 국민에게 그 시대의 문제가 무엇인가를 알려주고, 그에 대해 판단할 수 있도록 하는 게 저널리즘의 목적이라는 미국 신문윤리강령 제1조는 민주주의의 고갱이인 '자기통치' 곧 주권에 필요한 정보를 제공해야 한다는 논리와 상응한다.

물론, 윤리강령의 '선언'과 실제 현실이 일치한다고 믿을 만큼 순진한 사람은 없다. 언론인들이 의지만 있다고 해서 구현할 수 있는 문제도 아니다. 시대의 문제가 무엇인가를 알려주거나 '자기통치'에 필요한 정보를 제공하는 일은 결코 쉬운 일이 아니기 때문이다.

그런데 인터넷의 보편화로 "국민에게 그 시대의 문제가 무엇인가를 알려주고, 그에 대해 판단할 수 있게 함으로써 전체적 번영에 봉사하기" 위해 "뉴스와 여론을 수집하고 전파"하는 일을 누구나 할 수 있게 되었다. 사람들이 자유로워지고 자기통치라는 민주주의의 이상을 실현해가는 데 필요한 정보를 이제 누구나 다른 사람에게 제공할 수 있다.

모든 사람이 같은 시대를 살아가는 사람들의 자유와 자기통치를 위해 나설 수 있는 틀, 바로 그것이 블로그다. 블로그는 '새로운 장르의 저널리즘'이다. 개개인이 삶의 현장에서 자신이 취재한 사실을 언제 어디서든 게시할 수 있다. 우리가 미처 의식하지 못하지만 블로그의 글들이 인터넷을 통해 소통되면서 이제 정보를 둘러싼 '철의 장막'은 벗겨지고 있다. "한 사람을 영원히 속일 수는 있다. 여러 사람을 잠시 속일 수는 있다. 그러나 여러 사람을 영원히 속일 수는 없다"는 말을 그 어느 때보다 실감하는 시대다.

물론, 블로그가 거대 신문과 맞서기엔 여러 가지 어려움이 있다. 하지만 블로그의 실험은 지금부터다. 블로그의 활성화는 앞으로 여러 부문, 여러 차원에서 집단지성을 이뤄갈 가능성이 높다. 바로 그 점에서 블로그는 언론의 새로운 방향인 '직접언론'의 시대를 열어가는 '첨병'이다. 더러는 블로그의 정보가 확실하지 않다는 걸 비롯해 여러 부정적 현상을 지적하지만, 근거 없는 주장이나 인신공격을 일삼는 블로그는 장기적으로 네티즌의 외면을 받을 수밖에 없다.

직접언론의 시대는 단순히 언론의 영역에 그치지 않는다. 본디 언론과 정치는 시민혁명 이후 민주주의 사회가 전개되어온 과정에서 밀접한 연관을 맺어왔다. 국민이 투표로 '대표'를 선출해 국정을 위임하는 대의제 민주주의와, 시사정보 전달과 논평을 통한 여론 형성을 언론사의 직업적 기자들이 전담하는 모습은 정확히 닮은꼴이다. 여기서 정치를 경제와 서로 별개의 영역으로 바라보는 오래된 관습도, 이 책에서 분석해왔듯이, 경계해야 한다. 신문 읽기에서 정치와 경제가 서로 구분되지 않는다는 사실을 확인했다면, 일터에서 기업 내부의 의사결정권을 경영진이 독점하고 있는 형태 또한 국민의 '자기통치'라는 민주주의의 고갱이와 어긋나 있음을 새삼 발견할 수 있다.

따라서 직접정치는 어떤 정치경제 체제를 선택할 것인가의 문제로 곧장 이어진다. 바로 그 체제 선택의 문제가 '국민이 알고 판단해야 할 시대적 과제'—미국 신문윤리강령 1조의 말을 빌리면—의 핵심이다. 이 책에서 신문 깊이 읽기의 세 지층으로 '세계화-민중-이해관계'를 제시한 이유도 여기 있다. 국민(독자)이 시대적 과제를 알고 판단하는 데 가장 중요한 기준인 세 축을 염두에 두고 신문지면을 입체적으로 읽어야 우리가 살아가는 정치경제 체제가 선택의 문제라는 진실을 비로소 볼 수 있기 때문이다.

바람직한 신문의 모습도 바로 그곳에서 찾을 수 있다. 어떤 정치경제 체제가 바람직한지 시대적 과제를 국민이 알고 판단할 수 있도록 '봉사'하는 게 신문의 몫이다. 문제는 그 과제를 '직업기자'들이 만드는 신문에만 전적으로 맡겨둘 수 없다는 데 있다.

여기서 다시 이 책의 69쪽에서 대표적 지역감정 조장 기사로 분석한 『동아일보』의 「부산 대구엔 추석이 없다」 기사의 최종판을 다시 읽어보자. 기사는 추석 연휴를 앞두고 대구의 재래시장인 서문시장 상인들이 이구동성으로 "아이들 옷 이외에 팔리는 것이 없을 정도"라고 말했다고 전했다. 이어 260여 개의 의류점포를 비롯해 1400여 개의 점포가 밀집한 부산의 대표적인 재래시장인 부산 남포동 국제시장도 '추석대목'은 실종됐다며 다음과 같이 썼다.

액세서리 가게를 기웃거리는 손님 외에는 썰렁한 모습. 이른 저녁 셔터를 내려버리는 가게도 적지 않다. 옷가게를 하는 김모씨(여). 몇 년 전만 해도 이때쯤이면 다른 사람의 어깨와 부딪히는 게 다반사였다며 "추석 경기예, 요즘 부산에 그런 것이 어디 있어예"라며 강한 사투리로 반문했다. 대표적 번화가인 광복동. 사람이 북적거리기는 커녕 한산한 느낌이고 부산역 앞엔 빈 택시만 붐비고 있다. 택시기사들은 손님이 없어 아예 차밖에 나와 삼삼오오 모여 신세타령이다. 한 기사는 "경기가 좋을 때는 손님도 가려 태우고 합승도 했다. 요즘은 사납금을 벌기도 어렵다"고 푸념했다. '한국 신발산업의 메카'로 불렸던 부산 사상공단에서 과거의 영화를 찾는 것은 불가능했다. 문을 닫은 공장이 많고 어쩌다 만난 근로자들의 표정에도 그림자가 짙게 드리워져 있다.

이 기사를 다시 읽어보자고 제안하는 이유가 있다. 어떤가. 2000년 기사라고 믿기에는 오늘의 풍경과 너무나 닮은꼴이다. 왜 그럴까. 『동아일보』가 김대중 정부 시절에 영남 지역에서 독자를 늘리려고 의도적으로 쓴, 그것도 대구-부산이 당시 광주보다 부도율이 적었다는 엄연한 사실을 은폐하며 쓴 기사였다.

하지만 이 책을 쓰고 있는 2009년에도, 한나라당의 이명박 정부가 들어섰음에도, 그 기사가 전하는 풍경은 여전히 현실감이 느껴질 만큼 경제생활의 어두운 '그림자'는 짙다. 이 간단하고 명백한 사실은 무엇을 의미할까? 종이신문의 '권위' 있는 기자들이 마치 '객관적 사실'처럼 포장하듯이, 경제생활의 어려움이 결코 특정 지역의 문제가 아니라는 데 있다. 지역에 기반을 둔 정권의 문제는 더욱 아니다.

기실 신문 읽기처럼 실사구시가 필요한 영역도 없다. 사실에 기초하여 진리를 찾는 일, 바로 그것이 실사구시다. 김대중-노무현-이명박 정부로 이어지는 시기에 국민 대다수인 민중에게 '추석'이 없는 곳은 비단 대구-부산만이 아니었다. 광주-전주도, 충주-청주도, 춘천-원주도, 서울도 마찬가지였다. 아니, 더 정확히 말하자면, 그 지역에 살고 있는 모든 사람의 경제가 어려운 게 아니다. 그 지역에 살고 있는 민중의 삶, 민중경제가 어려웠고 지금 이 순간도 마찬가지다. 상류계급의 생활은 영·호남, 충청, 강원을 막론하고 그 시기에 더 윤택해지고 재산이 크게 불어났다. 2000년대 첫 10년 내내 부익부 빈익빈의 격차는 대한민국 곳곳에서 더 벌어졌다.

그럼에도 그 엄연한 진실을 대다수 독자가 정확히 꿰뚫지 못하는 가장 큰 이유는 무엇일까? 정치와 경제를 분리해 편집하거나, 신자유주의를 '글로벌스탠더드'로 호도하거나, '작은 정부'는 이미 가치가 아니라 '사실의 영역'이라며 강변하는 '기사'들이 종이신문의 '권위'를 타고 여론을 지배해왔기 때문이다. 그 신문들이 실체도 없이 권위를 누린 이유는 국민 대다수의 신문 읽기가 맹신적이거나 정파적 비판에 머물렀기 때문이다.

바로 그래서다. 독자가 정부나 사회에서 일어나고 있는 사건과 현상에 대해 정확히 알고 그것을 자기 삶의 문제로 대응해나기 위해서는 학습이 필요하다. 기실 21세기 정보화 사회에서 개개인의 자기주도 학습은 '필수'다. 실제로 모든 선진국에서 평생교육이 점점 더 중요한 정책과제로 떠오르고 있다. 전경련과 경제신문들이 지식기반 경제를 강조하거나, 마이크로소프트의 빌 게이츠 회장이 '창조적 자본주의(Creative Capitalism)' 시대를 준비하라고 주장하기 때문만은 아니다. 신자유주의를 넘어선 경제, 여러 진보적 싱크탱크들이 내놓고 있는 대안경제 모델에서도, 방점은 다르지만 21세기의 핵심어가 '학습과 창조'인 점은 일치한다.

궁극적으로 블로그를 통한 독자들의 주체적 언론생활은 기존 언론과 정당을 중심으로 한 대의제 민주주의의 한계를 벗어나 직접정치의 요소를 강화해가는 데 핵심적 토대다. 권력과 자본으로부터 자유로울 수 없는 '직업언론'과 달리 '직접언론'이 꽃필 때 '모든 권력이 국민으로부터 나오는' 민주공화국의 정신을 구현하는 '직접정치'의 새로운 민주주의 시대를 열어갈 수 있다. 바로 그것이 주권혁명이다.(이에 대한 더 깊은 논의는 『주권혁명』을 참조)

기존의 '직업언론인'과 '직업정치인'들이 외면하는 '문제'를 발굴해내고 그것을 여론화하며 해결책을 스스로 찾아가는 직접언론은 인류의 오랜 이상인 '민중의 자기통치'가 이뤄지는 새로운 사회, 새로운 정치경제 체제의 고갱이다.

신문 읽기의 예술
경제를 읽어야 정치가 보인다

신문을 굳이 읽을 필요가 있을까? 여기까지 이 책을 읽은 독자라면 자연스럽게 들 의문이다. 어떤가? 저자의 답은 분명하다. "그렇다"이다.

왜 그런가? 신문지면이 담고 있는 모든 정보가 왜곡되어 있는 게 결코 아니기 때문이다. 신문지면에서 우리는 미처 몰랐던 새로운 사실과 정치경제적 정보를 만나게 된다. 신문은 현대 사회에서 살아가는 사람들에게 여전히 세상을 읽는 중요한 창문이다.

다만 우리 시대의 주요 과제인 세계화-민중-이해관계라는 세 축으로 종이신문과 인터넷신문을 더불어 볼 때, 현실을 더 정확하게 인식할 수 있다. 1인 미디어인 블로그에 스스로 기사를 쓰며 세상에 개입함으로써 주체적으로 대응해 나갈 수 있다.

마지막으로 민중의 한 사람인 어느 '특수고용직 노동자'의 삶을 보기로 들어보자. 그 젊은 여성은 오랫동안 골프 경기 보조원(캐디)으로 일하던 골프장에서 노동조합 활동을 했다는 이유로 37명의 동료들과 더불어 해고당했다. 억울함을 호소하기 위해 농성에 들어갔다. 골프장 경영진은 용역깡패 40여 명을 동원해 여성조합원들이 잠자고 있는 농성장을 침탈하고 폭행했다. 수십 명의 여성노동자가 병원치료를 받았다. 그들은 공업용 칼을 휘둘러 여성조합원이 손을 베기도 했다.

그뿐이 아니다. 경영진은 전체 조합원에게 손해배상 15억 원 청구소송을 내고 5억5000만 원을 가압류했다. 하지만 언론은 농성기간이 200일째가 넘어가도 이를 외면했다. 농성 조합원들 사이에서 누가 죽으면 문제가 해결될 수 있을까라는 말이 나돌기도 했다. 결국 한 여성노동자 결심했다. 2005년 3월 4일 수면제를 복용한 뒤 자신의 왼손 동맥을 끊었다. 그는 동맥을 끊기 전 손전화로 동료에게 문자를 보냈다.

"기자를 불러주세요."

다행히 일찍 발견돼 목숨을 건질 수 있었다. 살아났기 때문일까, 신문과 방송은 이를 다시 외면했다. 하지만 이 일 이후에 동료들이 더욱 단결했고 마침내 이겼다.

여기서 눈여겨볼 지점은 그 여성이 자살 직전, 기자를 불러달라고 문자를 보냈다는 사실이다. 왜 그랬을까? 자신의 죽음마저 묻힐 수 있어서다. 기자를 불러달라는 그 말은 비단 자기희생을 결행한 여성 노동자의 하소연에 그치지 않는다. 지금 이 순간도 대한민국에서 살아가는 수많은 사람들이 억압과 억울함에 묻혀 있다.

더러는 이 책이 지나치게 '기층 민중'을 중심에 두고 보기를 드는 게 아닌가라고 반문할 수도 있다. 하지만 어떤가. 신문 깊이 읽기의 지층으로 '민중'과 '신자유주의' '세계화'를 제시한 데서 살펴보았듯이 민중은 나와는 처지가 다른 누군가가 아니라 지금까지 이 책을 써온 저자인 동시에 이 책을 여기까지 읽어온 독자다.

가령 대학생들이 '취직'할 때 손꼽는 일터인 삼성전자의 '정규직 직원'—더 정확한 이름은 노동자—조차 언제나 '구조조정'이나 '명예퇴직' 따위의 신자유주의 칼날에 위협받고 있다. 일하는 사람 가운데 절반이 비정규직 노동자다. 그 말은 대학생들이 취업할 때, 비정규직이 될 확률이 더 높다는 사실을 뜻한다. 이 책에서 자세히 톺아본 서울 용산의 철거민도 본래 빈민층이 아니라 비극 직전까지 일식집이나 호프집을 운영하던 중산층이었다. 신자유주의 체제에선 중산층도 어느 순간에 몰락할 수 있다는 생생한 보기가 용산 참사다.

그럼에도 이 책을 읽으며 노동자나 비정규직·세입자 문제가 단순히 '빈곤층'이나 '기층 민중' 이야기로 다가온다면, 바로 그만큼 기존의 신문과 방송을 통해 알게 모르게 자신이 '중산층 의식'에 젖어 있기 때문은 아닐지, 독자 스스로 성찰할 필요가 있다.

김영삼-김대중-노무현-이명박 대통령으로 새로운 정부가 이어져 왔지만 부익부 빈익빈은 더 커져왔고 민중의 고통은 무장 깊어갔다. 아주 간단한 통계가 대한민국의 감춰진 진실을 드러내준다. 경제협력개발기구 국가 가운데 자살률 1위(2006년 통계), 전세계 198개국 가운데 출산율 꼴찌(미국 인구조회국〔PRB〕 2005년 통계)인 나라에 우리는 살고 있다. 신문 정치면을 보면 요란한 '정쟁'이 끊임없이 벌어졌지만 대다수 국민은 끊임없이 '경쟁'으로 내몰렸다. 신문 경제면은 '부자' 되는 길을 언제나 가르쳐왔지만 대다수 국민은 '부자'와 점점 멀어지는 삶을 살아왔다. 무엇 때문일까. 경제와 정치가 대다수 국민에게 서로 별개 현상으로 인식되어서다. 독과점 신문들이 경제와 정치를 구분하며 자신들의 경제 틀로 정치를 가뒀기 때문이다. 그 결과로 부익부 빈익빈의 정치경제 체제를 숙명처럼 받아들였기 때문이다.

이 책은 신문 읽기의 혁명으로 그 '숙명의 틀'에서 벗어나자는 제안을 담고 있다. 지금까지 살펴보았듯이 경제를 읽어야 정치가

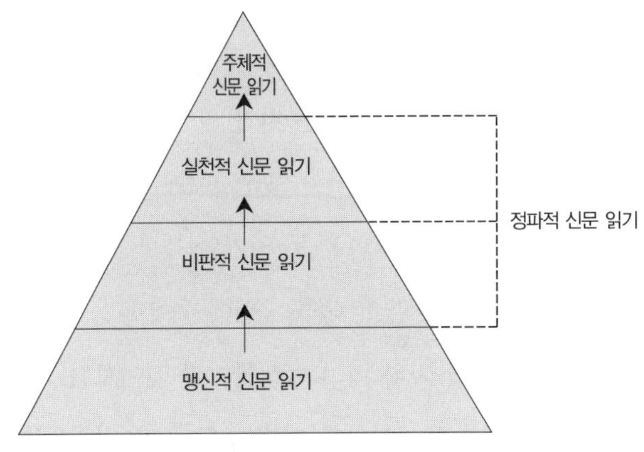

〈그림 2〉 신문 읽기의 피라미드 단계

보인다. 우리가 일상으로 살아가는 정치경제 생활에 주체적으로 나서려면 신문을 수동적으로 믿는 맹신적 신문 읽기에서 비판적 신문 읽기로, 여기서 다시 실천적 신문 읽기로, 더 나아가 '직접기자'로 신문을 활용하며 기사를 써 나가는 주체적 신문 읽기까지 단계를 높여가야 한다.

맹신적 신문 읽기에서 비판적 신문 읽기로, 다시 실천적 신문 읽기로, 마지막 주체적 신문 읽기 단계로 성숙해갈 때 각 단계마다 독자가 빠질 수 있는 함정이 있다. 바로 '정파적 신문 읽기'다. 경제와 정치를 연결해 읽을 때 그 함정을 뛰어넘을 수 있다.

독자 가운데 더러 자신은 정치나 경제에 관심 없고 문화, 스포츠, 연예면에 주목할 수도 있다. 사람마다 서로 관심 분야가 다르기에 당연한 현상이다. 다만 정치면이나 경제면 못지않게 문화면이나 스포츠면, 연예면도 정치경제적 조건에 따라 틀 지워진다는 사실은 알고 있을 필요가 있다. 정치경제 현상에 무관심한 채 문화, 스포츠, 연예면을 즐겨 읽는 독자들 자신이 이미 특정한 정치경제 체제 속에서 살아가고 있다. 독자가 의식하든 않든, 정치경제는 엄연한 삶의 조건이다. 따라서 누군가에게 기만당하지 않고 주체적으로 살아가려면, 자신의 신문 읽기와 세상 읽기에서 세계화, 민중, 이해관계라는 삶의 세 축을 중심에 두어야 옳다.

다시 골프장 여성노동자의 이야기로 돌아가 짚어보자. 그 젊은 여성의 헌신적 투쟁을 조금이라도 가볍게 볼 뜻은 전혀 없다. 정의로운 투쟁은 언제나 그랬듯이 앞으로도 더 나은 세상을 만들어가는 원동력이다.

다만, 이제는 기자를 불러달라며 손목의 동맥을 끊을 게 아니라, 그 손으로 기사를 직접 써가야 할 때다. 개개인이 자신의 삶을 유지하는 데 필수적인 경제생활에서 일어나는 신자유주의적 억압의 문제점을 발굴해서 의제로 설정하고 적극 여론화해야 한다. 자신이 살아가고 있는 세상을 직접 읽고 그 세상의 변화에 개입해야 옳다. 그 과정은 자신이 살아가는 정치경제 체제를 학습하고 선택하는 길이기도 하다.

평생을 독자로 살아가던 시대는 지났다. 모든 사람이 기자로 활동할 수 있는 시대다. 이 책을 여기까지 읽어온 독자는 〈그림 2〉에서 자신이 어느 단계에 와 있는지 톺아보고 앞으로 어느 단계로 나아갈지를 성찰해보길 권한다.

흔히 서양 언론학 이론에서 기자를 일러 '매일매일 일어난 일을 기록하는 역사가'라고 정의하듯이, '기자'라는 말 자체가 '역사가'와 그 뿌리가 같다. 동아시아에서 신문을 처음 만들 때 '일어난 일을 기록하는 사람(記事者也)' 곧 '역사가(歷史家)'의 풀이에서 따온 '기사자'의 줄임말이 '기자'다. 일어난 일을 기록한다는 어원으로 따져봐도, 블로그가 상징하듯이 오늘의 '직접언론 시대'에선 모든 사람이 사실상 '기자'로 활동할 공간은 열려 있다.

〈그림 2〉처럼 신문 읽기 단계에서 맨 아래에 있는 맹신적 신문 읽기 단계에 있는 독자의 수가 가장 많고 다음 단계로 갈수록 적어지면서 주체적 신문 읽기 단계에 있는 독자가 가장 적은 피라미

드형 구조가 될 때, 그 사회는 권력과 자본에 휘둘릴 수밖에 없다. 바로 오늘의 대한민국 현실이다.

하지만 〈그림 2〉와 달리 '직업기자'에 대한 맹신적 신문 읽기 단계에 있는 독자가 가장 적고 다음 단계로 갈수록 많아지면서 주체적 신문 읽기 단계에 있는 독자 곧 '직접기자'로 가장 많을 때, 그 사회는 민주주의의 이상에 가장 가까울 수밖에 없다.

개개인이 자신이 마주하고 있는 삶의 현실에서 일어나고 있는 사실들을 기록해가는 일, 그것은 민주주의를 성숙시켜가는 튼실한 밑절미가 된다. 직업기자들이 자신이 맡은 영역을 학습하듯이, 개개인 또한 직접기자로서 자기주도 학습이 직접언론 시대의 미덕이다. 바로 그때 우리는 기자는 '역사를 만드는 사람들(History Maker)'이라는 명제 앞에 선뜻 다가설 수 있다.

수많은 '미네르바들' 속에서, 수많은 미네르바들의 연대를 통한 집단지성으로 새로운 사회를 열어가는 데 주권시대 신문 읽기의 고갱이가 있다. 우리 개개인이 누군가가 정해놓은 틀 속에서 평생 살아가는 게 아니라 주체가 되어 자아를 더 풍요롭게 실현해가는 주권혁명 시대를 우리는 맞고 있다. 신문은 새로운 사회를 만들어가는 평생학습의 무기가 될 수 있다.

자신의 경제생활을 단순히 '취업'이나 '호구지책'으로 여길 게 아니라 정치생활과 연결 짓는 다리로 신문을 읽으며 새로운 사회의 주체로 자기를 창조적으로 형성해갈 때, 그때 신문 '읽기의 혁명'은 곧 '혁명 읽기'다. 그때 신문 읽기는 예술이다.